Veröffentlicht im Selbstverlag, 2009
Alle Rechte Vorbehalten
Printed in Germany

Druck und Bindung:
KDD Kompetenzzentrum Digital-Druck, Nürnberg
Umschlagkonzept: Carl-Christian Sautter
Umschlagfoto: Fotomontage (Münster: Aasee, Dom, Schloss)

ISBN: 978-3-00-028189-1
www.gottfried-porada.de

Gottfried Porada

Die Wahrheit der Windmühlen

Auf dem Weg zu mir selbst

Für Monika,
meine Frau

1

Adsum.
Es ist der 18. Dezember 1955, es ist elf Uhr, wenige Minuten nach elf.
Ich stehe vor dem Hauptaltar der Antoniuskirche in Tschenstochau. Vor mir auf den Altarstufen steht der Weihbischof von Tschenstochau, rechts und links ihm zur Seite stehen ein Diakon und ein Subdiakon. Der Diakon hat soeben meinen Namen aufgerufen, und ich habe geantwortet: adsum.
Auch du, neben mir, hast soeben dein Adsum gesprochen, noch etwas außer Atem – genauso wie ich - , denn wir beide wären für dieses Adsum beinahe zu spät gekommen, zu spät gekommen zu dem wohl wichtigsten Ereignis unseres Lebens.
Vor etwa eineinhalb Stunden waren wir mit dem Zug im Tschenstochauer Bahnhof eingetroffen, wir, das heißt du, ich und noch weitere fünf Fratres aus dem Studienseminar der Breslauer Franziskanerprovinz in Glatz, um uns hier vom Tschenstochauer Bischof zu Priestern weihen zu lassen. Priester zu weihen, ist nach der Lehre der katholischen Kirche ausschließlich das Recht der Bischöfe. Die Ordensoberen, die Leiter der Ordensprovinzen zum Beispiel, sind keine Bischöfe, daher schließen sich die Alumnen der Ordensgemeinschaften, um zu Priestern geweiht zu werden, in der Regel den Alumnen irgendeines bischöflichen Seminars an. Uns hatte man nach Tschenstochau geschickt, damit wir uns den Alumnen des hiesigen Priesterseminars anschließen und gemeinsam mit ihnen die Weihe empfangen. Zunächst hatten wir angenommen, dass unsere Vorgesetzten womöglich mit Absicht das berühmte Heiligtum der Polen, das Zentrum polnischer Frömmigkeit, als Ort für unsere Priesterweihe ausgewählt hatten, um diesem Ereignis eine besondere

Würde, einen besonderen Glanz zu verleihen. Doch gleich nach der Ankunft am Bahnhof hörten wir, dass die Zeremonie keineswegs auf der Jasna Góra, also in der Wallfahrtskirche des Klosters bei der Schwarzen Madonna stattfinden werde, sondern in einem im Süden Tschenstochaus gelegenen Stadtteil, genannt *Ostatni Grosz*, in der dort neuerbauten Kirche. Einige Kleriker aus dem Tschenstochauer Priesterseminar, die man zu unserer Begrüßung zum Bahnhof geschickt hatte, teilten uns dies mit und waren auch gleich bereit, uns dorthin zu begleiten.

Überrascht, verwundert standen wir da. Der Bahnhof, die Bahnhofshalle, und ich erinnerte mich, dass ich vor Jahren schon einmal hier angekommen war. Der Pfarrer meines Heimatortes hatte damals eine Wallfahrt zur Mutter Gottes von Tschenstochau organisiert. Nicht viele aus der Pfarrgemeinde hatten sich dazu bereit gefunden. Wir haben unseren Sankt Annaberg, hatten die Leute gesagt, was sollen wir in Tschenstochau, sollen doch die Polen nach Tschenstochau fahren, zu ihrer Schwarzen Madonna, zu ihrer Königin. Und sie mokierten sich darüber, dass die Polen behaupteten, Maria wäre die Königin Polens. Wenn schon, sagten sie, dann ist Maria die Königin aller Völker, aller Christen. Und sie weigerten sich auch zum Beispiel in die Lauretanische Litanei, wenn sie diese in der Kirche beteten oder sangen, nach dem Anruf: *Maria, du Königin des heiligen Rosenkranzes* den Anruf: *Maria, du Königin der Krone Polens* hinzuzufügen, so wie es in Polen schon immer üblich war und wie es der Pfarrer, allein der Polen wegen, die es in der Pfarrgemeinde bald nach dem Krieg genügend gab, von ihnen verlangte, auch, als man diesen Anruf auf Druck der kommunistischen Behörden hin abänderte - schließlich gab es keine polnischen Könige mehr, keine polnische Krone - und es einfach nur: *Maria, du Königin Polens*

hieß.
Die Wallfahrt nach Tschenstochau. Es musste während der Sommerferien 1948 gewesen sein, die ich zu Hause bei meiner Familie verbracht hatte. Als Schüler des Gymnasiums der Franziskaner in Neisse, der ich damals bereits war, als Kandidat also, wie man allgemein annahm, für den Franziskanerorden und für das Priesteramt, hatte ich mich nur schlecht den Initiativen und Anordnungen des Pfarrers entziehen können. Ich war also mitgekommen. Vom Bahnhof aus waren wir zunächst durch die Stadt gegangen, dann die breite Allee entlang und geradeaus hinauf auf die Jasna Góra. Vor uns die alten Festungsmauern, darüber alles überragend der Turm der Wallfahrtskirche und das Kloster, das berühmte Kloster der Paulinermönche. Man hatte uns in der Schule bereits die Geschichte Polens beigebracht, ich wusste also, dass dieses Kloster in der Geschichte Polens eine bedeutende Rolle gespielt hatte. Als nämlich im siebzehnten Jahrhundert die Schweden Polen wie eine Sintflut überschwemmten, als bereits ganz Polen, das katholische Polen, in der protestantischen Schwedenflut untergegangen war, hatte allein dieses Kloster dem Ansturm der Feinde standgehalten. Die Mutter Gottes, deren Gnadenbild hier seit Jahrhunderten verehrt wurde, hatte den Verteidigern beigestanden, so hatte man es uns erzählt, sie hatte die feindlichen Kanonenkugeln um die Klostermauern herumgelenkt, hatte sie abgefangen und ins feindliche Lager zurückgeschleudert, bis das ganze polnische Volk, dem leuchtenden Beispiel des Tschenstochauer Klosters folgend, sich aufraffte und die Schweden aus dem Lande vertrieb. Die Jasna Góra, der helle, der leuchtende Berg, so nennen ihn seit dieser Zeit die Polen.
Dann kamen wir oben auf dem Berg an, gingen durch das Tor in den Klosterhof, und überall an den Wegen die Marktstände, die

Buden, wie wir sie vom Annaberg her kannten, eine neben der anderen, vollgestopft mit Rosenkränzen, Kettchen, Kreuzchen, mit Heiligenbildern, gingen in die Wallfahrtskirche hinein und von da aus in die Gnadenkapelle der Schwarzen Madonna. Die Gnadenkapelle, Polens Heiligtum, und die Düsternis darin, der Dunst von den unzähligen Kerzen, die vor dem Altar brannten, und das Gedränge darin, kaum Platz, um hinzuknien, als plötzlich die Fanfaren von irgendwoher aus den Lautsprechern mit ohrenbetäubendem Lärm ertönten und der Vorhang vor dem Altarbild sich langsam zur Seite schob: und da war sie, die Mutter Gottes von Tschenstochau mit dem Kind auf dem Arm, die Schwarze Madonna, die Königin der Polen. Dabei war sie nicht schwarz, dunkel war sie, ein Ölbild, offensichtlich nachgedunkelt im Laufe der Zeit vom Russ der Kerzen, nur die Kronen glänzten, die Kronen, die die Mutter und das Kind auf den Köpfen trugen, Kronen riesengroß, im Halbrelief aus Metall gestanzt und auf das Bild geheftet, glänzten golden, mit einer Menge von Edelsteinen besetzt, und überstrahlten die Gesichter auf dem Bild. Und deutlich zu sehen die Schmisse auf der rechten Wange der Mutter, zwei parallel verlaufende Schmisse, die ihr angeblich, so hatten wir es in der Schule gehört, Räuber mit einem Säbel zugefügt hatten, Räuber, die das Bild stehlen wollten, dieses aber nicht von der Stelle bewegen konnten, oder, wie es ein andermal geheißen hatte, dass die Ochsen, auf deren Wagen man das Bild geladen hatte, sich nicht von der Stelle bewegen wollten.
Und kaum waren die Fanfaren verstummt, da fingen die Leute an zu singen, die Frauen, schleppend, wehmütig, ein nicht endenwollender Klagegesang, der den Raum durchdrang: *Czenstochowska Maria, do ciebie się uciekamy...*
Dann gab es außer der Gnadenkapelle auf der Jasna Góra auch noch eine Gnadenquelle draußen an der Klostermauer, eine

Quelle, deren Wasser angeblich heilende Kräfte besaß. Und die Leute, wie schon in der Kapelle, drängten sich auch hier, tranken das Wasser, füllten es in Flaschen, die sie bei sich hatten, und trugen es mit sich fort. Auch einige Frauen aus unserer Wallfahrergruppe taten das gleiche und brachten das Wasser mit nach Hause, ein Mittel, wie sie glaubten, gegen alle möglichen Krankheiten. Doch bald stellte sich heraus, dass alle, die dieses wundertätige Wasser aus welchen Gründen auch immer getrunken hatten, Durchfall bekamen. Da habt ihr's, sagten dann die anderen, die sich geweigert hatten nach Tschenstochau zu fahren, da sieht man wieder einmal ...

Die Wallfahrt, damals, auf die Jasna Góra. Noch standen wir in der Bahnhofshalle, überrascht, verwundert. Wenn wir nicht in der Wallfahrtskirche auf der Jasna Góra geweiht werden sollen, warum, so rätselten wir, hat man uns dann überhaupt nach Tschenstochau geschickt? Offensichtlich war es ein Zufall, nämlich die Tatsache, dass zufällig der Bischof von Tschenstochau seine Alumnen zu dem Zeitpunkt hatte weihen wollen, den unsere Oberen für unsere Priesterweihe ausgewählt hatten. Doch warum dieser Zeitpunkt. In der Regel finden die Priesterweihen in den Diözesen nach Abschluss des Sommersemesters Ende Juni am Fest der Heiligen Peter und Paul statt. Warum jetzt kurz vor Weihnachten? Im Sommer hätten wir uns den Alumnen der Breslauer oder der Oppelner Diözese anschließen können. Wir hatten unser Studium noch nicht abgeschlossen. Um uns jetzt schon zur Weihe zuzulassen, hatte man eine Dispens aus Rom einholen müssen, eine weitere Dispens, denn drei aus unserer Gruppe hatten noch nicht das vom Kirchenrecht für die Priesterweihe vorgeschriebene Alter von 24 Jahren erreicht. Warum diese Eile?

Doch wir hatten keine Zeit, über die tiefsinnigen Ratsbeschlüsse unserer Vorgesetzten nachzudenken. Unsere Begleiter standen da, warteten, sie hatten wohl an unseren Gesichtern abgelesen, wie überrascht wir waren, dennoch lächelten sie freundlich und forderten uns mit Worten und Gesten auf, ihnen zu folgen. Also verließen wir die Bahnhofshalle, gingen zur Haltestelle der Straßenbahn gegenüber dem Bahnhofseingang und fuhren statt auf die Jasna Góra *na Ostatni Grosz*. *Ostatni Grosz*, und wir rümpften die Nasen allein über diesen Namen, denn auf gut deutsch heißt das nichts anderes als: *Auf dem letzten Groschen*.

Doch kaum waren wir dort angekommen, erinnerten wir uns daran, dass wir zu unserer Priesterweihe auch unsere Eltern und Verwandten eingeladen hatten, und zwar einfach nach Tschenstochau. Nun befürchteten wir, dass sie - ähnlich wie wir - annehmen werden, dass dieses Ereignis, wenn in Tschenstochau, dann doch sicher in der Wallfahrtskirche auf der Jasna Góra stattfindet und sie sich dorthin begeben werden.

Also entschlossen wir uns, du und ich, obwohl die Zeit drängte, noch einmal zum Bahnhof zu fahren, um sie, für den Fall, dass sie mit einem späteren Zug ankommen sollten, an den richtigen Ort zu geleiten.

Doch während wir auf dem Bahnhof nach ihnen Ausschau hielten, saßen sie bereits in der Kirche, und zwar in der richtigen Kirche am richtigen Ort. Sie waren schon frühzeitig angekommen, wie sie uns später erzählten, hatten sich erkundigt, hatten einfach Leute auf der Straße befragt, und diese wussten Bescheid, schließlich gab es auch in Tschenstochau nicht alle Tage eine Priesterweihe.

Dann bekamen sie einen Schrecken, deine Mutter und meine, als die Alumnen samt Bischof und Gefolge feierlich in die Kirche einzogen und wir nicht dabei waren. Wir kamen zu spät, aber noch gerade rechtzeitig, um uns, als der Diakon unsere Namen aufrief, zu melden: adsum, adsum.

Nun stehen wir, in zwei Reihen geordnet, vorn die Alumnen des Tschenstochauer Seminars, wir dahinter, alle in Alben gekleidet, die Alben geschnürt mit dem Zingulum, darüber die Stola, von der rechten Schulter zur linken Hüfte hin gebunden, das Zeichen des Diakons - die Weihen zum Subdiakon und zum Diakon haben wir schon vor einigen Monaten erhalten - , stehen bereit, um die Priesterweihe zu empfangen, das Amt des Priesters zu übernehmen, uns einzufügen in die Reihen der von Gott Berufenen, der Auserwählten, einzutreten in den Dienst der einen, heiligen, katholischen und apostolischen Kirche, in diese universale, weltumspannende Institution, teilzuhaben an deren Glanz und Macht.

Doch bevor wir aufsteigen dürfen in die Ränge der Gnade, müssen wir zunächst einmal hinab, hinab in den Staub, hinunter auf den Boden - eine Verneigung, auch ein Kniefall, genügen diesmal nicht - , wir müssen uns auf den Boden legen, flach auf den Bauch.

Und da liegen wir, die Stirn auf den verschränkten Armen, unter den Armen das Messgewand, das wir, über den linken Arm gelegt, mitgebracht haben. *Allmächtiger vor Dir im Staube...* Doch man hat auf die steinernen Platten des Kirchenbodens Teppiche gelegt, schließlich ist es Dezember, wir liegen also auf Teppichen, auf Teppichen im Staube, und wir müssen auch nicht nach vorn zum Bischof hin robben, die Stufen hinauf, vor seinen Thron - , er sitzt jetzt, auf den Sedilien, auf einem Thron neben dem Altar- um ihm die Füße zu küssen, wie es bei den Zaren und Bojaren oder auch bei den Kardinälen und Päpsten üblich war, wir liegen einfach da, den muffigen Geruch des Teppichs in der Nase, vermischt mit dem Geruch von Mottenpulver, der offensichtlich aus dem Messgewand hervorströmt, während die Schola des Tschenstochauer Priesterseminars die Allerheiligenlitanei anstimmt: *Kyrie eleison, Christe eleison.* Und nun schwirren alle Heiligen der Kirche über unseren Köpfen, mal einzeln: *heiliger Petrus, bitte für uns, heiliger Paulus, bitte für uns,* mal scharenweise: *alle heiligen Apostel, bittet für uns,* und entsprechend den Rängen der Heiligkeit nacheinander: *alle heiligen Märtyrer, alle heiligen Bekenner, alle heiligen Jungfrauen.* Irgendwann endet schließlich der Reigen der Heiligen, es folgen weitere Bitten um Gnade, um Vergebung, um Hilfe, denn schließlich wird die Bürde des Amtes, das wir übernehmen wollen, schwer auf unseren Schultern lasten. Dann ist die Schola wieder am Anfang angekommen: *Christe eleison, Kyrie eleison* und verstummt.

Jetzt ist es so weit. Wir dürfen uns erheben, dürfen einzeln vor den Bischof treten, vor ihn hinknien, und er - er hat sich mittlerweile von seinem Thron erhoben, ist die Altarstufen hinaufgegangen und steht wieder vor dem Altar – er wird einem jeden von uns seine Hände flach auf den Kopf legen, denn nur darauf kommt es an, die Hände des Bischofs flach auf dem Kopf des Kandidaten, das ist die Weihe.

Jetzt knie ich vor ihm, dicht vor ihm auf der obersten Altarstufe, ich kenne ihn nicht, genauso wenig wie er mich kennt, ich kenne nicht einmal seinen Namen, es ist der Weihbischof von Tschenstochau, hat man uns gesagt, ich habe ihn zuvor nie gesehen und werde ihm womöglich in meinem Leben auch nie wieder begegnen, seine Hände jetzt flach auf meinem Kopf, nur einen Moment lang, und das ist es auch schon, ich bin geweiht.

Dabei habe ich nichts gespürt, nichts von der Gnade, von der Amtsgnade zum Beispiel, die durch die Arme des Bischofs auf mich herabgeflossen sein muss, keinen Energiestoß, der mich erschüttert hätte, keinen Sturm der Begeisterung, der mich erfasst und mitgerissen hätte. *Da kam plötzlich vom Himmel her ein Brausen, wie wenn ein heftiger Sturm daherfährt, und erfüllte das ganze Haus,...*das war damals, als der Geist über die Apostel kam, als diese ihre Weihe, ihr Amt empfingen. Nein, hier in der Kirche ist es still, und es flattern auch keine Feuerzungen durch den Raum, wie damals. Offensichtlich spielt sich heutzutage alles irgendwo in nicht fassbaren, metaphysischen Sphären ab. Dennoch, ich trage von nun an, so sagt die heilige Mutter Kirche, ein unauslöschliches Siegel, einen Stempel auf meiner Seele, ob ich es spüre oder nicht, ich bin also abgestempelt als ein Auserwählter, als Mitglied des heiligen Priesterstandes, ein Gezeichneter, und werde es bleiben mein Leben lang.

Dabei stehe ich, so wie ich hingekniet bin, wieder auf, gehe zurück auf meinen Platz in der Reihe der jetzt Neugeweihten, um nach dem Hochgebet des Bischofs, einem nicht enden wollenden Dank- und Lobgesang, in der gleichen Reihenfolge wie zuvor ein zweites Mal vor ihn hinzutreten.

Jetzt nimmt mir der Diakon das Messgewand ab, das ich, über den Arm gelegt, mitgebracht habe, ich löse die Stola über der linken Hüfte, lege sie über beide Schultern, und der Bischof schlägt sie mir vor der Brust über Kreuz: *Nimm hin das Joch des Herrn,* sagt er dazu, *sein Joch ist süß und seine Bürde leicht,* während ich deren Enden mit dem Zingulum befestige. Die Stola, ein Joch des Herrn, nein, diese Deutung ist mir neu, ich glaube nicht, jemals davon gehört zu haben. Ein Joch, Ochsen tragen es, wenn man sie vor den Karren spannt oder vor den Pflug, und dann trotten sie träge dahin und schauen dämlich durch die Gegend. Ich also jetzt mit dem Joch des Herrn, ins Joch eingespannt. Und der Diakon stülpt mir das Messgewand über den Kopf, während der

Bischof dazu bemerkt, dass es die Liebe bedeutet, ein Gewand als Zeichen der Liebe, auch dies ein Bild, das mir fremd ist, das ich nicht nachvollziehen kann.
Jetzt im Priestergewand, die Stola, das Joch, unter dem Kleid der Liebe versteckt, strecke ich meine Hände dem Bischof entgegen, die offenen Handflächen, und der zeichnet mir mit Chrisamöl jeweils ein Kreuz darauf, dann reicht er mir einen Kelch gefüllt mit Wein und eine Patene mit einer Hostie darauf, die ich einen Moment lang in den Händen halte und wieder abgebe, einen Kelch und eine Patene als Zeichen, dass ich nun, wie der Bischof betont, die potestas, also die Vollmacht habe, das Messeopfer darzubringen, die Macht habe, Brot und Wein in den Leib und das Blut Christi zu verwandeln, die Macht also, in der Feier der Messe durch die Worte der Konsekration das Wunder der Wandlung zu vollbringen.
Und ich erinnere mich, wie verwirrt einige von uns waren, damals, noch während der Studienzeit, als wir über dieses Wunder diskutierten und uns dabei bewusst wurde, dass das Brot auf dem Altar während der Messe auch nach der Wandlung, wenn wir es essen, für den Magen nichts anderes ist als Brot und der Wein, wenn wir ihn trinken, nichts anderes ist als Wein. Marian zum Beispiel, ich erinnere mich, wie verwirrt, wie verzweifelt er war: Was geschieht denn eigentlich während der Wandlung, was wandelt sich da überhaupt.
Die Substanz, so stand es in unseren Lehrbüchern, so hörten wir es in den Vorlesungen der Dogmatik, die Substanz des Brotes und des Weines wandelt sich, während die Akzidenzien, das heißt, die Gestalt, der Geschmack, der Geruch, schließlich alles, was fassbar, wahrnehmbar ist, gleich bleiben. Doch was ist eine Substanz, was ist eine Substanz ohne Akzidenzien?
Es waren die Philosophen des Altertums, die sich diese Lehre

von den Substanzen und Akzidenzien ausgedacht haben, das wussten wir, davon haben wir bereits im Philosophieunterricht gehört, die Theologen des Mittelalters dann haben diese Lehre übernommen und haben geglaubt, damit auch die Wandlung in der Messe erklären zu können, und die Hoftheologen der Kirche glauben dies offensichtlich bis auf den heutigen Tag, jedenfalls verkünden sie diese Lehre als verbindliche und verpflichtende Glaubenswahrheit.

Für uns waren diese Substanzen nicht viel mehr als Luftgespinste. Doch war damit unsere Frage nicht gelöst, die Frage, was nun wirklich während der Messe geschieht, während der Wandlung, an die wir schließlich glauben wollten. Die meisten von uns dachten nicht weiter darüber nach, und wie die Knie so beugten sie vor diesem Mysterium tremendum des Glaubens einfach auch ihren Verstand.

Marian dagegen grübelte weiter. Marian, er hätte heute gemeinsam mit uns hier vor dem Altar, vor dem Bischof stehen und die Weihe empfangen sollen. Er gehörte zu unserer Gruppe von Anfang an, hatte mit uns das Kollegium in Neisse erlebt, hatte mit uns studiert, in Breslau, in Glatz, doch kurz vor dem Ziel gab er auf, ob nur wegen des Glaubens an die Wandlung, weiß ich nicht, gab das Studium auf und verließ das Kloster.

Dabei gab und gibt es Theologen, die auf eine zugänglichere Weise über Opfer und Wandlung in der Messe sprechen, die dieses zentrale Geheimnis des christlichen Glaubens auf neue Weise zu deuten versuchen. *Von heiligen Zeichen,* so heißt zum Beispiel ein Büchlein von Romano Guardini, das ich gelesen habe, auch was Guardini in seinem Buch *Der Herr* über die Eucharistie schreibt, habe ich gelesen. Nein, ich weiß und bin überzeugt, dass es nicht darauf ankommt, an irgendwelche Substanzen und Akzidenzien zu glauben, an eine besondere Macht oder Vollmacht der Priester, sondern darauf, in der Messfeier die Gestalt einer Tischgemeinschaft, eines feierlichen Mahles zu erkennen, in deren Mittelpunkt das Gedächtnis an Jesu Leiden und Tod steht, an die Hingabe seines Lebens für die anderen, an seine sich opfernde Liebe, an der die bei Tisch sitzenden Gläubigen Anteil haben, indem sie das Brot, den Brotlaib brechen und miteinander teilen. Warum sollte man dafür eine Macht brauchen, warum muss dafür der Priester mit einer Vollmacht ausgestattet werden?

Unterdessen bin ich wieder auf meinen Platz in der Reihe der Neugeweihten zurückgekehrt, auch der letzte der Kandidaten hat bereits seine Vollmachten erhalten, und der Bischof hat noch einige Gebete gesprochen. Nun stellen wir uns in einem Halbkreis um den Altar herum und zelebrieren gemeinsam mit dem Bischof unsere erste heilige Messe.

Danach, draußen auf dem Kirchplatz vor dem Haupteingang, die geladenen Gäste. Sie warten auf uns, um uns zu begrüßen, um uns zu gratulieren. Meine Mutter und deine stehen nebeneinander, vielleicht hat der gemeinsame Schreck zu Beginn der Feier sie zusammengeführt.

Ich möge ein guter Priester sein, sagt meine Mutter, während sie mir die Hand gibt und mich mit einem Kuss begrüßt, und ich möge glücklich sein in diesem Beruf, wünscht sie mir. Dabei, wie schon immer bei unseren Begegnungen in den letzten Jahren, die Sorge in ihren Augen, ihr sorgenvoller ängstlicher Blick, doch diesmal ein wenig überstrahlt von Stolz und Glück.

Hier in Tschenstochau haben wir nun nichts Weiteres zu tun. Also gehen wir gemeinsam zum Bahnhof und fahren mit dem nächstmöglichen Zug zurück, wir nach Glatz und unsere Mütter und Verwandten in ihre Heimatorte.

2

Mein Priesterleben,
das mit der Priesterweihe begann, mit der Priesterweihe in Tschenstochau und mit der Primiz, die ich bald danach am 26. Dezember 1955 feierte, am zweiten Weihnachtstag also, und zwar - wie damals üblich - in der Kirche meines Heimatortes, gemeinsam mit meiner Familie und mit meinen Verwandten, mit dem Pfarrer und der gesamten Pfarrgemeinde.
Und für dieses Priesterleben, für die Botschaft, die ich als Priester verbreiten und von der Kanzel herab verkünden wollte, hatte ich mir – auch dies war damals unter den Priesteramtskandidaten üblich – einen Leitsatz ausgewählt, und zwar Vers 8, 32 aus dem Evangelium des Johannes:... *die Wahrheit wird euch befreien.*
Ich war überzeugt, damals, dass man sich für die Wahrheit einsetzen müsse, um sie kämpfen, ihr zum Sieg verhelfen müsse. Für die Wahrheit - irgendwo hatte ich diesen Satz gelesen oder gehört und mich dafür begeistert - müsse man sich das Herz aus dem Leibe reißen oder auch reißen lassen. Und ich glaubte damals zu wissen, was die Wahrheit ist, glaubte, sie erkannt zu haben. Schließlich hatte ich Guardini gelesen, hatte Karl Adams gelesen, und die hatten die Heilige Schrift gelesen, das Evangelium, in dem es klar und einfach heißt: *ich bin der Weg, die Wahrheit und das Leben. Wenn ihr in meinem Wort bleibt,... dann werdet ihr die Wahrheit erkennen, und die Wahrheit wird euch befreien.*
Dieses Zitat, hatte ich als mein Motto auf die Rückseite meines Primizbildchens aufgedruckt. Auch das war damals üblich, dass Neupriester als Andenken an die Priesterweihe und die Primiz Bildchen drucken ließen und diese an Verwandte, Bekannte

und - im Zusammenhang mit dem Primizsegen - auch sonst an die Gläubigen verteilten. Einige meiner Mitbrüder hatten sich von Verwandten im Ausland Serien von Bildchen schicken lassen, bunte Heiligenbildchen, gedruckt zum Beispiel im Ettal-Verlag, und mit Hilfe eines Stempels dann die Rückseite mit Daten und Sprüchen beschriftet. Ich hatte zwar auch eine Tante im Ausland, Tante Lene, die Schwester meines Vaters, die zuvor in Neisse gelebt hatte, dann nach dem Krieg von dort vertrieben worden war und jetzt in Westdeutschland lebte, doch hatte ich mich nicht getraut, sie um derartige Bildchen zu bitten, da ich wusste, dass sie jetzt verarmt war, dass sie von einer spärlichen Rente leben musste. Also hatte ich, hatten wir - denn meine Mitbrüder hatten mir dabei geholfen - in tage- und nächtelanger Arbeit in der Dunkelkammer selbst Bildchen hergestellt: von einem Heiligenbild hatten wir ein Negativ angefertigt, dann Serien von Fotopapier, das man relativ günstig kaufen konnte, damit belichtet, durch Entwicklungs- und Fixierbäder gezogen, getrocknet, fünfhundert Stück – so hoch in etwa hatte ich den Bedarf eingeschätzt – und glatt gepresst.

Mein Primizbildchen: es zeigte Franziskus, der unter dem Kreuz steht, sich an den gekreuzigten Heiland schmiegt, während der Gekreuzigte seinen linken Arm vom Kreuzbalken löst, Franziskus umfasst und an sich zieht, beide, auf diese Weise vereint, hoch über der Welt in Wolken schwebend. Auf der Rückseite des Bildchens dann mein Name, Ort und Datum der Primiz und darunter mein Leitsatz, die Botschaft von der befreienden Macht der Wahrheit, die ich bereits während der Primizfeier möglichst vielen verkünden wollte.

...und die Wahrheit wird euch befreien.

Dabei begann mein Priesterleben mit einer Lüge. Die Primiz, die ich damals feierte, war nämlich in Wahrheit keine

Primiz, das heißt, es war nicht, wie alle Menschen, die in der Kirche versammelt waren, glaubten, meine erste heilige Messe. Schließlich hieß es, dass mit der Primiz für die Gläubigen, die daran teilnahmen, besondere Gnaden verbunden seien. Ich hatte am 18. Dezember die Weihe erhalten und die Tage zwischen Weihe und Primiz im Kloster in Glatz verbracht und hatte dort bereits jeden Morgen in der Hauskapelle die Messe gelesen. Meine Vorgesetzten, die Ordensoberen, hatten darauf bestanden, denn es ging um Geld. Die Gläubigen spendeten nämlich Geld für das Lesen einer Messe, sie glaubten, man könne für irgendeinen Verstorbenen oder auch für einen Lebenden eine Messe lesen lassen, und wenn der Priester dann in ihrer Intention die Messe las, bekäme der Betreffende, für den sie gelesen wurde, eine besondere Gnade zugeteilt, womöglich auch den Nachlass seiner Sündenschuld. Es ging also um Geld, in meinem Falle um sieben Messstipendien, die dem Guardian für seine Klosterkasse verloren gegangen wären. Hinzu kämen noch die Stipendien der anderen Mitbrüder, die gemeinsam mit mir geweiht worden waren. Die hatten zwar ihre Primizfeier bereits in der Woche vor Weihnachten, es ging also in ihrem Falle nur um jeweils zwei oder drei Messstipendien, aber immerhin. Wir hatten unsere Bedenken den Vorgesetzten vorgetragen, hatten versucht, gegen diesen Schwindel Einspruch zu erheben. Doch vergeblich. Dann ist die Primiz halt - so entschieden die Ordensoberen ex catedra - die erste öffentliche, die erste feierliche Messe. Ihr müsst es den Leuten ja nicht unter die Nase reiben, hieß es, die Leute müssen es ja nicht wissen. Und wieder einmal waren es die Silberlinge, für die man die Wahrheit verkaufte, für die nun auch ich die Wahrheit verraten sollte.
Die Leute müssen es ja nicht wissen, hieß es. Und nun saßen sie in den Bänken, die Leute, standen dicht gedrängt in den Gängen,

in den Seitenschiffen der Kirche bis nach vorn zur Kommunionbank hin. Auch aus den Nachbardörfern waren sie gekommen, wie mir Mutter später erzählte, aus Kleinstein und Großstein, aus Ottmuth und Gorazdze. Die Leute - doch für mich waren es nicht einfach „die Leute", es waren meine Eltern, meine Geschwister, es waren Menschen, die ich kannte und die mich kannten, Menschen, mit denen ich gemeinsam meine Kindheit verbracht hatte, die Jahre des Krieges und die schlimme Zeit danach. ... *und die Wahrheit wird euch befreien.*
Hätte ich also vor sie hintreten und ihnen die Wahrheit sagen sollen: meine lieben Brüder und Schwestern ... Zwar glaubte ich nicht an irgendwelche besonderen Gnaden einer Primizfeier, aber diese Menschen glaubten daran. Andererseits wusste ich, dass sie nicht nur wegen der besonderen Gnaden gekommen waren. Es war schließlich die erste Primiz nach dem Krieg in meinem Heimatort und auch weit in der Umgebung, es war ein einmaliges Ereignis, bei dem sie dabei sein wollten, eine Sensation, die sie miterleben wollten.

Und der Pfarrer unserer Gemeinde, immer darauf bedacht, die Gottesdienste und Andachten mit möglichst großem Aufwand und mit viel Pomp zu gestalten, er hatte meine Primiz mit Absicht auf den zweiten Weihnachtstag gelegt, um möglichst vielen die Teilnahme daran zu ermöglichen. Diese Feier sollte nach seinen Vorstellungen zu einer besonderen Demonstration des Glaubens werden, zu einem Zeichen für die Unbeugsamkeit der Kirche gegenüber den kommunistischen Machthabern, zum Zeichen für die sich aus dem gläubigen Volk ständig erneuernde Kraft des katholischen Klerus. Daher hatte er auch ursprünglich beabsichtigt – wie er mir später erzählte - , mich in einer feierlichen Prozession von meinem Elternhaus abzuholen und auf der Hauptstraße des Ortes entlang in die Kirche zu geleiten. Doch die kommunistischen Behörden hatten ihm dies untersagt.

So waren wir ohne Kreuz und Fahnen, ohne Blasmusik und Gesang zur Kirche gekommen, einfach auf dem Bürgersteig, ich in der Kutte, darüber lediglich Rochett und Stola - es war nicht sehr kalt an diesem Tag, kein Frost, kein Schnee, ein Weihnachten ohne Schnee, und die Stola glänzend weiß, mit darauf gestickten Blumenranken, mit Pailletten besetzt, ein Kunstwerk, das einige Frauen der Pfarrgemeinde in Handarbeit angefertigt und mir zur Feier der Primiz überreicht, mir eigenhändig über die Schultern gelegt hatten - ich zwischen Vater und Mutter, vor uns drei weißgekleidete kleine Mädchen mit Blumensträußen in den Händen, und das eine, das ein Seidenkissen getragen hatte, mit Bändern geschmückt und darauf eine aus Myrtenzweigen geflochtene Krone. - Myrtenzweige, das kannte ich, man heftete sie zur Taufe an die Taufdecken der Kinder, wohl als Zeichen der Unschuld und der Reinheit, oder sie rankten sich, zu Girlanden geflochten, um die Kerzen der Erstkommunionkinder, oder sie schmückten in Form von Kränzchen und Sträußchen bei den Hochzeiten den Schleier der Braut und den Anzug des Bräutigams, offensichtlich ein Zeichen der Jungfräulichkeit. Nun hatte man sie zu einer Krone geflochten und diese vor mir hergetragen, sicherlich auch ein Zeichen, doch wofür eigentlich. Zum Glück hatte man sie mir nicht auf den Kopf gesetzt, nur ein Kränzchen hatte man mir an den Ärmel des Rochetts gehängt. Ich also zwischen Vater und Mutter, vor uns die drei Mädchen, hinter uns zunächst meine Geschwister, dann die Ordensschwestern, die „lieben Schwestern", wie wir sie als Kinder nannten, die seit je her die Kranken in der Gemeinde pflegten und den Kindergarten leiteten, dann die Tanten und Onkel, allen voran Onkel Franz, der Bruder meiner Mutter. Er hatte mich am Abend zuvor vom Bahnhof mit der Droschke abgeholt, stolz hatte er neben der Droschke gestanden, als ich aus dem Bahnhof gekommen war, die Pferde gestriegelt, das Geschirr der Pferde blank poliert. Ich hätte den Weg zu meinem Elterhaus auch gut zu Fuß zurücklegen können, doch diese Ehre, mich, den Primizianten, durch das Dorf zu kutschieren, hatte er sich nicht nehmen lassen. Gemeinsam mit den anderen Verwandten und Bekannten hatte er sich rechtzeitig im Hof vor unserem Elternhaus eingefunden, um mich zur Kirche zu begleiten. So waren wir gekommen, an der alten Schule und am Schulhof vorbei, ein langer Zug, wenn auch ohne Fahnen und Kreuz, doch, den Kommunisten zum Trotz, so etwas wie eine Prozession, ein Bekenntnis des Glaubens in aller Öffentlichkeit.

Die Fahnen und das Kreuz hatten dann im Geläut der Glocken vom Kirchturm herab zu unserer Begrüßung auf dem Kirchplatz bereit gestanden, und die Mädchen der Marianischen Kongregation, in Weiß gekleidet, sie hatten sich im Spalier aufgestellt bis zum Kirchenportal hin, und, von Ministranten umringt, der Pfarrer, der in einer kurzen Ansprache uns begrüßt und schließlich in die Kirche geführt hatte, wo wir, mit einem Fortissimo der Orgel empfangen, nun kaum vorankamen im Gedränge, zwischen den Bänken den Mittelgang entlang, zum Altar hin, zur Sakristei. Und Herr Schydlo, der Kirchenpolizist, der sich alle Mühe gab, uns mit seiner Lanze den Weg zu bahnen. Die Lanze, ich kannte sie noch, als Kinder hatten wir uns darüber lustig gemacht, denn mit dem dicken Knauf am oberen Ende sah sie aus wie eine Panzerfaust, eine Panzerfaust mit einem langen Schaft, damit hatte er uns gepufft, gestoßen, wenn wir Dummheiten gemacht hatten. Jetzt stieß er damit in die Rücken der Frauen, der Männer, die uns den Weg versperrten, die sich jedoch trotz aller Mühe kaum von der Stelle bewegen konnten, so dicht standen sie einer neben

dem anderen.
Und alle wandten sich nach mir um, reckten soweit sie nur konnten ihre Hälse, wollten mich sehen. Ich jetzt im Mittelpunkt, ich der Hauptakteur in dem grandiosen Schauspiel, inszeniert im Innenraum der Kirche. Man hatte die Pfeiler des Kirchenschiffes mit Fahnen und Girlanden geschmückt, den Altar mit Blumen, Tannenzweigen, Kerzen, hatte über den geöffneten Altarflügeln wallende Schleier drapiert, und die riesigen Tannenbäume zu beiden Seiten des Altares, wie schon in den Tagen meiner Kindheit standen sie da – schließlich feierte man auch das Weihnachtsfest, den zweiten Weihnachtsfeiertag – standen da im Glanz des Scheinwerferlichts mit glitzernden Lamettaquasten, mit brennenden Kerzen daran. Dann, plötzlich, brach das Getöse der Orgel ab, verhallte irgendwo, und die Menschen stimmten begeistert und wie aus einem Munde den Gesang an: *Gesegnet, gesegnet der da kommt im Namen des Herrn.*
Ich, ich, der Gesegnete, wer sonst hätte damit gemeint sein können, ich, der daherkam im Namen des Herrn, etwas blass im Gesicht. Blass siehst du aus, hatte meine Mutter gesagt, als ich am Abend zuvor zu Hause angekommen war und sie mich lange fast ehrfurchtsvoll angeschaut hatte, und schlank bist du geworden, hatte sie gesagt. Ich also, etwas blass und schlank, ich der Gesegnete, und sie schauten entzückt, schauten mit begeisterten Augen mich an, wie einen Boten aus einer anderen, besseren Welt, wie ein Wesen von einem anderen Stern. Aber nein, sie kannten mich, ich war schließlich einer von ihnen, einer aus ihrer Mitte, den sie noch vor wenigen Jahren hier in der Kirche am Altar als Ministranten gesehen hatten, der am Sonntag nach dem Hochamt beim Angelusgesang - sie erinnerten sich - mit seiner klaren Kinderstimme das Solo gesungen hatte. Nun kommt er daher, ein Geweihter, ein Gesegneter, erhoben durch die Würde

des Priesteramtes. Und so fühlten auch sie sich gesegnet, fühlten sich mit mir und durch mich in ihrer Würde erhoben.
...und die Wahrheit wird euch befreien. Hätte ich also vor sie hintreten und ihnen die Wahrheit sagen sollen, jetzt zum Beispiel, als ich die Stufen hinaufging und durch das geöffnete Gitter der Kommunionbank das Presbyterium betrat, mich umdrehen und ihnen sagen sollen: meine lieben Brüder und Schwestern... Die Wahrheit, meine Wahrheit. Und wovon hätte sie diese Menschen befreit? Wovon und wofür befreit? Sie saßen, standen da, ergriffen und fasziniert von dem Schauspiel, dass sie nun miterlebten, erfasst von der Begeisterung, die im Gesang und im Getöse der Orgel wie ein Sturmwind durch den Raum der Kirche wehte. Sie waren – das wussten, das fühlten sie - hier nicht einfach Zuschauer, sie gehörten dazu, sie waren ein Teil dieses großartigen Spektakels, das war ihr Glaube, das war ihre Wahrheit, die sie befreite, hier und jetzt befreite von allen ihren Sorgen und sie, wenn auch nur für die kurze Zeit, glücklich machte.

Dann stand ich am Altar, meine Wahrheit jetzt verdeckt mit dem Schultertuch, eingehüllt in die Albe, mit dem Zingulum verschnürt, darüber die Stola, das Manipel und schließlich das Messgewand, in Brokat, schwer und golden, ich, jetzt in Brokat gehüllt, das goldene Kalb, um das man herum tanzte, der Presbyter, der Diakon, der Subdiakon und die Ministranten, mit brennenden Kerzen in den Händen, mit Klingeln und mit dem Weihrauchfass, das sie schwenkten, immer wieder Weihrauchkörner nachlegten und schwenkten, bis sie alle Wahrheiten in duftende Nebelwolken eingehüllt hatten. Alle Wahrheiten, auch die, die jetzt von der Kanzel herab in donnernden Worten durch das Kirchenschiff hallte, die Wahrheit vom Hund, von irgendeinem Hund.

Ich hatte nicht genau hingehört. Für die Dauer der Predigt war mein Platz wie auch der des Presbyters, des Diakons und des Subdiakons auf den Sedilien neben dem Altar, wir mussten also die Altarstufen hinunter und die Stufen zu den Sedilien wieder hinauf, in den langen Gewändern, dies erforderte einige Aufmerksamkeit, dann das Brokatgewand, auf das man sich schließlich nicht einfach setzen konnte, man musste es irgendwie anheben und hinter dem Rücken falten. Unterdessen hatte die Predigt begonnen, Pater Bertrand stand auf der Kanzel, Pater Betrand, einer meiner Mitbrüder aus dem Studienseminar in Glatz, erst im Sommer dieses Jahres hatte man ihn zum Priester geweiht. Ich hatte ihm irgendwann einmal aus irgendeinem Anlass, ich weiß nicht mehr welchem, die Geschichte vom Hund erzählt, eine Erinnerung, ein Erlebnis aus meiner Kindheit: wir standen damals auf der Oderbrücke bei Krappitz, während die Oder Hochwasser führte, Onkel Viktor, der Bruder meiner Mutter, hatte mich auf seinem Fahrrad mitgenommen, um mir dieses Schauspiel zu zeigen. Und da trieben entwurzelte Bäume im Wasser dahin, Sträucher, Grasbüschel, Getreidepuppen, dann ein Teil eines Strohdaches, das sich in den Strudeln um sich selbst drehte, bis es einen Brückenpfeiler rammte, und dann der Hund, er saß auf seiner Bude mitten auf dem Fluss vom Strom davongetragen, saß da und jaulte entsetzlich, und ich sah, dass er angekettet war an der Bude und sich nicht retten konnte.

Die Geschichte vom Hund, die Erinnerung aus den Tagen der Kindheit, jetzt hörte ich sie von der Kanzel herab. Im Moment wusste ich nicht, worauf Bertrand damit hinauswollte. Ich schaute in die Kirche hinunter, doch die Leute hörten gespannt zu, kein Husten, kein Geräusper.

Ich hatte mit einigen Befürchtungen der Predigt entgegengesehen. Es war nämlich das Privileg des Primizianten, sich einen

Prediger für die Primizpredigt auszuwählen, andererseits war es eine besondere Ehre, eine solche Predigt zu halten. Ich hatte mich für Bertrand entschieden, obwohl ich wusste, dass sich einige ältere Patres, Patres aus der Provinzleitung, Hoffnungen auf diese Predigt gemacht hatten und ich mir dadurch ihren Unmut zuziehen werde. Tatsächlich kritisierten sie, nachdem sie davon erfahren hatten, meine Entscheidung mit der Begründung, dass Pater Bertrand für diese Aufgabe doch viel zu jung und unerfahren sei. Doch jetzt sah ich nicht ohne eine gewisse Genugtuung, dass man ihm aufmerksam zuhörte, dass es ihm offensichtlich gelungen war, mit der Geschichte vom Hund seine Zuhörer von Beginn an zu beeindrucken, - schließlich war es die Oder, auf der der Hund davonschwamm, die Oder, die sie kannten, und dann der Hund, einsam, hilflos, als sie hörten, dass sie selbst doch auch oft genug einsam und hilflos dahintrieben auf dem Strom des Lebens, irgendwohin ins Ungewisse, gekettet an ihre Laster, an die Eitelkeit zum Beispiel, die Habgier, die Eifersucht, die Trunksucht – also lauschten sie aufmerksam den Worten der Predigt, wenn auch mitunter gepeinigt durch die Geißelhiebe des eigenen Gewissens, die ihnen Tränen der Reue in die Augen trieben, lauschten aufmerksam bis zum Schluss, bis das Amen sie aus dem Tal der Bußfertigkeit herausriss und wieder in die Hochstimmung der Primizfeier versetzte.
Denn jetzt stand ich wieder im Mittelpunkt, am Altar, umkreist vom Diakon und Subdiakon, vom Presbyter und den Ministranten, in Weihrauchwolken gehüllt, ich, ihr Primiziant, und sie sangen wieder, gemeinsam begeistert im Wettstreit mit dem Gebraus der Orgel, lauschten gespannt, als ich die Präfation anstimmte – doch nein, das war nicht mehr die helle, klare Knabenstimme von einst, an die sie sich erinnerten, selbstverständlich nicht mehr, die Stimme jetzt etwas angestrengt, etwas gequält,

doch mit einem Tremolo darin, einem kaum hörbaren Tremolo, das sie zärtlich berührte, erregte – ergaben sich schaudernd dem Mysterium der Wandlung, kamen dann zur Kommunionbank, um sich die Kommunion reichen zu lassen - selbstverständlich konnten nicht alle, wie sie es sich gewünscht hätten, sie aus der Hand des Primizianten erhalten, dafür waren sie zu viele, das hatten sie eingesehen - beteten und sangen, bis schließlich der Diakon das *Ite missa est* anstimmte und damit die Messfeier beendete.

Doch diesmal dachten sie nicht daran, gleich nach Hause zu gehen. Die meisten blieben auf ihren Plätzen, denn sie wussten, dass ich jetzt nach der Messe noch den Primizsegen austeilen werde, einen Segen, der, wie sie glaubten, etwas ganz Besonderes war, der viele und ganz besondere Gnaden enthielt und den sie folglich unbedingt haben mussten.

Sie blieben also und warteten geduldig, denn zunächst einmal waren der Presbyter, der Diakon, der Subdiakon an der Reihe, die, obwohl bereits in Amt und Würden, auch diesen Segen haben wollten. Sie knieten jetzt vor mir auf der obersten Altarstufe, und ich hielt meine Hände über dem Kopf eines jeden, meine Hände flach ausgestreckt: *Benedictio Dei omnipotentis,* dann mit der rechten das Zeichen des Kreuzes über dem Kopf, während die linke auf der Brust lag: *Patris et Filii et Spiritus sancti,...* dabei spürte ich keinerlei besonderen Kräfte in mir, die ich hätte austeilen, weitergeben, übertragen können, keine besonderen Gnaden, die sich durch meine Arme, meine Hände auf die vor mir Knienden hätten ergießen können, ... *descendat super te et maneat semper, Amen.* Nein, ich fühlte mich nicht, war kein Guru, kein Schamane, kein Zauberer, und auch durch die Priesterweihe bin ich es offensichtlich nicht geworden, ich hatte nichts zu verteilen. Aber darauf kam es ja nicht an, nicht auf mich, nicht auf meine Kräfte, meine Fähigkeiten kam es an, ich war hier nur ein Werkzeug, so stand es jedenfalls in unseren Lehrbüchern, das war die katholische Lehre vom Priestertum, ich war nur ein Werkzeug in den Händen der Mutter Kirche, mit dessen Hilfe sie aus dem tesaurus ecclesiae, ihrem unerschöpflichen Gnadenschatz, den Jesus Christus allein durch seinen Tod angehäuft hat, die Gnaden häppchenweise auf ihre Kinder verteilte. Also segnete ich weiter, nach dem Presbyter den Diakon und den Subdiakon, dann die Ministranten, die nach Rang und Größe geordnet, die Altarstufen heraufkamen, und danach meine Eltern, meine Geschwister und Verwandten. Sie hatten während der Messe in den ersten Bankreihen gesessen, jetzt kamen sie ins Presbyterium – man hatte das Gitter der Kommunionbank geöffnet - , und auch sie durften als eine besondere Ehrung auf der obersten Altarstufe hinknien, um meinen Segen zu empfangen. Als ich vor Jahren das Elternhaus verließ, um in den Orden einzutreten, hatte ich vor den Eltern gekniet, und sie hatten mich gesegnet. Nun knieten sie vor mir. Vater, sein Kopf, kaum noch Haare darauf, sicher, er war ein frommer Mann, er glaubte an die Kirche, glaubte ehrfürchtig an das, was sie lehrte, und so glaubte er sicher auch an diesen Segen, was immer dies zu bedeuten hatte. Und Mutter, den Kopf gesenkt, ohne Hut, ohne Kopftuch, sie hatte sich zur Feier des Tages die Haare ondulieren lassen, darin bereits deutlich sichtbar die silbergrau schimmernden Fäden, ihr Mantel, schwarz, mit einem kleinen braunen Pelzkragen, war es immer noch derselbe, den sie bereits während des Krieges getragen, dann vor den Russen gerettet hatte? Auch sie war eine fromme Frau, fromm und bescheiden. Hochmut kommt vor dem Fall, hatte sie oft wiederholt und sich ihr Leben lang darum bemüht, bescheiden zu bleiben, demütig zu sein. Jetzt war sie oben angelangt, hier auf den Stufen des Altares, geehrt und geachtet vom Pfarrer, von der ganzen Gemeinde, sie, die Mutter des Primizianten. Doch ich war sicher, dass sie auch in diesem Moment bemüht war, jede Regung der Eitelkeit oder der Überheblichkeit abzuwehren, aus Frucht, von dieser Höhe abzustürzen. Sie kannte die Menschen, mit denen sie lebte, sie wusste, wie schnell sich deren Gunst in Missgunst wandeln konnte.

Ich segnete also die Eltern, die Geschwister und die Verwandten, und dann, als die gesegnet das Presbyterium verlassen und man die Balustrade wieder geschlossen hatte, waren endlich auch sie an der Reihe, die Kinder, die Frauen und Männer, die unten in der Kirche geduldig gewartet hatten. Zwar hatte ihnen der Pfarrer soeben mitgeteilt, dass ich auch am Nachmittag nach der Vesperandacht und am kommenden Morgen nach der Frühmesse den Primizsegen austeilen werde, doch die meisten blieben. Sie traten jetzt an die Kommunionbank heran, knieten nieder, und ich schritt die Reihe entlang von einem zum anderen, hielt die Hände flach über dem Kopf eines jeden, *Benedictio Die omnipotentis,* und zeichnete das Kreuz, *Patris et Filii et Spiritus sancti;...* Nun waren sie gesegnet, waren glücklich über die Gnaden, die sie erhalten hatten und die sie mit nach Hause nehmen konnten, und glücklich auch über das Bildchen, das sie als Andenken an diesen Tag jetzt noch zusätzlich bekamen. Denn ein Ministrant ging neben mir einher mit einem Stapel meiner Primizbildchen in den Händen und reichte jedem Gesegneten eins davon, das Bild mit Franziskus und dem Gekreuzigten darauf und auf der Rückseite mein Name und mein Motto, das Motto von der befreienden Kraft der Wahrheit.

3

Die Primizfeier,
über die Jahre hinweg noch immer lebendig in meinem Kopf,
das Getöse der Orgel, der Gesang, das Gold-Brokat-Geglitzer,
Weihrauchwolken, Weihrauchduft,
und auch der Empfang danach, noch lebendig in meinem Kopf,
der Empfang und das Festessen im Pfarrgemeindesaal: auch hier
wie in der Kirche Girlanden, Blumen, Tannenzweige zu Sträußen gebunden in Vasen vor den Fenstern, auf den Tischen, mit
Lametta behängt, das im Licht der Kerzen glitzert, die Tische
weiß gedeckt, darauf Myrtenzweiglein hingestreut zwischen den
Gedecken und den Leuchtern,
und ich weiterhin im Mittelpunkt, jetzt auf dem Ehrenplatz in
der Mitte an der langen Tafel, die sich hufeisenförmig im Saal
fortsetzt. Der Saal gefüllt bis auf den letzten Platz, neben mir zu
beiden Seiten Vater und Mutter, dann meine Geschwister, Verwandte, Bekannte, darunter einige, an die ich mich kaum oder
gar nicht mehr erinnern kann.
Die vielen Gesichter, fröhlich gelöst, im Stimmengewirr, Gesichter, die wieder und wieder zu mir hinschauen, mir zulächeln,
zunicken, der Pfarrer, der Kaplan, Priester aus den benachbarten
Gemeinden, die Mutter sicher auf Anraten des Pfarrers eingeladen hat, Mitbrüder aus dem Kloster: Pater Evarest - ich habe ihn
aus den Neisser Kollegiumsjahren in guter Erinnerung behalten, er ist es gewesen, der mich damals ermuntert hat, von den
polnischen Franziskanern in Neisse zu den deutschen in Breslau
zu wechseln, also habe ich ihn persönlich eingeladen und darum
gebeten, mir bei der Primizfeier zu assistieren - , natürlich auch
Pater Bertrand, der soeben in der Kirche die Predigt gehalten
hat, dann am anderen Flügel der Tafel der Arzt aus unserem Hei-

matort, Doktor Hudalla, ich kenne ihn noch von meiner Kindheit her, Herr Doktor Hudalla und seine Frau, und gleich neben ihnen - auch sie kenne ich, habe sie sofort erkannt und bin doch überrascht, sie hier zu sehen, es ist der Arzt aus Oberglogau und seine Frau. Auch sie nicken mir zu, begrüßen mich mit einem freundlichen Lächeln, während meine Mutter, die offensichtlich meine Überraschung bemerkt hat, mir unauffällig zuflüstert, dass sie die Herrschaften aus Oberglogau auf Wunsch von Frau Doktor Hudalla eingeladen habe. Die Doktoren und deren Frauen, höre ich, seien eng miteinander befreundet, und schließlich, sagt meine Mutter, kennst Du sie ja auch, soweit ich mich erinnere, hast du sie sogar einmal in Oberglogau besucht.

Ja, ich erinnere mich an diesen tolldreisten Besuch in Oberglogau, und auch an Ratibor erinnere ich mich, an das Kloster in Ratibor, wo wir uns zum ersten Mal begegnet sind. Während der Sommersemesterferien hatte man uns aus dem Breslauer Studienseminar dorthin verschickt. Und da sitze ich im Gästezimmer vor der Pforte - wie so oft in diesen Ferientagen – sitze am Klavier und spiele, als jemand ins Zimmer hereinkommt, hinter meinem Rücken stehen bleibt und mit der Frage: wer übt hier Beethoven, auf sich aufmerksam macht. Ich schaue mich um: ein Mann, wohl Mitte dreißig, gut gekleidet. Er sei, so stellt er sich vor, der Neffe von unserem Klosterbruder Leonhard, dem Pförtner, den er gemeinsam mit seiner Frau besuchen gekommen sei.
Mit seiner Frau, - sie steht weiter hinten an der Tür, kommt jetzt näher heran, jung ist sie, kaum älter als ich, jung und schlank, in einem leichten Sommerkleid - , ich solle ruhig weiter üben, weiter spielen, höre ich. Doch ich weigere mich. Mit seiner Frage: wer übt hier Beethoven – übt hat er gesagt, nicht spielt – hat er

sich für mich überzeugend genug als Musikkenner, womöglich auch als Pianist, zu erkennen gegeben. Und so fordere ich ihn auf, da er, wie ich wohl annehmen dürfe, vom Fach sei, selber etwas vorzuspielen. Doch er schüttelt den Kopf: nein, sagt er schließlich, nein, nicht auf diesem Instrument, und lächelt dabei resigniert. Ich weiß nur zu gut, dass das Klavier nicht viel taugt, kann durchaus verstehen, dass es für einen anspruchsvolleren Pianisten, für den ich ihn nun halten muss, sicherlich eine Zumutung wäre, darauf zu spielen. Dann fragt er, woher ich wohl stamme, aus welcher Gegend ich wohl komme, er wohne in Oberglogau und habe zu Hause einen Blüthner Flügel stehen, und wenn ich ihn mal besuchen komme – ich sei herzlich eingeladen -, dann werde er mir gern etwas vorspielen, auch Beethoven, er habe bereits mit neunzehn Jahren die Appassionata gespielt. Also, sagt er, wenn sie wieder einmal in ihrer Heimat sind, nach Oberglogau ist es dann nicht allzu weit. Wir werden uns sicherlich freuen, wiederholt nun auch seine Frau die Einladung, wenn sie uns mal besuchen kommen.
Ein Jahr war vergangen, ich hatte die Einladung nicht vergessen. Von Bruder Leonhard hatte ich erfahren, dass sein Neffe tatsächlich in Oberglogau wohne, doch von Beruf weder Pianist noch Musiker sei, sondern Arzt. Umso mehr reizte es mich, ihn und auch seine Frau näher kennen zu lernen. Während eines Besuchs bei meinen Eltern in meinem Heimatort ergab sich dann die Gelegenheit, und ich entschloss mich kurzfristig, der womöglich schon verjährten Einladung zu folgen. Ich hatte meinen Bruder gebeten, mich zu begleiten.
Es war eine Radtour von etwa zwanzig Kilometern, es war warm an diesem Tag, ein freundlicher Sommertag, ich hatte die Kutte abgelegt, mich in Zivil gekleidet, und so fuhren wir los, fuhren in Krappitz über die Oderbrücke und dann weiter nach Ober-

glogau.
Es war Mittagszeit, als wir ankamen. Ich kannte das Städtchen nur vom Hörensagen – Klein-Berlin, so nannte man es damals in Oberschlesien, weil die Leute hier trotz aller Verbote und Schikanen der polnischen Behörden es auch in der Öffentlichkeit immer wieder wagten, deutsch zu sprechen - , auch mein Bruder war noch nie hier gewesen, doch die Leute auf der Straße, die wir fragten, kannten selbstverständlich ihren Arzt, den Herrn Doktor, wie sie ihn nannten, und wussten selbstverständlich auch wo er wohnt. So klingelten wir bald darauf – unangemeldet - an der Tür der Villa, die man uns gezeigt hatte. Frau Doktor öffnete. Ich sah sofort, dass sie mich nicht erkannte, schließlich war ein Jahr vergangen und ich stand jetzt in Zivil vor ihr. Erst als ich Ratibor erwähnte und den alten Bruder Leonhard an der Pforte des Klosters, schien sie sich zu erinnern und bat uns ins Haus. Sie entschuldige sich für ihre unvollständige Kleidung, sagte sie - sie war tatsächlich im einem Bademantel gekleidet an die Tür gekommen - , aber sie habe das herrliche Wetter ausnützen wollen und sich auf der Terrasse gesonnt. Ihr Mann sei im Moment nicht da, fügte sie hinzu, indem sie uns ins Wohnzimmer führte, doch werde er in wenigen Minuten zum Mittagessen kommen. Ich solle mich doch bitte unterdessen schon mal ans Klavier setzen und etwas vorspielen. Sie müsse sich zwar für einen Augenblick entschuldigen, dennoch werde sie mir zuhören können. Da stand er tatsächlich unter dem Fenster, schwarz, wuchtig, Blüthner stand auf der Deckelklappe, als ich sie öffnete. Nur zögernd wagte ich mich, die Tasten zu berühren.
Ich hatte wohl eine halbe Stunde lang gespielt, oder länger, als der Herr Doktor ins Zimmer trat. Er hatte mich sofort erkannt, begrüßte mich, begrüßte meinen Bruder, fragte nach Bruder Leonhard in Ratibor, fragte nach meinen Fortschritten im Klavier-

spiel und wie ich mit dem Blüthner Flügel zurechtgekommen sei. Dann wurden wir zu Tisch gebeten. Frau Doktor, jetzt in einem Kleid mit Sommerblumenmuster, darüber die Küchenschürze. Sie entschuldigte sich für das bescheidene Menü, – es war eine Gemüsesuppe mit Fleischeinlage, dazu eine Scheibe Brot – aber wir hätten sie nun einmal überrascht, sagte sie, während sie die Schürze ablegte und sich zu uns an den Tisch setzte. Während des Tischgesprächs hatte ich mir erlaubt, den Herrn Doktor an das Versprechen zu erinnern, das er mir seinerzeit bei unserer Begegnung in Ratibor gegeben hatte. Er hatte es nicht vergessen, erinnerte sich sogar noch an das Klavier im Gästezimmer vor der Pforte und an meine verzweifelten Bemühungen um Beethovens Pathetique. Apropos Beethoven, ob wir wüssten, fragte er, dass die Stadt Oberglogau eine besondere Beziehung zu Beethoven habe. Und mit Erstaunen hörten wir, dass Beethoven hier in der Stadt im Schloss des Grafen Oppersdorf eine Zeit lang gelebt und in dieser Zeit seine berühmte fünfte Symphonie komponiert habe. Also Beethoven, sagte er, als wir mit der Mahlzeit fertig waren, stand vom Tische auf und setzte sich ans Klavier. Die Appassionata könne er mir leider nicht vorspielen –ich hatte sie beiläufig bei Tisch erwähnt -, um sie zu üben, fehle ihm jetzt die Zeit. Aber Beethoven sollte es schon sein, sagte er und schlug dabei mit voller Kraft auf die Tasten. Ich kannte das Stück: *Die Wut über den verlorenen Groschen* hieß es, so hatte es angeblich Beethoven selbst genannt. Ich staunte über die Leidenschaft, mit der er spielte, aber auch über die Technik, die er beherrschte, schließlich war er kein Profi, und dann staunte ich wieder einmal über diesen Beethoven, über diese Verschwendung an Formen, Klangfarben, und das alles wegen der Nichtigkeit eines Groschen.

Unser Besuch in Oberglogau. Hat es an einer weiteren Gelegenheit gefehlt oder an Mut und Dreistigkeit? Auf jeden Fall habe ich Herrn Doktor und seine Frau seither nicht wieder gesehen. Jetzt sitzen sie hier bei Tisch, sind meine Gäste. Frau Doktor in einem dunkelblauen Kostüm, die Jacke eng geschnitten, eine weiße Stoffblume am Revers, die Haare hochgesteckt und an den Ohren Klipps, große weiße Klipps. Offensichtlich hat auch sie bemerkt, wie überrascht ich bin, wie glücklich überrascht von diesem Wiedersehen, denn sie strahlt erfreut, und ich glaube, ein fast schon schelmisches Lächeln in ihren Augen zu erkennen.

Unterdessen hat man begonnen zu servieren. Frauen mit weißen Spitzenhäubchen im Haar bringen die Suppenterrinen in den Saal und stellen sie auf die Tische. Nein, es gibt keine feierliche Eröffnung, keine Begrüßungsansprache, das Festessen beginnt - ganz nach oberschlesischer Art - einfach mit der Suppe. Wenn gefeiert wird, so heißt es hier zu Lande, werden keine Reden gehalten, sondern es wird gegessen, getrunken und gegessen. Wer hätte auch die Begrüßungsrede halten sollen, mein Vater? Still, wie zugeschnürt sitzt er neben mir, offensichtlich überwältigt von der Würde des Augenblicks. Ich glaube nicht, dass er jemals in seinem Leben eine Rede gehalten hat. Als er jung war, hat er Gedichte geschrieben, Hochzeitszeitungen in Versform verfasst und diese dann während der Festlichkeiten vorgetragen, doch eine Rede halten, hier vor diesen Gästen, vor Priestern und Patres, dazu noch in polnischer Sprache –
Später, nach der Hauptmahlzeit, wird unser Herr Pfarrer das Wort ergreifen, wird meine Priesterweihe zu würdigen versuchen, wird die Bedeutung dieses Tages für die ganze Pfarrgemeinde hervorheben.
Jetzt wird erst einmal gegessen, doch, wie ich sehe, nicht ganz

nach oberschlesischer Art. Es ist nämlich nicht die Nudelsuppe, die für jedes oberschlesische Festessen unverzichtbare Nudelsuppe mit den von Hand gemachten Nudeln darin, die mir Mutter auf den Teller serviert, sondern eine klare Brühe mit Eierstich. Es ist ja auch ein ganz besonderes Fest, sagt Mutter, und da sollte es auch etwas ganz Besonderes geben. Sie habe für diese Feier eine extra Köchin engagiert, sagt sie stolz, und die habe diesen Eierstich selbst gemacht.
Brühe mit Eierstich, und das Stimmengewirr im Saal, jetzt angefüllt mit Mm's und Ach's, mit Lobeshymnen auf die Köchin und ihre Kunst, und ich höre zu, schaue hin, schaue möglichst unauffällig immer wieder in die eine Richtung, Frau Doktor, wie sie dasitzt, aufrecht, schlank, nur ein klein wenig über den Teller geneigt, der entblößte Hals, wie sie den Löffel hält, ihn zum Mund führt, diese vornehm zurückgenommenen Bewegungen, dabei ab und zu der Blick zu den Gästen hin im Saal, ihre Augen, wach, weit offen, und in dem Moment wie ein Blitzschlag zerstörerisch in meinem Kopf der Gedanke: was ist all das Goldbrokatgeglitzer, Weihrauchwolken, Weihrauchduft, all der barocke Kirchenpomp des Vormittags im Vergleich mit dieser Erscheinung, mit diesem Gesicht, mit diesen Augen.
Doch es wird weiter serviert, der zweite Gang: gespickter Rehrücken und Wildschweinbraten - vom Förster aus Großstein, flüstert mir Mutter zu - , dazu selbstverständlich Klöße, deutsche und polnische, und Rotkraut, Preiselbeeren, Soßen. Und ich sehe wohl, dass Mutter glücklich ist, schließlich hat sie es geschafft, in diesen schwierigen Zeiten solch ein Fest zu organisieren. Ja, weißt du, sagt sie, da haben viele mitgeholfen, wir alle haben uns ja so gefreut und sind stolz darauf, dass du so weit gekommen bist.
Und, wie schon seit Monaten, seit Jahren, wieder die quälende

Frage: bin ich nur Mutter zuliebe in den Orden eingetreten und im Orden geblieben, habe ich nur ihr zuliebe mich zum Priester weihen lassen? Vor Jahren, als Dreizehnjähriger, sicher, damals bin ich mit Begeisterung zu den Franziskanern in das Collegium Seraphicum in Neisse gegangen, ich wollte hinaus aus der Enge des Elternhauses, aus der Enge meines Heimatortes, weiter, höher hinaus. Und die Franziskaner - , man schätzte sie, verehrte sie, sie waren die geistigen Führer, die vom St. Annaberg herab die Menschen in Oberschlesien regierten. Also zu den Franziskanern, wohin sonst damals in den Wirren der Nachkriegszeit. Doch bald wurde es mir auch in den Klostermauern zu eng, zu eng für meine Träume, Wünsche, die jetzt erwachten, für meine Jungendallmachtsphantasien. Künstler wollte ich werden, Dichter oder Musiker, Komponist, Pianist, zu all dem fühlte ich mich berufen, fühlte in mir Kraft und Leidenschaft genug, um mich mit den Größten in diesen Bereichen zu messen, sei es ein Goethe oder ein Beethoven. Was war dem gegenüber schon ein Mönch, auch wenn er von Mal zu Mal von der Kanzel herab die breiten Massen des Volkes zu beeindrucken und zu begeistern verstand.

Dennoch, ich war im Orden geblieben, hatte mich zum Priester weihen lassen. Wir alle haben uns ja so gefreut, hatte Mutter gesagt. Wie hätte ich sie enttäuschen können, sie und all diese Menschen, die in den vergangenen Jahren mit so großer Anteilnahme meinen Lebensweg verfolgt hatten. Ich wusste, wie wichtig der Glaube für sie war, der Glaube an die Kirche, an die Priester und Ordensleute, dass er ihrem Leben Sinn und Halt gab, vor allem in Zeiten der Not. Hatte ich doch selbst in ihrer Mitte als Kind den Krieg erlebt. Stärker denn je fühlte ich während dieser Feier, dass ich zu ihnen gehörte, spürte die mythisch-mystische Bindung an die Sippe, die noch nicht getrennte Nabelschnur. Auch jetzt, das wusste ich, unter dem Terrorregime der Kommunisten, der Polen brauchten sie die Priester, an die sie sich klammern konnten, mutige Priester und Ordensleute. Was hätte ich ihnen als Künstler bieten können, was war für sie schon ein Künstler. Andrerseits, hatte ich mich nicht auch dazu berufen gefühlt, um die Wahrheit zu kämpfen, ihr in der Zeit der Lügen und Verlogenheit zum Sieg zu verhelfen? ...*und die Wahrheit wird euch befreien* stand als Leitsatz für mein Priesterleben auf dem Primizbildchen, das sie als Andenken zusammen mit dem Primizsegen bekommen hatten. Und wo hätte ich dies besser tun können als im Orden, als Priester von der Kanzel herab. So saß ich auf dem Ehrenplatz inmitten meiner Gäste an der langen Tafel, ließ mich feiern, genoss die Verehrung, die sie mir in ihren Blicken entgegenbrachten, wissend, dass diese letztendlich dem Amt galt, das ich nun bekleidete, nicht mir, und genoss gemeinsam mit ihnen den Eierstich, den Rehrücken und den Wildschweinbraten mit Klößen, Rotkraut und Preiselbeeren.

Bereits nach dem Kaffee verabschiedeten sich einige der Gäste, darunter auch die Herrschaften aus Oberglogau. Was macht das Klavier, fragte der Herr Doktor, während er mir die Hand schüttelte, üben sie noch weiterhin so fleißig, und ich sollte sie doch wieder einmal besuchen kommen, sagte er. Ja, kommen sie, fügte seine Frau hinzu, wir werden uns freuen. Frau Doktor, ihre wachen Augen, und ein Hauch von Sympathie in ihrer Stimme, in ihrem Händedruck. Doch ich sollte sie beide nicht wieder sehen.

Bereits im Lauf des folgenden Jahres gab es in Polen erste Anzeichen eines politischen Tauwetters, Gomulka kam an die Macht, und im Rahmen der veränderten Verhältnisse gab es für einige der in Schlesien verbliebenen Deutschen die Möglichkeit,

das Land zu verlassen und nach Westdeutschland, ins Reich, wie es damals hieß, überzusiedeln. Auch der Herr Doktor aus Oberglogau und seine Frau verließen Schlesien, wie ich bald darauf von meiner Mutter erfuhr.
Einige Jahre später, als ich selbst nach Westdeutschland übergesiedelt war, wäre es mir durchaus möglich gewesen, sie aufzusuchen, ihre neue Anschrift – eine kleine Ortschaft bei Nürnberg - hatte ich in meinem Notizbüchlein aus Schlesien mitgebracht. Waren es die neuen Eindrücke der mir so fremden westdeutschen Wirklichkeit, die meine schlesischen Erinnerungen in den Hintergrund gedrängt hatten, oder hatte es wieder einmal an Mut und Dreistigkeit gefehlt? Ich suchte sie nicht auf, damals nicht und auch später nicht, ich habe sie nicht wiedergesehen. So blieben sie, so blieb vor allem Frau Doktor, ihr Bild, gespeichert in den Windungen meines Großhirns über die Jahrzehnte hinweg in meinem Kopf, als Prunkstück in der Galerie versäumter Gelegenheiten, das nun verklärt in den Träumen des Alters noch immer jung in bunten Farben erstrahlt.
Meine Primizfeier mit dem Festessen im Pfarrgemeindesaal zog sich bis in die Abendstunden hin. Danach blieb ich noch einige Tage in meinem Heimatort, teilte weiterhin den Primizsegen aus, segnete die Kranken im Krankenhaus, die Alten im Altenheim, besuchte meine Verwandten und verteilte fleißig meine Primizbildchen.
Doch zu Beginn des neuen Jahres war ich und auch die anderen Mitbrüder, die mit mir gemeinsam in Tschenstochau die Weihe empfangen hatten, wieder in Glatz im Kloster, um unser Studium fortzusetzen.

4

Mein Leben als Priester, als Priester und Mönch im Orden der Franziskaner, in der Ordensprovinz zur heiligen Hedwig in Schlesien.
Und zurück im Kloster in Glatz, aus den Weihrauchwolken der Primizfeiern abgestürzt in den Alltagstrott des Klosterlebens, in das Räderwerk der klösterlichen Tages- und Hausordnungen, gingen wir, noch benommen vom Duft der Verehrungen und Huldigungen, die man uns in den Heimatorten entgegengebracht hatte, wieder die Gänge entlang, die Treppen hinauf und hinunter, zum Morgen- und Abendgebet, zum Chorgebet, vom Oratorium zur Kirche und von der Kirche zum Refektorium und psalmenmurmelnd wieder zur Kirche zurück wie schon all die Jahre zuvor. Nichts hatte sich geändert, obwohl wir nun aufgestiegen waren in der Hierarchie des Ordens in den Rang der Patres, nur dass wir jetzt nicht mehr an der täglichen Messe des Konvents teilnahmen, sondern selber an einem der Seitenaltäre in der Kirche oder in der Kapelle, begleitet von einem Laienbruder oder Frater, die Messe lasen. Schließlich waren wir immer noch Studenten, und das Studium sollte noch bis in den Sommer hinein dauern.
Also ordneten wir uns ein in die Reihe der dahinschreitenden Mitbrüder, gingen, immer zu zweit, die Hände in der Klausur, in den breiten Ärmeln der Kutte versteckt, das De profundis murmelnd die Gänge entlang. Und auch ich ging mit, wenn auch nicht immer mitmurmelnd, denn da brausten schon mal die Klänge einer Beethovenschen Symphonie in meinem Kopf oder eines Klavierkonzerts, das ich zufällig zuvor im Radio gehört hatte.
Nein, ich war nicht bereit, diesem Hin- und Hergestapfe, diesem

Gemurmel irgendeinen metaphysischen Sinn oder eine mystische Aura zu verleihen. Für mich war es einfach Zeitverschwendung, eine Zeit, die ich lieber mit der Lektüre Guardinis oder Goethes oder am Klavier verbracht hätte. Ich hielt gar nichts von einer romantisierenden Verklärung des Klosterlebens mit in Gott versunkenen von der Welt abgewandten Gestalten, die man von außerhalb der Klostermauern wie exotische Tiere hinter Gittern im Zoo bestaunte. Ich fühlte in mir keinerlei Begabung für ein Leben als Mystiker. Sicherlich, ich glaubte an Gott, er war in meinem Kopf die letzte Instanz, vor der ich mein Leben zu verantworten hatte. Doch ich spürte kein Verlangen, in ihm zu versinken, wie es die Mystiker anstrebten, mich in ihm aufzulösen. So war auch unser gemeinsames Meditieren, jeweils eine halbe Stunde lang nach dem Morgengebet und am Abend, für mich nichts anderes als Zeitverschwendung. Da saßen wir im Oratorium, und der Lektor las uns einen Abschnitt aus irgendeinem erbaulichen Buch vor, etwa in der Art der *Nachfolge Christi* von Thomas a Kempis, einem Mystiker aus dem Mittelalter, einen Text, über den wir dann nachdenken sollten, nachdenken also über die Nichtigkeit der Welt und des Lebens, denn davon handelten diese Texte, vom Sich-selbst-Verleugnen, Sich-selbst-Absterben, vom Abtöten aller Sinneslust, vor allem der Fleischeslust, und von der Demut, immer wieder von der Demut, vom Gehorsam, von der Geduld, und vom Seelenheil, das man nur in der demütigen Hingabe an Gott erreichen, vom wahren Seelenfrieden, den man nur in Gott finden könne, vom Bestreben, sich selbst gering zu achten, vom geduldigen Tragen des Kreuzes, dabei ständig vor Augen den Gedanken an den Tod, an das Gericht, an die Höllenqualen. Nein, ich war nicht bereit, mir dies anzuhören. Seelenfrieden, Seelenheil, das klang nach Tod, nach Friedhof. Ich dagegen wollte leben, wollte in meinem Leben etwas tun, etwas Großes, Sinnvolles schaffen. Was hatten diese Texte mit der Wirklichkeit zu tun, in der wir lebten. Ich kannte wohl den Spruch der Bibel, dass es einem Menschen nichts nützt, wenn er die ganze Welt gewinnt, dabei aber an seiner Seele Schaden nimmt, doch war ich überzeugt, dass auch der Gegensatz dazu seine Gültigkeit hat, nämlich, dass es dem Menschen nicht viel nützt, seine Seele zu bewahren, wenn dabei die Welt zu Grunde geht. Ich war überzeugt, dass ein Christ Verantwortung für die Geschicke dieser Welt trägt, und war auch bereit, diese zu übernehmen.

In Zeiten, als der christliche Kaiser und christliche Fürsten für Ordnung und Gerechtigkeit in der Welt sorgten oder zumindest vorgaben, es tun, schien es mir noch verständlich, dass sich fromme Mönche und fromme Christen von der Welt verabschiedeten, um in mystischer Versenkung das Heil ihrer Seele zu suchen. Doch christliche Herrscher von Gottes Gnaden gab es längst nicht mehr. Banditen und Ganoven hatten im christlichen Europa die Macht übernommen, zunächst die Faschisten und schließlich die Kommunisten, die nun wie in ganz Osteuropa so auch in Polen und in Schlesien ihr Terrorregime ausübten, die mit physischer und psychischer Gewalt versuchten, den Menschen ihren Willen aufzuzwingen, mit ihrer Lügenpropaganda ihren Verstand zu verwirren. Und da war die Angst vor Folter, Verelendung, Tod, und da war die Feigheit, die Angst und die Feigheit, die den Lügen Tor und Türen öffneten, so dass sie sich in den Köpfen festsetzen und Wurzeln schlagen konnten.

Nein, dies war nicht die Zeit, um weltabgewandt sich mit dem eigenen Seelenheil zu beschäftigen. Ich war überzeugt, dass ich mich engagieren müsse, mich für die Wahrheit einsetzen, um sie kämpfen müsse. In Zeiten des Terrors, der Lüge und Verlogenheit, ich der Prophet, dazu berufen, mit donnernden Worten von der Kanzel herab -

Mit donnernden Worten. Dabei hatte ich keine Stimme. Sicher, ich konnte sprechen, auch singen, doch die Stimme blieb mir irgendwo im Hals stecken, in der verkrampften Muskulatur des Halses, des Kehlkopfes, sie klang nicht, strömte nicht, verstärkt durch die Resonanzräume der Nasen- und Stirnhöhlen, verstärkt durch den Resonanzboden des Zwerchfells frei heraus, nein, sie taugte nicht für donnernde Worte, die bis in die letzten Winkel eines Kirchenraumes drangen. Das wusste ich, schließlich hatte ich jahrelang in unserem Klerikerchor mitgesungen. Und ich wusste auch, wie schnell diese Stimme ermüdete oder völlig versagte, wenn ich versuchte, mit Gewalt die Lautstärke zu forcieren - ein Missgeschick, das sich irgendwann im Noviziat oder bereits davor bemerkbar gemacht hatte und in den Jahren des Studiums sich noch weiter verstärkte. -
Ich hatte meine Vorgesetzten darauf aufmerksam gemacht, noch rechtzeitig vor der endgültigen Bindung an den Orden und vor der Diakonatsweihe. Doch da hatte es einfach geheißen, dass der Orden nicht nur Prediger brauche, sondern zum Beispiel auch Bibliothekare. - Meine Zukunft also: ein Bibliothekar in irgendeiner Klosterbibliothek, der vergilbte Bücher abstaubt, sortiert, katalogisiert.
Aber dann, als ich mich nach der Primizfeier wieder im Kloster eingefunden hatte, erlaubte man mir doch, einen Arzt zu Rate zu ziehen, und zwar einen Facharzt in Breslau, einen Laryngologen oder Logopäden, ich weiß es nicht mehr genau. Auf jeden Fall, dieser Arzt - ich erinnere mich, er war noch sehr jung, hatte wohl gerade sein Studium beendet – drückte mir, nachdem er mir möglichst tief in den Rachen und in die Nasenlöcher hineingeschaut hatte, eine etwa zwei bis drei Kilogramm schwere an

einem Griff befestigte vibrierende Metallkugel in die Hand, die ich nun gegen meinen Brustkorb drücken und dabei kräftig summen sollte. Es lägen nämlich keine organischen Veränderungen vor, so hieß es zunächst, und meine Stimme werde bald klingen wie eine Glocke, es sei nur eine Frage der Resonanz, die sich durch die Kugelmassagen einstellen werde. So saß ich denn in einem Nebenraum der Praxis auf dem Fußboden – vergeblich hatte ich nach einer Sitzmöglichkeit Ausschau gehalten – lehnte mich an die Wand, drückte mir die Kugel gegen die Brust und summte, wie vom Arzt verordnet, eine halbe Stunde lang. Selbstverständlich musste diese Übung, wenn sie irgendeine Wirkung zeigen sollte, wiederholt werden, und zwar wenigstens zweimal in der Woche über einen längeren Zeitraum hinweg. Also fuhr ich zweimal wöchentlich von Glatz nach Breslau, eine Fahrt von etwa drei Stunden mit dem Zug, setzte mich in den Nebenraum der Praxis auf den Fußboden – erst bei meinem dritten Besuch hatte man daran gedacht, dort einen Stuhl hinzustellen – summte in verschiedenen Tonlagen zu der vibrierenden Kugel eine halbe Stunde lang und fuhr wieder nach Glatz zurück.

Doch als sich auch nach Wochen der angekündigte Glockenklang meiner Stimme nicht einstellen wollte, hieß es, dass es womöglich doch an der Nasenscheidewand liegen könnte, die etwas verkrümmt sei, und die ich mir folglich begradigen lassen sollte. Einen dafür zuständigen Hals- Nasen-Ohrenarzt gab es auch in Glatz. Und als ich mich bei ihm anmeldete, erfuhr ich, dass man einen derartigen Eingriff nicht ambulant durchführen könne, dass dafür ein mehrtägiger Aufenthalt im Krankenhaus notwendig sei. Und so saß ich eines Tages im Landeskrankenhaus in Scheibe bei Glatz im OP und schaute zu, wie der Arzt - man hatte sich mit einer örtlichen Betäubung begnügt - mir eine Säge in die Nase, genauer gesagt, in das rechte Nasenloch

einführte und diese, wie es mir schien, recht genüsslich hin und her schob. Ich spürte zwar keinen Schmerz, doch allein die Vorstellung dessen, was sich da in meiner Nase abspielte, genügte, um mir dieses Ereignis unauslöschlich in mein Gedächtnis einzuprägen.
Leider stellte sich bald heraus, dass auch die begradigte Nasenscheidewand nichts half, nicht dazu betrug, meiner Stimme mehr Kraft, mehr Klang zu verleihen.

Es sollten noch Jahre vergehen, bis sich ein Lehrmeister fand, der mir auch ohne Skalpell und ohne vibrierende Massagekugel zu einer kräftigeren Stimme verhalf. Es war während meines Studiums an der Universität Münster. Im Rahmen des Studiums der Germanistik für das Lehramt am Gymnasium musste ich pflichtgemäß auch ein Seminar in Sprecherziehung und Vortragskunst belegen. Gleich nach der ersten Seminarsitzung, in der ich wie alle Teilnehmer als Einstiegstest einen Text vorgetragen hatte, rief mich der Seminarleiter - es war der unter den Germanistikstudenten etwas belächelte Peter Otten, belächelt, weil er, ein gescheiterter Schauspieler, so hieß es, jetzt als akademischer Rat sich selbst und seine Tätigkeit an der Universität furchtbar wichtig nahm - Peter Otten also rief mich zu sich in sein Büro und fragte mich ohne Umschweife, wie ich mir das wohl vorstelle, mit meinen stimmlichen Voraussetzungen in den Schuldienst zu gehen, ob ich mir dessen bewusst sei, was ich da auf mich nehme. Ich müsse, so meinte er, dringend etwas für meine Stimme tun, und empfahl mir einen seiner Assistenten, der im Rahmen seiner logopädischen Ausbildung darauf angewiesen war, auch praktische Erfahrungen zu sammeln.
Nun stellte es sich heraus, dass dieser Assistent Priester war, ein Jesuitenpater, der sich auf die Empfehlung seines Mentors hin

gern dazu bereit erklärte, einem Amtsbruder und dazu noch einem armen Franziskaner zu helfen. Damals während meiner Studienzeit in Münster fungierte ich als Hauskaplan bei den Klarissenschwestern am Aasee und hatte dort eine separate geräumige Wohnung zur Verfügung. Und da es auch für meinen Lehrmeister vorteilhaft war, vereinbarten wir, dass die Übungen – denn um nichts anderes ging es bei dieser Therapie - in meiner Wohnung stattfinden sollten, und zwar zweimal wöchentlich. Ich staunte nicht wenig, als wir mit simplen Gymnastikübungen begannen, Übungen, die zunächst einmal die Muskulatur des Brustkorbs stärken sollten. So stellten wir uns unter andrem Rücken an Rücken, verschränkten die Arme und zogen einer den anderen abwechselnd huckepack in die Höhe. Dann ging es um die richtige Atemtechnik, das hieß zunächst einmal, mit möglichst spitzem Mund die Luft in die Lunge zu holen, bis sich die untersten Rippen spreizten und dadurch das Zwerchfell spannten, das Zwerchfell, den so wichtigen Resonanzboden bei der Stimmbildung. Es ging um die Lockerung der Hals- und Kehlkopfmuskulatur. Jetzt kauen sie mal, sagte mein Lehrer, stellen sie sich vor, sie haben im Mund einen Kloß, denken sie dabei meinetwegen an die schlesischen Klöße – und er verriet mir, dass auch er Schlesier sei, dass er aus Ratibor stamme und die schlesischen Klöße noch gut in Erinnerung habe – also kauen sie genüsslich. Dann hieß es: jetzt lassen sie mal ihre Zunge im Munde wandern, schieben sie sie in alle möglichen Winkel der Mundhöhle, und jetzt strecken sie sie mal soweit es geht heraus. Dabei standen wir uns gegenüber, zwei erwachsene Männer, und streckten uns tatsächlich wie ungezogene Jungs die Zungen entgegen. Und es ging darum, die Nasen- und Stirnhöhlen als Resonanzräume zu nutzen, den Luftstrom aus der Lunge bei gespanntem Zwerchfell mit Hilfe der

weichen Reibelaute m und n in diese Regionen zu lenken, ein langgezognes m oder n, bis die Nasenspitze zu vibrieren und zu jucken begann. Dann wurde aus dem langgezogenen m ein mmu, wobei sich das Üben in meiner separaten Wohnung als weiterer Vorteil erwies, denn jetzt muhten wir lautstark wie die westfälischen Kühe auf der Weide. Schließlich wandelten wir das u in alle möglichen Vokale ab, mu , mo, ma, me, mi und formten Silben und Wörter, indem wir an diese Laute verschiedensten Konsonanten dranhingen. Daraus ergaben sich mitunter die kuriosesten Wortbildungen: muppt, moppt, mappt, die uns zum Lachen reizten und das Üben behinderten.
Und dann geschah das Wunder. War es in der vierten oder fünften Woche, ich weiß es nicht mehr genau, als plötzlich während einer Übung meine Stimme wörtlich aus dem Hals heraussprang, ich hörte sie, hörte, wie sie hallte, den Raum ausfüllte und tatsächlich wie eine Glocke klang.
Selbstverständlich übten wir weiter, insgesamt drei Semester lang. Dann, nach Beendigung des Studiums, trat ich, wie ursprünglich geplant, den Schuldienst an. Und ich schaffte es ohne größere Schwierigkeiten, vier oder fünf Stunden täglich vor der Klasse zu stehen und zu sprechen, und wenn es sein musste, auch mit lautstarker Stimme, wenn es galt, tobende Schülermassen zu bändigen, all die Jahre meiner Lehrertätigkeit hindurch.

Noch war ich in Schlesien, im Kloster in Glatz, stapfte, besorgt um meine Stimme, um meine Zukunft, psalmenmurmelnd mit den Klosterbrüdern die Klostergänge entlang, die Klostertreppen hinauf und hinunter, während draußen im Lande der Terror der Geheimpolizei wütete und die Angst herrschte, die Angst, die Lügen, die Verlogenheit.
Bis wieder einmal – es war Mitte Februar - in Moskau die Lü-

genpropagandisten aus der gesamten kommunistischen Welt zu einem ihrer immer groß inszenierten Lügenkongresse zusammenkamen. Diesmal war es der Zwanzigste Parteitag der kommunistischen Partei der Sowjetunion, auf dem man wie auf all den Parteitagen zuvor wieder in schwungvollen Reden die großartigen Errungenschaften des Sozialismus feiern wollte. Und wie schon zuvor so berichteten auch diesmal wieder die Zeitungen und Radiosender lautstark und in großer Aufmachung von diesem angeblich weltbewegenden Ereignis, und wie schon zuvor hörte auch diesmal niemand hin. Man kannte diese Lügengeschichten zur Genüge, und die ach so großen sozialistischen Errungenschaften sah man tagtäglich in den Geschäften, wenn man vor leeren Regalen stand, wenn man stundenlang um ein Stück Brot in der Schlange anstehen musste, wenn man im Winter in der Wohnung fror, weil es keine Kohle zu kaufen gab. Aber dann, der Parteitag war bereits beendet, horchten die Menschen doch auf. Denn plötzlich kursierten Gerüchte, heimlich, hinter vorgehaltener Hand, am Arbeitsplatz, in den Läden, auf den Straßen, ein Name, immer wieder genannt: Chruszczow, Nikita Chruszczow, der Sekretär der KPdSU, er soll, so hieß es, mit Stalin abgerechnet haben, dabei war Stalin schon seit drei Jahren tot, zum Abschluss des Parteitages soll er in einer geheimen Rede unter Ausschluss der Öffentlichkeit, wie die nachts heimlich abgehörten Auslandssender berichteten, Stalins Verbrechen vor den Delegierten des Parteitages enthüllt und dessen Personenkult angeprangert haben – Stalins Verbrechen enthüllt, als ob diese nicht schon längst allgemein bekannt gewesen wären - und dann soll er gemeinsam mit seinen Genossen tatsächlich den Diktator in einer Nacht und Nebel Aktion aus dem Mausoleum, in dem der seit Jahren in einem gläsernen Sarg aufgebart lag, herausgeholt und ihn heimlich unter der Kremlmauer verscharrt

haben. Gerüchte, und die Aufregung, und die Hoffnungen. Dabei wusste man, dass dieser Chruszczow schon jahrelang Mitglied sowohl des Zentralkomitee als auch des Politbüro der Partei war und folglich für Stalins Verbrechen mit Verantwortung trug. Von wegen Hoffnung, so hieß es, die reißen ein Lügengengebäude ein, um an dessen Stelle ein neues aufzurichten.
Gerüchte. Doch bald gab es Gewissheit, als man am 5. März in den Zeitungen Ausschnitte aus dieser geheimen Rede nachlesen konnte: Stalin war ein Verbrecher, der seit Jahren wie ein Gott verehrte Diktator war ein Verbrecher, ein Verräter an der Partei, an den Ideen des Marxismus-Leninismus.
Und Gewissheit gab es auch, als Polens Ministerpräsident Boleslaw Bierut, der als erster Sekretär der kommunistischen polnischen Arbeiterpartei am Parteitag in Moskau teilgenommen hatte, von dort tot, aufgebahrt im Sarg, nach Warschau zurückkehrte, Gewissheit, diesmal aus den Lautsprechern der Radiosender in den pompös dahertönenden Trauermärschen. Trauermusik von früh bis spät, Trauerlügenmusik, denn wer trauerte schon um Bierut, Bierut, der Altkommunist, der langjährige Gefährte Stalins, hatte man ihm womöglich in Moskau – und wieder Gerüchte, doch jetzt nicht mehr hinter vorgehaltener Hand - etwas ins Essen gemischt? in den Wodka gerührt? Trauermusik aus den Lautsprechern drei Tage lang, bis die treuen Politbürogenossen ihn schließlich auf den Schultern in einer pompösen Trauerlügenschau zu Grabe trugen.
Doch von Lügen wird man nicht satt, mit dumpfdunkler Trauermusik lassen sich leere Regale in den Geschäften nicht füllen. Und während Chruszczow Stalin für alle Mängel und Misserfolge in der Wirtschaft verantwortlich machte und sich selbst als einen Reformer anpries, um auf diese Weise seine eigene Macht und die der kommunistischen Partei in der Sowjetunion aufrecht

zu erhalten, glaubten die Nachfolger Bieruts, die Altstalinisten im Politbüro der polnischen Arbeiterpartei in Warschau auch weiterhin mit Terror und Lügen regieren und die immer lauter werdenden Proteste gegen die sozialistische Plan-Misswirtschaft und die Behördenwillkür im Lande ignorieren zu können. Doch dann, am 28. Juni, der Aufstand der Stahlarbeiter in Posen: ein Protestmarsch gegen überhöhte Arbeitsnormen und Hungerlöhne, der sich schnell zu einer blutigen Auseinandersetzung mit der Polizei entwickelte, schließlich rollten die Panzer an, und etwa siebzig Tote und Hunderte von Verwundeten blieben auf den Straßen der Stadt. Jetzt wuchs im Land die Empörung, der Mut der Verzweiflung, weitere, noch blutigere Auseinandersetzungen waren zu befürchten, und so sahen sich die verängstigten Parteigenossen gezwungen, nach einem polnischen Chruszczow Ausschau zu halten und besannen sich schließlich auf einen ihrer ehemaligen Mitstreiter und Mitbegründer der Partei, den sie noch während des Krieges im Untergrund zum Parteisekretär gewählt, dann aber wegen reformistisch-nationalistischer Tendenzen seiner Politik ins Gefängnis gesteckt hatten: Wladyslaw Gomulka. Dieser – und das wussten sie - besaß gerade wegen seiner politischen Anschauungen sowohl in der Partei als auch in der Bevölkerung immer noch viel Sympathie, und so hofften sie, er werde durch irgendwelche Reformen die marode Wirtschaft sanieren, den Lebensstandard der Bevölkerung anheben und so die Macht der Partei im Staate sichern können.

Das Frühjahr 1956, der Sommer danach. Und wieder einmal kämpften die Polen wie schon so oft in ihrer Geschichte um ihre Freiheit, um Freiheit und Brot, während ich im Zug zwischen Glatz und Breslau hin und her pendelte, während ich in Scheibe bei Glatz im OP saß und zuschaute, wie man mir die Nasen-

scheidewand zurechtsägte. Was bewegte mich damals - einmal abgesehen von der Sorge um meine Stimme – was bewegte mich damals in dieser so bewegten, aufregenden Zeit? Wie weit reichten meine Sympathien für diese protestierenden und kämpfenden Menschen?
Hatte ich mich nicht auch dazu berufen gefühlt, gegen den Terror, die Lügen und die Verlogenheit der Kommunisten zu kämpfen, mit donnernder Stimme von der Kanzel herab?
Doch die Kommunisten saßen nicht unter der Kanzel in den Kirchenbänken. Und die, die dort saßen, die Gläubigen, was wusste ich von ihnen, von ihren Nöten, ihrem Leid. Ich hatte nie stundenlang in der Schlange um ein Stück Brot anstehen müssen, der Tisch im Kloster war immer gedeckt, mein Zimmer war im Winter warm. Auch Folter, Verhöre der Geheimpolizei, Gefängnishaft hatte ich am eignen Leib nie erfahren.
Im Schutz der Klostermauern hatte ich mir aus Wünschen und Träumen meine eigene Welt zurechtgezimmert, in der ich nach Belieben mich engagieren und getreu meinem Motto: *...und die Wahrheit wird euch befreien,* für die Wahrheit kämpfen konnte. Ich, der Prophet im Elfenbeinturm, der Held, der Don Quichotte, der mit der Lanze tapfer für die Wahrheit der Windmühlen kämpft.
Was wusste ich schon von den Polen, die draußen im Lande um ihre Freiheit kämpften. Ich hatte jahrelang unter ihnen gelebt, hatte ihre Sprache erlernt, kannte ihre Geschichte, ihre Kultur, und dennoch waren sie mir fremd geblieben. Nur eines wusste ich mit Sicherheit: sie kämpften nicht auch für meine Freiheit. Bei aller Sympathie für ihren Mut und ihren Freiheitswillen, sie waren es, die mich wie alle in Oberschlesien verbliebenen Deutschen dazu zwangen, meine Sprache, meine Geschichte und meine Kultur zu verleugnen. So sehr sie in ihrer überwiegenden

Mehrheit auch die Russen und die von Moskau ferngesteuerten Kommunisten hassten, so übernahmen sie doch nur allzu gern die Geschichtsklitterungen der kommunistischen Propaganda, glaubten an das Märchen von den urpolnischen Gebieten an Oder und Neiße, glaubten daran, dass die Deutschen, die hier gelebt hatten, geflohen seien, dass man sie also nicht vertrieben habe, dass schließlich die in Oberschlesien verbliebene Bevölkerung, ich also und die Menschen in meiner Heimat, Polen seien oder zu sein haben, deren Überzeugungen, deren Kultur und Geschichte man einfach ignorieren könne oder die man notfalls mit Zwangsmaßnahen zum Polentum bekehren müsse.

Die Polen, welche Freiheiten auch immer sie den kommunistischen Diktatoren abtrotzen sollten, es werden – das wusste ich - nicht zugleich auch meine Freiheiten sein. Zu tief saß ihr Hass, zu groß war ihre Abneigung gegen alles, was sie auch nur entfernt an Deutschland und die Deutschen erinnerte. Ich sah für mich keinen Platz in ihrer Welt.

Also hatte ich mir meine eigene geschaffen, hatte mich darin mit den großen deutschen Dichtern, Philosophen, Komponisten umgeben, die mir über die Schultern schauten, wenn ich Gedichte schrieb, Klavier spielte oder Musikstücke für unseren Chor und unser Orchester komponierte, und ließ die ach so aufregenden Ereignisse der Zeitgeschichte am Horizont meines Blickfeldes unbeachtet vorüberziehen, hoffend - aber worauf eigentlich?

Und meine Mitbrüder, meine Klosterbrüder, worauf hofften die? Was bewegte sie in dieser aufregenden Zeit?
Bis auf wenige Ausnahmen stammten sie alle aus Oberschlesien, aus dem deutschen Teil Oberschlesiens, waren also Deutsche wie ich, hatten mit den Polen ähnliche Erfahrungen gemacht, kannten deren Haltung den Deutschen gegenüber und wussten,

dass sie, wenn sie unter den Polen werden leben und arbeiten wollen, auch weiterhin ihre Herkunft, ihre Geschichte, ihre Identität werden verleugnen müssen. Doch wie wichtig war dies für sie? Interessierten sie sich noch für die deutsche Sprache, ihre Muttersprache, für die deutsche Geschichte und Kultur? Die deutsche Kultur, das ist Auschwitz, so hatte man es uns in der Schule jahrelang eingehämmert, Auschwitz, Majdanek, Dachau, und die deutsche Geschichte, eine ununterbrochene Aggression, ein Prozess der Unterdrückung, Ausrottung und Germanisierung der slawischen Völker. Warum sollte man sich zu dieser Geschichte bekennen, sich um diese deutsche Kultur bemühen? Untereinander sprachen wir polnisch, ausschließlich polnisch, und über unsere politischen Überzeugungen oder nationalen Gefühle sprachen wir überhaupt nicht, dieses Thema war einfach tabu.

Meine Klosterbrüder? Zu zweit stapften sie die Klostergänge entlang, psalmenmurmelnd, was auch immer draußen im Lande geschah, die Klostertreppen hinauf und hinunter, und ich mit, mitmurmelnd oder auch nicht, zum Morgen- und Abendgebet, vom Oratorium zur Kirche und aus der Kirche ins Refektorium an den gedeckten Tisch, im festen Glauben an den Vater im Himmel, der die Speise gibt zur rechten Zeit, schaut auf die Vögel des Himmels, und der seine Sonne aufgehen lässt über Gerechte und Ungerechte, über Polen und Deutsche. Wie wichtig war es da, ein Deutscher zu sein oder ein Pole. War da nicht allein wichtig der Glaube an diesen Gott, an die Kirche und an das Evangelium, das es zu verkünden galt, gleich ob in deutscher oder polnischer Sprache. Hatte sich Paulus nicht sogar beschneiden lassen, um die Juden von der Wahrheit des Evangeliums zu überzeugen?

Worauf hofften meine Mitbrüder?

5

Es musste Anfang Juli gewesen sein, wir hatten unser Studium bereits abgeschlossen, unsere letzten Examina bestanden, als eine für uns alle überraschende Nachricht durch die Räume und Gänge unseres Seminars schwirrte. Einige aus unseren Reihen, so hieß es, sollen zum weiteren Studium der Theologie und der Philosophie an die Katholische Universität in Lublin wechseln, um dort zu promovieren und sich zu habilitieren. - Die Lubliner Universität, allgemein KUL genannt, war die einzige katholische Hochschule, die sich gegen die kirchenfeindliche Politik des Regimes hatte behaupten können. - Dass unsere Ordensprovinz qualifizierte Lehrkräfte für die Ausbildung des Nachwuchses brauchte, das wussten wir, das hatten wir in unserer eigenen Ausbildung zur Genüge erfahren. Bald wurden auch die Namen der Kandidaten bekannt, allein vier aus meinem Kursus. Meiner war nicht dabei.

Ein Studium an einer Universität, das wäre es gewesen, ein Ausweg, eine Lösung, auch wenn ich sicherlich nicht mein Traumfach Germanistik hätte studieren können, doch Philosophie zum Beispiel. Aber man hatte uns nicht gefragt, die Leitung der Provinz hatte einfach von oben herab bestimmt, wer studieren sollte und wer nicht. Ich durfte es nicht.

Sie haben keinen guten Ruf, so hieß es, als ich einige Wochen später unserem Provinzial im Rahmen einer der üblichen Visitationen persönlich gegenüberstand. Ich wollte auch Sie zum Studium schicken, erklärte er mir mit einem theatralisch inszenierten vorwurfsvollen Ton, aber sie haben keinen guten Ruf weder bei den Patres noch bei den Laienbrüdern. Dass er die Laienbrüder erwähnte, erstaunte mich nicht wenig, denn ich hatte kaum Kontakt zu ihnen. Offensichtlich hatte er deren Meinung aus

rhetorischen Gründen hinzugefügt, um seinem Vorwurf Nachdruck zu verleihen. Ich konnte mich nicht entsinnen, dass ich mir jemals den Laienbrüdern gegenüber irgendetwas hätte zu Schulden kommen lassen. Die Fratres dagegen, die Studenten, mit denen ich täglich zusammenlebte, erwähnte er nicht. Es blieben also die Patres. Und da waren tatsächlich einige unter den alten Herrn, die sich, wie ich hörte, dadurch gekränkt fühlten, dass ich sie bei den Einladungen zu meiner Primizfeier übergangen hatte. Zufällig saßen diese im Rat der Provinz, im sogenannten Definitorium, das in allen wichtigen die Provinz betreffenden Angelegenheiten mitzubestimmen hatte.
Zu lächerlich schien mir dieser Vorwurf, auf dass ich ihn hätte ernst nehmen können. Doch verübelte ich es dem Provinzial, dass er es offensichtlich nicht für nötig hielt, sich mit den Vorwürfen näher zu befassen und sich darüber eine eigene Meinung zu bilden. Und so gab ich ihm – ich erinnere mich – hochnäsig knapp zur Antwort, dass mich die Meinung, die die Menschen von mir haben, wenig interessiere. Auch an den Blick erinnere ich mich, an den verblüfften, geradezu entsetzten Blick, mit dem er ohne weiteren Kommentar die Audienz damals beendete.

Ich durfte also nicht studieren. Dabei waren nicht alle auserwählten Kandidaten über ihre Ernennung wirklich glücklich. Joachim zum Beispiel war froh, dass er sein Pflichtstudium beendet hatte und hatte überhaupt keine Lust, noch weiter zu studieren. Und Jan, auch er sah nicht gerade glücklich aus, weder wollte er noch wollte er nicht, er hatte schon längst keinen eigenen Willen mehr, er hatte seinen Willen ganz in die Hände seiner Vorgesetzten gelegt und gebeugt von der Last des Gehorsams und der Demut ging er, wohin man ihn schickte. Mit welchen Gefühlen Hermann diese Nachricht aufnahm, war schwer zu erraten, er wusste offensichtlich selbst nicht so recht, was er davon halten sollte. Nur Gustek war begeistert, er witterte die Chance zum Aufstieg, sah sich bereits auf der ruhmreichen Leiter eines Universitätsprofessors hinaufklettern, was ihm später auch tatsächlich gelang. Dennoch, im Geiste des heiligen Gehorsams fügten sich alle und ergaben sich ihrer Bestimmung. Bereits Anfang September, so hatten die Provinzoberen beschlossen, sollten sie sich nach Lublin begeben, um mit Beginn des Wintersemesters das Studium an der Universität aufzunehmen.

Seit den Jahren im Collegium Seraphicum in Neisse, seit zehn Jahren also, lebten wir zusammen, zu zwölft waren wir von Neisse nach Breslau in das Collegium zu den deutschen Franziskanern gewechselt, zu elft ins Noviziat nach Groß Borek gegangen und anschließend zum Studium wieder nach Breslau, bis wir schließlich zusammengeschrumpft zu siebt in Tschenstochau vor dem Bischof standen, um uns zu Priestern weihen zu lassen. Nun sollten sich unsere Wege endgültig trennen. Und während die für das Studium Auserwählten sich auf ihre neue Laufbahn vorbereiteten, warteten wir drei, der Rest der Gruppe, Karl, du und ich, auf den Orakelspruch der Provinzleitung, der über unser weiteres Schicksal bestimmen sollte, das den Umständen entsprechend nur der Einsatz in einem unserer Klöster sein konnte. Weder Karl noch du hatten größere Lust, sich weiterhin in Büchern zu vergraben, um dann auf irgendeiner Professorenleiter emporzuklettern. Ihr wolltet, wenn, dann die Kanzelstufen hinauf und von da aus - du mit deiner herrlichen Baritonstimme - die Zuhörer begeistern, hypnotisieren oder zu Tränen rühren.

Noch blieben uns die Sommertage für gemeinsame Wanderungen in den Bergen, für Ausflüge nach Bad Reinerz zum Chopinfestival zum Beispiel, und die Abende, an denen wir gemeinsam mit den Fratres der jüngeren Jahrgänge Skat spielten. Doch für

mich war dies keine Lösung. Ein Studium an der Universität, das wäre es gewesen.
Als dann die Mitbrüder nach Lublin abreisten und ich ihnen nachschaute, was empfand ich damals, Trauer? Groll?

Unterdessen hatten sich draußen im Lande die Proteste gegen die Willkür und die Misswirtschaft des Regimes weiter ausgebreitet, wurden lauter, mutiger. Die Menschen kämpften mittlerweile nicht nur um mehr Brot, sie kämpften um ihre Freiheit, um ihren Glauben, ihren katholischen Glauben, den sie durch die marxistisch- atheistische Ideologie des Regimes bedroht sahen. *My chcemy Boga*, sangen mit voller Inbrunst Sonntag für Sonntag in den Kirchen, *Wir wollen Gott in unserem Lande, in unseren Familien, in den Büchern, in den Schulen, in den Träumen unserer Kinder,* sie kämpften um die Freiheit der Kirche, der Priester, um die Freilassung ihres Primas, des Kardinals Stefan Wyszynski, den die Kommunisten bereits seit Jahren gefangen hielten, und nicht zuletzt auch um die Freiheit für die Mönche und Nonnen, die man aus dem öffentlich Leben mehr und mehr verbannen wollte. Und sie ließen sich nicht mehr so einfach abschrecken von den Drohgebärden der Staatsgewalt, sie prügelte sich mit den Milizen und mit den paramilitärischen Einheiten des Sicherheitsdienstes auf den Straßen und vor den Werkstoren der Fabriken. Und plötzlich war der Name Gomulka in aller Munde, Wladyslaw Gomulka, der Altkommunist, der Abweichler, der Verräter, Gomulka, den man ins Gefängnis gesteckt und gefoltert hatte, dem man die Fingernägel einzeln herausgerissen hatte, Gomulka, der bereits den Strick, an dem er hängen sollte, an seinem Hals gespürt hatte, Gomulka, der Wiederauferstandene von den Toten, der Retter aus aller Not...
Und die Belegschaften der Fabriken und Betriebe sandten Soli-

daritätsbekundungen an die Parteizentrale in Warschau, sandten Beschlüsse von Vollversammlungen, Deklarationen von Kundgebungen, und dann hallte es aus den Lautsprechern der Radios von früh bis spät im Stundentakt: die Stahlkocher der Nowa Huta bekunden ihre Solidarität mit dem Genossen Gomulka, die Bergleute der Kopalnia Katowice bekunden ihre Solidarität mit Wladyslaw Gomulka, die Belegschaften der Kopalnia Chorzow, der Kopalnia Siemianowice, der Kopalnia Bytom unterstützen den Reformkurs des Genossen Gomulka, und die Werftarbeiter in Danzig und Stettin und die Arbeiter und Angestellten der Ursuswerke in Warschau unterstützen den Genossen Gomulka und seine Reformpolitik, und die Kolchosbauern aus Kielce...,
bis schließlich die Altstalinisten in der Parteiführung Angst bekamen und das Zentralkomitee der Partei einberiefen, das dann am 19. Oktober zusammentrat und Wladyslaw Gomulka zum ersten Parteisekretär der Vereinigten Arbeiterpartei Polens wählte.

Nun wartete man gespannt auf die Beschlüsse der Tagung, auf die Reformen, die Genosse Gomulka vollmundig versprochen hatte. Doch da erschien – und wie ein Lauffeuer verbreitete sich die Nachricht im Lande – unerwartet, unangemeldet der Genosse Chruszczow in Warschau, und unangemeldet tauchte er im Plenum des Zentralkomitees auf, zog seinen rechten Schuh aus und hämmerte damit wütend auf den Tisch - das hatte er später im Plenum der UNO so gemacht, doch es ist durchaus denkbar, dass er dies bereits im Plenum des ZK schon mal geübt hatte – auf jeden Fall, so berichteten die Auslandssender, soll er getobt und gepoltert haben. Wenn er, so soll er seine polnischen Genossen angeschrieen haben, in der Sowjetunion Reformen durchführe, hieße das noch lange nicht, dass auch sie hier in Warschau oder die Genossen in Budapest oder sonst wo das Gleiche tun dürf-

ten. Wer sollte dann seine Reformen bezahlen. Er werde seine Panzer auffahren lassen, den Abweichler und Verräter Gomulka wieder ins Gefängnis stecken und dem polnischen Reformspuk ein Ende machen. Ob daraufhin der Genosse Gomulka auch seinen Schuh ausgezogen und damit auf den Tisch gehämmert hatte, das konnten die Auslandssender leider nicht bestätigen, auf jeden Fall - und das war sicher - polterte jetzt auch Gomulka los, dass auch er Panzer habe und dass er sie werde auffahren lassen, wenn...
Doch Gomulka wusste, dass Chruszczow mehr und bessere Panzer hatte, und so schlossen sie einen Kompromiss: keine großen Reformen, nur kleine, und zwar den Arbeitern etwas mehr Brot, den Kolchosbauern etwas mehr Land als Eigentum und den Priestern in der Kirche auf der Kanzel wie auch den Intellektuellen für ihre Zeitungsartikel etwas mehr Redefreiheit. Zu guter Letzt entließ man auch als Zeichen des guten Willens gegenüber dem katholischen Volk den Kardinal aus der Haft. Doch der, jetzt wieder an der Spitze der polnisch-katholischen Kirche, gab sich mit diesen kleinen Reformen keineswegs zufrieden und stellte, die Gunst der Stunde nutzend, hartnäckig weitere Forderungen. So kam es dann im Dezember zu einem Abkommen zwischen Staat und Kirche, in dem die Regierung der Kirche die absolute Freiheit in der Glaubensverkündigung zusicherte, ferner das Recht, die kirchlichen Ämter zu besetzen, über ihre Finanzen und ihren Besitz frei zu verfügen und schließlich das Recht, in den Schulen Religionsunterricht zu erteilen. Die Kirche dagegen verpflichtete sich, die kommunistische Regierung zu tolerieren und deren Autorität in der Bevölkerung nicht zu untergraben.
So hatten die Polen wieder einmal, wie schon so oft in ihrer Geschichte, eine Schlacht gewonnen und den Krieg verloren. Doch diesen Krieg im Herbst 1956 konnten sie nicht gewin-

nen, das wussten sie, zu genau kannten sie ihre geopolitische, strategische und wirtschaftliche Lage. Und ein Blick zu ihren südlichen Nachbarn, den Ungarn, zeigte ihnen deutlich genug, was sie erwarten konnten, wenn sie sich dem Diktat des Großen Bruders aus Moskau nicht fügten. Also feierten sie diesen kläglichen Kompromiss als einen großartigen Sieg, berauschten sich an dem politischen Frühling, am Frühling im Oktober, und hofften auf die von Gomulka versprochenen besseren Zeiten.

Und meine Mitbrüder, meine Klosterbrüder, feierten sie mit? Wie weit reichte deren Begeisterung für die erreichten Kompromisse? Nein, wir hatten dem Genossen Gomulka keine Solidaritätsbekundung nach Warschau geschickt, auch nicht an irgendwelchen Protestmärschen oder Sympathiekundgebungen teilgenommen. War es nur Skepsis oder gar Spott, wenn wir uns über die Begeisterung der Polen mokierten, die mit Hilfe eines Kommunisten glaubten den Kommunismus besiegen zu können. Doch dann erreichten uns Gerüchte, die uns aufhorchen ließen, Gerüchte, die, wie es zunächst schien, in den oberschlesischen Dörfern und Städten ihren Ausgang genommen hatten und die letztendlich auch uns betrafen. Man darf raus, hieß es da plötzlich, raus aus der beschissenen Polska, raus do Reichu, ins Reich, in das Wirtschaftswunderland Deutschland, in den goldenen Westen! Doch wer, sicherlich nicht alle? Und mit der Ungewissheit stieg die Aufregung.
Bis schließlich aus dem Gerüchtenebel die Konturen einiger Fakten hervortraten: Gomulka hatte, um die marode polnische Wirtschaft reformieren zu können, mit der Bundesrepublik Deutschland Kontakt aufgenommen - Gomulka, der Kommunist, der Pole, mit den westdeutschen Kapitalisten und Revanchisten –, hatte um wirtschaftliche Unterstützung gebeten und dafür als

Gegenleistung die Ausreise der in Oberschlesien verbliebenen Deutschen angeboten. Und da es offiziell in Oberschlesien keine Deutschen mehr gab, sollte diese Operation unter dem Decknamen der Familienzusammenführung durchgeführt werden. Die Ausreisewilligen sollten als Vorbedingung eine Einladung von in der Bundesrepublik lebenden Verwandten vorweisen und diese zusammen mit einem Antrag auf Ausreise bei den polnischen Passbehörden vorlegen, um eine Ausreisegenehmigung zu erhalten. Doch da der Verwandtschaftsgrad nicht näher bestimmt wurde, zeigte sich später in der Praxis, dass durch dieses Verfahren Familien statt zusammengeführt oft zerrissen wurden. Dies störte die polnischen Behörden wenig. Die deutschen Unterhändler dagegen, bemüht, das Ansehen Deutschlands nach den Schandtaten des Naziregimes in aller Welt wieder aufzupolieren, gingen, statt sich um die Anerkennung einer deutschen Minderheit in Oberschlesien zu bemühen, auf diesen Kuhhandel ein, auf diesen schäbigen Kuhhandel, denn bald sollte sich herausstellen, dass das Wort Gomulkas in der oberschlesischen Provinz nicht viel galt, dass die Lokalbehörden die Gelegenheit nutzten, um die Menschen, die sich als Deutsche zu erkennen gaben, zu schikanieren. Sobald sie nämlich den Antrag gestellt hatten, verloren sie ihren Arbeitsplatz und mussten dann mittellos monatelang, manchmal auch jahrelang auf die Ausreisegenehmigung warten, es sei denn, es gelang ihnen, durch Bestechungen einzelner Beamter das Verfahren zu beschleunigen.

Doch immerhin, was Jahre zuvor undenkbar schien, war nun möglich: Die in Oberschlesien verbliebenen Deutschen durften Polen verlassen, durften legal in die Bundesrepublik ausreisen. Dies betraf auch Mönche und Nonnen, also auch uns. Und plötzlich waren unsere nationale Zugehörigkeit, unsere nationalen

Gefühle und Überzeugungen, über die wir jahrelang geschwiegen hatten, für uns doch zum Thema geworden, über das wir nun um so heftiger diskutierten:
- Ausreisen, das ist Verrat, Verrat an unserer Heimat, Schlesien gehört uns, uns, den Menschen, die wir hier geboren wurden. Nicht genug, dass die Polen die Niederschlesier, die Pommern und Ostpreußen vertrieben haben, jetzt wollen sie auch noch uns auf diese perfide Weise loswerden,
- aber wenn du ein Deutscher bist, wenn du dich als Deutscher fühlst, was willst du dann noch hier in Polen? Glaubst du vielleicht, dass du, wenn du da bleibst, Schlesien für Deutschland retten kannst? Deutschland hat den Krieg angefangen und verloren und damit auch Schlesien für immer verloren, damit haben wir uns abzufinden,
- ubi bene, ibi patria, was nützt dir die Heimat, wenn du da nichts zu fressen hast, wenn du darin wie in einem Käfig eingesperrt bist, der Wohlstand ist es, der lockt, die Fleischtöpfe Ägyptens, die Freiheit,
- aber es gibt noch Hunderttausende Deutsche in Oberschlesien, und sicher werden nicht alle ausreisen wollen. Ist es dann nicht unsere Pflicht, mit denen, die hier bleiben, auszuharren und ihr Los zu teilen?
Wir diskutierten, stritten uns um Zahlen, denn niemand wusste genau wie viele Deutsche noch in Oberschlesien lebten - Hunderttausende oder gar eine Million? - stritten uns um Wörter, um Begriffe: ein Deutscher, wer ist eigentlich ein Deutscher oder ein Pole, wer kann mit Recht behaupten, ein Deutscher zu sein? Genügt dafür schon der Besitz eines Passes, eines Personalausweises? sicherlich nicht, oder ist es die Abstammung? Doch da gibt es Kinder, die von Eltern unterschiedlicher Nationalität abstammen. Oder ist einfach das Gefühl das Entscheidende?

Schließlich sollte doch jeder wissen, als was er sich fühlt.
Ich zweifelte, ob man die Zugehörigkeit zu einem Volk allein auf ein Gefühl stützen könne. Irgendwo bei Guardini hatte ich gelesen, dass die Wahrheiten, die unser Leben betreffen, nicht etwas Statisches, Fertiges, in sich Abgeschlossenes seien. Man „ist" kein Deutscher ein für allemal, sondern man wird es, indem man sich die deutsche Kultur aneignet, in ihr lebt, die deutsche Sprache spricht, die deutsche Geschichte kennen lernt. Und in dem Maße, in dem man dies tut, wird man ein Deutscher.
Meine Mitbrüder wie die überwiegende Mehrheit der Menschen in Oberschlesien fühlten sich sicherlich als Deutsche. Doch seit fast elf Jahren sprachen sie ausschließlich polnisch, hatten kaum Kontakte zu Deutschland, also auch keine Möglichkeit, an der deutschen Kultur, an deren Entwicklungen teilzunehmen, kannten kaum die deutsche Geschichte. Nur die wenigsten dachten daran oder sahen sich in der Lage, heimlich im privaten, familiären Bereich die deutsche Sprache und Kultur zu pflegen und sich darin weiterzubilden. So gerieten sie zunehmend in eine schizophrene Haltung, indem sie sich einem Volk zugehörig fühlten, von dem sie sich immer mehr entfremdeten, indem sie für ein Land schwärmten, das sie kaum kannten. Wie deutsch waren noch die deutschen Oberschlesier? Wenn sie ihr Deutschsein retten wollten, was blieb ihnen anderes übrig, als ihre Heimat zu verraten. Und wenn sie einfach nur am Wohlstand der Deutschen in der Bundesrepublik teilhaben wollten, konnte man ihnen dies verübeln?
Wir diskutierten stundenlang. Einige hatten sich schnell eine Meinung gebildet und eine Entscheidung getroffen: nichts wie raus. Andere zögerten, waren verstört. Auch ich zögerte. Doch schließlich blieb noch die Frage, wie sich unsere Provinzoberen zu den Ausreisemöglichkeiten nach Deutschland stellen werden.

Zunächst einmal äußerten sie sich dazu nicht. Statt dessen trafen sie für uns drei, die wir noch in Glatz auf unseren Einsatz warteten, die Entscheidung: Karl wurde ins Kloster nach Ratibor versetzt, du nach Breslau-Carlowitz als Kaplan für die Pfarrei, die die Patres unserer Provinz noch weiterhin betreuten, und ich auf den Annaberg. Ich fragte mich, ob man bei dieser Entscheidung wohl an meine Stimme gedacht habe. Immerhin, die Kirche auf dem Annaberg war nicht groß, und einmal abgesehen von den Pilgermassen während der Wallfahrten im Sommer und im Herbst, lebten auf dem Berg nicht allzu viele Menschen. So packte ich meine sieben Sachen und begab ich mich nicht ganz ohne Zuversicht zu meiner neuen Wirkungsstätte.

6

Der Annaberg,
wie er mühsam aus den oberschlesischen Feldern und Wiesen emporwächst, einsam, und das Kloster auf dem Gipfel des Berges mit den zwei Türmchen auf dem Dach der Klosterkirche, rund und spitz der eine, davor, rechteckig mit flachem Dach, der andere,
und weithin sichtbar für die Menschen im Tal, für die Bewohner in den Dörfern und Städtchen rund um den Berg, die er von Urzeiten her mit magischer Kraft an sich zieht, zu sich hinaufzieht, die mit Sorgen beladenen, von Nöten geplagten, die verbannten Kinder Evas auf der Suche nach dem verlorenen Paradies.
Und dann kommen sie aus dem Tal der Tränen von allen Seiten herauf auf den Berg, kommen zur Mutter, zur Mutter Anna, die hier oben in der Klosterkirche thront, die ihre Kinder auf den Armen hält und alle Kinder dieser Welt tröstend in ihre Arme nimmt. Und sie kommen zu den Patres, den Franziskanern, die hier unter den Arkaden des Paradieshofes in den Beichtstühlen auf sie warten, denen sie reumütig ihre Sünden beichten, um dann, von aller Schuld befreit, getröstet wieder in ihre Täler zurückzukehren.
Der Annaberg,
still ragte er auch in den Tagen meiner Kindheit am Horizont meines Heimatortes, mal in Dunstschleier gehüllt, mal wolkenverhangen, dann wieder mit klaren Linien und Farben gezeichnet. Und so kam auch ich schon als Kind mit meinen Eltern oder, als ich groß und kräftig genug geworden war, vereint im Pilgerzug mit den Menschen meines Heimatdorfes, hier herauf, zu Fuß den weiten Weg, damals noch sorglos begeistert vom Geschmetter der Blasmusikkapellen, die von allen Seiten den Berg

herauf kamen, begeistert von den Fahnen und den mit Blumen geschmückten Bildern und Figuren, die sich, wie üblich während der Festtage, hier oben im Paradieshof des Klosters drängten.

Jetzt war es still auf dem Berg. Die Festlichkeiten und Wallfahrten, die den Sommer hindurch hier stattgefunden hatten, waren vorüber, die Menschen waren in ihre Dörfer zurückgekehrt. Es war still hier, leer, einsam. Nur der Wind strich leise um die Mauern des Klosters und zerrte die letzten Blätter von den Bäumen, während ich im Klostergarten stand, auf einem Podest, das man unter der Gartenmauer angebracht hatte, und über die hohe Mauer hinweg hinunter ins Tal schaute: die Felder, die Wiesen, Gebüsch und rechts der Wald von Zyrowa bis nach Jeschona hinunter. Weiter unten die Häuser von Deschowitz, und mitten darin die Kokerei, die Schornsteine der Kokerei, deren Rauchfahnen über die Felder Richtung Süden dahinzogen, dahinter zwischen Baumgruppen und Büschen ab und zu silbern aufblitzend die Oder.

Meine Heimat, mein Land.

In den letzten Monaten in Glatz hatte ich Hölderlin entdeckt, Friedrich Hölderlin, Romano Guardini hatte mir dessen Elegien und die großen Hymnen nahegebracht, und wie kein anderer zuvor, hatte mich dieser Dichter in seinen Bann gezogen, hatten mich seine Bilder fasziniert, seine Rhythmen berauscht.

Glückselig Suevien, meine Mutter,
Auch du, der glänzenderen, der Schwester
Lombarda drüben gleich,
Von hundert Bächen durchflossen!
Und Bäume genug, weiß blühend und rötlich, ...

Nicht von Ungefähr kamen mir jetzt diese Verse in den Sinn: Hölderlin, der seine Heimat grüßt, der begeistert in einer Hymne

sein Heimatland Schwaben feiert.
Und so wollte auch ich jetzt mein Land grüßen, wollte, Hölderlin gleich, eine Hymne auf meine Heimat anstimmen. Und ich hätte statt Suevien einfach Schlesien setzen können: Glückselig Schlesien! Doch das Land, auf das ich hinabschaute, es war nicht glückselig, es war ein geschundenes, geschändetes, gedemütigtes Land. Und so suchte ich nach Bildern, nach Rhythmen, um in Worte zu fassen, was ich sah:
O, lausche du,
Land, tief in Schmerz gehüllt,
am Abend deines letzten Tags
dich will ich singen.
Hölderlin auf dem Annaberg, der Dichter aus dem Schwabenland, hymnisch, feierlich, über den oberschlesischen mit Kühen bestückten Wiesen, der Dichter aus der Zeit Goethes und Schillers über den Rauchschwaden der Deschowitzer Kokerei. Doch ich ließ mich nicht beirren. Erfasst von Hölderlins Geist begann ich, unbekümmert, allen zeitgeschichtlichen Verirrungen und Stilverwirrungen zum Trotz zu dichten:
Da staunend meine ersten Blicke
noch kindlich hoffend in die Welt sich wagten,
du neigtest jubelnd dich zum Gruße mir.
Da forschend ich in unbekannte Weiten
Mit Jünglingsmut und Kühnheit zog,
warst du mir Heimat.
Doch dann verblasstest du in meinem Sinn,
und nur ein Schatten kreuzte deine Wege
heimatlos.
Bis ich dich wiederfand
am Abend deines letzten Tags.
Doch ich wollte ja nicht über mich und meinen Schmerz Klage

führen, es ging um Schlesien, um das Schicksal dieses geschlagenen Landes. Und so holte ich weiter aus, versuchte das Ende mit dem Anfang zu verbinden und einen Sinn im Lauf seiner Geschichte zu finden:

    Von der Berge sanften Kämmen
    eingegrenzt der Oder weites Bett,
    sonst waldbedeckt.
    Nur manche Lichtung bot den suchend
                  Umherziehenden
    dürftige Bleibe.
    Dann wühlten sie mit Hand und Blick
    im kargen, sandigen Boden,
    bis erschöpft sie niedersanken
    am Abend.
    Noch an der Ackerscholle haftend
    wandten sie die ringsum eingeengten Blicke dann
                  zum Himmel
    ratlos hoffend.
    Volk meiner Väter!
    Dem Zugtier gleich, das vor den Pflug gespannt,
    nur Arbeit war dein Los.
    Doch soll ich dich rühmen,
    wenn du gebückt all deine Tage
    die Furche nur, die du gezogen, sahst?
    Warum gelang dir nicht der freie Blick,
    der Gang aufrecht, gelassen?

Damals wusste ich noch recht wenig über Schlesiens vorgeschichtliche Zeit, wusste nicht, dass bereits die Kelten rund um den Annaberg gesiedelt hatten, dass danach über dreihundert Jahre hinweg hier die Vandalen und andere germanische Stämme gelebt hatten, und als diese in der Völkerwanderung nach

Afrika abgezogen, vom Süden und Osten her slawische Stämme eingewandert waren, Opolini und Golensizen, wie sie der Bairische Geograph aus dem neunten Jahrhundert nennt. Auch war es mir damals offensichtlich nicht bewusst, dass Oberschlesien nicht nur magere mit Kiefern bewaldete Sandböden, sondern entlang der Sudeten von Ratibor über Leobschütz bis hin nach Neisse auch weite Landstriche mit gutem, fruchtbarem Ackerboden besitzt.

Es waren Erinnerungen aus meiner Kindheit, die sich in diesen Versen spiegelten. Hatte ich doch die mühsame Arbeit der Menschen auf den Feldern, auf den zum Teil mageren, sandigen Böden meines Heimatdorfes miterlebt. Andererseits hatte ich aber auch gesehen, mit welcher Selbstverständlichkeit und Würde sie diese Arbeit verrichteten, hatte erlebt, wie sie trotz aller Arbeit auch noch Feste feiern, sich über den Ertrag ihrer Arbeit freuen konnten. Offensichtlich war es die Enttäuschung und der Schmerz über die Zerstörungen, die der Krieg und die Nachkriegszeit mit sich gebracht hatten, die damals meinen Blick auf das Land und seine Menschen trübten.

Und so wandte ich mich auf der Suche nach einer Antwort zurück zu den Anfängen:

    Am Morgen früh,
    du träumtest noch in deiner Wiege,
    da weckte dich vom Westen her ein heller Strahl.
    Bald sahst du dich in Macht und Glanz
    und Reichtum angetan.
    Vergessener Traum deiner Kindheit!
    Wie furchtbar ihn zerstörte
    der Aufruhr des Ostens.

Und nun versuchte ich in wenigen Versen – für den heutigen Leser sicherlich eine Zumutung - den Mongoleneinfall im Jahre

1241 und die Schlacht auf der Wahlstatt bei Liegnitz darzustellen:
Schau,
wild stürmt sie heran,
die schwarze Welle,
entfesselte Gier.
Mit wüstem Geschrei
reißt sie die Mauern
heiliger Gesetze
mit sich fort.
Feurige Sohlen zeichnen die Spur,
was übrig bleibt:
Rauch, Asche.
Doch da, ein Starker,
lichteren Auges,
verteidigend die letzten Hufe seines Reichs,
tritt ihr entgegen
mutig,
doch ahnend das Ende.
Geblendet, weichen zurück
Die Söhne der Nacht,
sinnend nach List.
Dann steigt aus feurigen Rachen der Qualm,
ätzend das Auge,
trübend das Licht:
Herzog, so musst du fallen.
Gleich folgt auch der sichere Sprung.

Wahlstatt, schlesischen Schicksals heilige Stätte!
In deine Erde scharrte man
die Macht, den Glanz und all die Hoffnung.

Bald bist zum Knochen du geworden,
um den die gierige Meute zankt,
Schlesien, zum roten Tuch,
zum Fetzen in den Krallen der Starken.
Doch Blut war Samen,
und manche Saat noch
spross aus der getränkten Erde
und manche Frucht.

Zu Beginn des dreizehnten Jahrhunderts hatte im Rahmen der damaligen politischen Konstellation für Schlesien tatsächlich die Chance bestanden, im Osten Europas unter der Führung der Piasten ein politisches Machtzentrum zu werden, ja womöglich ein zwischen Böhmen und Polen souveräner Staat. Inwieweit der Tatareneinfall dies verhindert hat, ist im geschichtlichen Rückblick nicht eindeutig zu beurteilen. Andrerseits hatte sich das Land in der Folgezeit auch unter wechselnden Herrschern zu einer blühenden Provinz entwickelt. Doch dies gilt uneingeschränkt nur für den größeren Teil des Landes, für Niederschlesien. Oberschlesien blieb bis in die jüngste Zeit hinein ein Zankapfel zwischen den Nachbarnstaaten, ein Schacherpfand im Ränkespiel der europäischen Großmächte.

Noch stand ich im Klostergarten auf dem Podest unterhalb der Klostermauer:

Hoch auf Oberschlesiens heiliger Warte, ...

Es war bereits dunkel geworden. Und so bot sich mir jetzt unten im Tal ein gespenstisches Szenario: Flammen wie aus dem Nichts schlugen wild in den nächtlichen Himmel. Es war die Deschowitzer Kokerei, die auf diese Weise ihre überschüssigen Gase abfackelte. Romantik des zwanzigsten Jahrhunderts, so nannte es einer meiner Mitbrüder, als wir Tage später gemeinsam dieses Schauspiel betrachteten.

Doch für mich war es keineswegs ein romantisch betörendes Zauberwerk. Vor meinen Augen verwandelten sich diese Flammen unversehens in ein Fanal der Zerstörung, die dem zu meinen Füßen schlummernden Lande durch die Industrialisierung drohte, zu einer Vision des Untergangs.
   Schau!
Vom Südosten her
aus tausend Schloten steigt es herauf,
mit drohenden Schatten zuckt es ins Land,
das Grauen,
blind, wüst
mit gierigem Rachen
alles verschlingend:
das Grün, so hoffnungsvoll im Frühling,
des Himmels zartes Blau,
die Farbenblütenpracht der Sommertage,
den Kuckucksruf,
der Nachtigallen traurigsüßes Klagen
und all den Zauber einer Sommernacht
und all den Charme auf der Geliebten Wangen...
Und nichts ist mehr.
Kalt steht im Raum
der Berg, der Baum, der Turm, das Haus
und drum herum der Marionetten
           schauderhaftes Treiben
   dem Abgrund zu.
Ich hatte in letzter Zeit nicht nur Hölderlin gelesen, auch Guardini, alle mir damals zugänglichen Schriften Romano Guardinis, die *Briefe vom Comer See* zum Beispiel, in denen der Autor das Verhältnis von Natur, Kultur und Technik thematisiert und in denen er die Zerstörung beklagt, die das Vordringen der Industrie

und der Technik in ländlich-bäuerliche Regionen bewirkt, die Zerstörung einer in Jahrhunderten gewachsenen im Einklang mit der Natur nach menschlichem Maße errichteten Kultur. Und so hatte ich angesichts der lodernden Flammen durch die Brille Guardinis den Untergang einer Welt erblickt, die es in Wirklichkeit nicht mehr gab, die nur noch als Erinnerung verklärt in meinem Kopf existierte, die Welt meiner Kindheit. Dabei hatten bereits damals schon – es waren die Jahre kurz vor und während des Krieges – in der Erntezeit die Mähmaschinen auf den Getreidefeldern geknattert, auch wenn noch die Pferde davor gespannt waren, Hans und Lisa, Großvaters Pferde, und hatte schon damals mitten auf Großvaters Hof die riesige Dreschmaschine gestanden, die, mit einem Elektromotor angetrieben, einen Höllenlärm machte und riesige Staubwolken in die Luft wirbelte.
Nein, die Mäh- und Dreschmaschinen hatten nicht den Untergang der ländlich-bäuerlichen Welt herbeigeführt, hatten nicht ihre christliche, kirchlich-katholische Kultur zu zerstören vermocht. Die oberschlesischen Bauern wie alle Bauern der Welt hatten sich bald mit den Maschinen, die ihnen die Industrie zur Verfügung stellte, angefreundet und sie zur Erleichterung ihrer Arbeit zu nutzen gewusst und hatten nebenbei immer noch Zeit und Muße gefunden, um Feste zu feiern, ihr Brauchtum zu pflegen und mit ihren Nöten und Sorgen auf den Annaberg zu pilgern, um sich von der Mutter Anna trösten zu lassen.

Meine Hymne an Schlesien blieb Stückwerk. Hölderlins Untergang im Lärm der Mäh- und Dreschmaschinen auf den oberschlesischen Getreidefeldern, in den Gasfackeln der Deschowitzer Kokerei. Ich hatte mich vom nächtlichen Flammenszenario faszinieren lassen, hatte mich blenden lassen, ich der Seher auf dem heiligen Berg der Versuchungen, verirrt in pathetisch lo-

dernden Phantasien, dabei blind für das, was unten im Tal tatsächlich vor sich ging.
Ein Untergang weit radikalerer Art kündigte sich dort an. Denn bereits in den folgenden Monaten und weiterhin in den folgenden Jahren werden Hunderttausende Oberschlesier das Land verlassen, um in die Bundesrepublik Deutschland überzusiedeln. Und sie werden die Wälder ihrer Heimat, durch die sie gewandert sind, und die Felder und Wiesen, auf denen sie gearbeitet haben, mit sich nehmen, und die Oder, gespeichert in ihren Köpfen, werden sie mit sich nehmen, mit all ihren Nebenflüssen, der Oppa, Zinna, Hotzenplotz, der Ruda, Bierawka, der Klodnitz und der Malapane, an deren Ufern sie als Kinder gespielt oder in denen sie gebadet haben, und den Annaberg, vor allem den Annaberg mitsamt Mutter Anna, zu der sie so oft gepilgert sind, werden sie in ihrem Erinnerungsgepäck mit sich forttragen, im Glauben, so ihrer Heimat treu bleiben zu können, der Heimat in ihren Köpfen, einem Strauß von Blumen, von den Wurzeln getrennten Trockenblumen, Strohblumen, die ihnen, auch wenn vielleicht verstaubt, für immer blühen werden.
Und die wenigen, die im Lande bleiben werden, werden auch weiterhin verzweifelt zuschauen, wie ein fremdes Volk sich in ihren Dörfern und Städten breit macht, werden ihre eigene Herkunft, ihre Sprache und Kultur verleugnen, sich ducken vor den fremden Machthabern, sich achselzuckend anpassen, ubi bene, sich deren Sprache, deren Kultur aneignen und weiter leben in ihrem eigenen, doch jetzt ihnen entfremdeten Land, in einem Land mit einem fremden Namen, mit einem fremden Gesicht.

Zwischengesang 1

Die Romanze vom Anaberg

Du hießest nicht Anna, nach diesem Namen war nur der Berg benannt, auf dem ich dich zum ersten Mal gesehen habe, du hießest nicht so, obwohl es damals viele Annas gab, die um den Berg herum in Anna-Dörfern, Anna-Tälern und Anna-Gründen wohnten und im Sommer, nachdem die wichtigsten Arbeiten auf den Feldern getan waren, mit Gips-Annas auf den Schultern von allen Seiten den Berg heraufkamen und sangen: *wir loben dich, Sankt Anna.*
Du hießest nicht Anna und du kamst auch nicht mit einer Gips-Anna auf der Schulter den Berg herauf, denn du wohntest auf dem Berg, und ob du jemals: *wir loben dich, Sankt Anna,* gesungen hast? Ich habe dich nie singen hören.
Die Annas dagegen hörte man schon von weither singen, und die Franzeks, die vor den Annas herzogen und die Trompeten, Tuben und Posaunen bliesen, und wenn die Franzeks bliesen, sangen die Annas nicht, und wenn die Annas sangen, bliesen die Franzeks nicht, so dass mal die Franzeks bliesen und mal die Annas sangen, bis sie oben auf dem Berg ankamen. Und als sie oben waren, wollten sie noch weiter die Stufen hinauf, aber da stand einer, mitten auf den Stufen, in einer braunen Kutte, einen Strick um die Hüften gebunden, der sie anschrie und ihnen mit den Fäusten drohte, so dass sie stehen blieben, mit den Köpfen nickten und geduldig warteten, bis er zu schreien aufhörte, zur Seite trat und ihnen Platz machte. Dann gingen sie die Stufen hinauf, gingen durch das Tor in den Paradieshof, am großen Kreuz vorbei und drängten sich in die offen stehenden Portale, und da, hoch oben im Altar, im strahlenden Licht, über unzähligen Ker-

zen, unzähligen Blumen, von Engeln umringt, da stand sie, die Anna aller Annas, die heilige Anna, die Mutter Anna.

Und sie war keine gewöhnliche Gips-Anna, denn sie trug ein goldenes Kleid voll glitzernder Steine und eine goldene Krone auf dem Kopf, und auf ihren Armen die Kinder, auch die in goldenen Kleidern, mit goldenen Kronen auf den Köpfen, und sobald die Annas sie sahen, fielen sie auf die Knie und sangen um so lauter, und die Franzeks, die jetzt hinter den Annas standen, bliesen - jetzt während die Annas sangen - um so lauter: wir grüßen dich, Sankt Anna.

Und weil sie nicht eine gewöhnliche Gips-Anna war, sondern die heilige Anna, die Mutter Anna, so rutschten sie auf den Knien zwischen den Bänken immer weiter nach vorn bis vor die Stufen des Altares und wären am liebsten zu ihr hinaufgerutscht, aber da sie hoch oben über unzähligen Blumen und Kerzen stand und immer neue Annas und Franzeks durch die Portale in die Kirche hineinkamen, auf die Knie fielen und von hinten zwischen den Bänken vor den Altar rutschten, so wurden sie durch die Seitentüre wieder aus der Kirche hinausgedrängt in den Kreuzgang des Klosters und von da die steile Treppe hinunter in den Klosterhof.

Du hießest nicht Anna, du kamst auch nicht mit einer Gips-Anna auf den Schultern den Berg hinauf, denn du wohntest auf dem Berg, und ob du jemals auf den Knien zur Mutter Anna hingerutscht bist, - du hattest schöne Knie, und die seidenen Strümpfe, die du an deinen Beinen trugst, wie hättest du auf dem steinernen Boden der Kirche auf den Knien rutschen können.

Die Annas dagegen trugen keine seidenen Strümpfe und achteten auch nicht auf ihre Knie, und sobald sie unten im Klosterhof waren, hoben sie ihre langen Röcke und wuschen sich unter den Wasserhähnen, die rund herum an den Mauern angebracht waren, die Füße und die Knie, die Hände und das Gesicht, dann holten sie aus ihren Reisetaschen die Brotschnitten hervor, die Tomaten und Gurken und Flaschen, setzten sich auf die steinernen Treppen, die vom Klosterhof zur Grotte hinunterführten, und aßen und ruhten sich aus.

Bis die Franzeks wieder anfingen, die Trompeten, Tuben und Posaunen zu blasen. Da rafften sie sich auf, packten die Taschen und Beutel zusammen, hoben die Gips-Annas auf ihre Schultern und gingen los, gingen unter den hohen Bäumen auf der breiten Allee den Berg hinunter, hinter den Franzeks her und sangen, wenn die nicht bliesen, und die bliesen, wenn die Annas nicht sangen, so dass es weit bis in das Tal hinunterhallte. Nur bei den Kapellen hielten sie an, denn dort stand wieder einer auf den Stufen vor der Kapelle, und sobald sie sich auf den Boden in das Gras gesetzt hatten, schwenkte er die breiten Ärmel seiner Kutte durch die Luft und drohte und schrie, und sie saßen zerknirscht da, nickten wieder mit den Köpfen und warteten, bis er Amen sagte. Dann standen sie auf, zogen weiter unter den hohen Bäumen einher, und es gab viele Kapellen unter den hohen Bäumen, große und kleine, und so war es schon Abend, als sie wieder zurück oben auf dem Berg ankamen.

Du zogst nicht mit den Annas und Franzeks den Berg hinunter und wieder hinauf, und so sahst du auch nicht die in den braunen Kutten, mit den Kapuzen auf dem Rücken und den Stricken um die Hüften gebunden, die jetzt überall vor den Toren und Türen standen, jetzt jedoch nicht die breiten Ärmel durch die Luft schwenkten und schrieen, sondern laut klingelten und den Annas und Franzeks Körbe entgegenstreckten und sich freuten, wenn die aus ihren Taschen und Täschchen Geldscheine herausholten und sie ihnen in die Körbe warfen,

du sahst sie nicht, und auch ihn nicht vor dem Tor zum Paradieshof, wie er dastand, nur zögernd seinen Korb den Annas und Franzeks hinhielt und nicht klingelte, obwohl er eine Klingel in der Hand hielt, verwirrt dastand, weil er wusste, dass die Annas und Franzeks schwer arbeiten mussten für das Geld, das sie jetzt hergaben.
Auch später, als die Annas und Franzeks sich auf dem großen Platz vor der Grotte versammelten, mit Kerzen in den Händen, und das Licht der Kerzen, das in ihren Augen glänzte, als sie auf dem holprige Pflaster niederknieten und im Chor endlos ihre Litaneien murmelten, auch da sahst du ihn nicht, abseits in der Dunkelheit, und vor ihm hoch in der Felsenwand oberhalb der Grotte die lichte, schlanke Gestalt, zu der er aufschaute, die Makellose, im weißen Gewand, das blaue Band um die Hüften geschwungen und die Hände gefaltet vor der Brust und die Augen aufgeschlagen zum schwarzen Himmel, die Unbefleckte, schwebend am Rande der Felsennische im Schein der flackernden Kerzen, die seinen Blick fesselte, zu sich hinaufzog,
und dann, es war schon Nacht, und die hohen Bäumen rauschten mächtig im Wind, als die Franzeks sich bereits im Paradieshof unter den Arkaden auf die Stufen der Beichtstühle zum Schlaf hingekauert und die Annas im Kreuzgang des Klosters sich auf den steinernen Boden hingelegt hatten, ihre Beutel und Taschen unter dem Kopf, die Beine von sich gestreckt, auch da sahst du ihn nicht, wie er den Kreuzgang entlangging, behutsam, die Kutte und den Strick zusammengerafft, den Strick, der seitlich an der Hüfte bis zu den Knöcheln herabbaumelte, seine Füße behutsam zwischen die ausgestreckten Beine der Annas setzte, den Kreuzgang entlangging, dann die Treppe hinauf und in die Zelle ging, in der er wohnte, sahst ihn nicht, denn du lagst nicht zwischen den Annas auf dem steinernen Boden im Kreuzgang,

sondern schliefst im Bett auf weichen Kissen in deinem Zimmer, denn du wohntest auf dem Berg.

Und du schliefst noch, als tags darauf die Annas und Franzeks bereits im Morgengrauen sich im Klosterhof wuschen und kämmten, dann hinauf in die Kirche und zu den Kapellen unter den hohen Bäumen eilten und die Annas wieder zu singen und die Franzeks wieder die Trompeten, Tuben und Posaunen zu blasen begannen, und als zugleich auch er zur Magdalenakapelle bei den drei Kreuzen hinuntereilte und für die Annas und Franzeks, die sich dort versammelt hatten, dicht gedrängt in der kleinen Kapelle, die Messe las. Und kuck doch, flüsterten die Annas, kuck doch, wie jung der noch ist, wie jung und wie hübsch, und dann schauten sie, während sie beteten und sangen, andächtig zu ihm auf, schauten, wenn er sich ihnen zuwandte und sie ansprach, verzückt in sein blasses Gesicht.

Und nach der Messe, als sie genug gesungen hatten, gingen sie wieder hinaus, setzten sich in das Gras unter den hohen Bäumen, holten aus ihren Reisetaschen die letzten Brotschnitten hervor, die letzten Tomaten und Gurken und aßen, während sich im Tal aus dem Nebel, der über den Wiesen lag, langsam die Sonne emporhob und den Berg und das Kloster in ihrem rötlichen Licht erstrahlen ließ.

Dann wanderten sie auf dem Berg umher, gingen zu den Buden der Krämer, die dicht eine neben der anderen an der Straße entlang jetzt offen standen, und da glitzerten ihnen die unzähligen Kettchen entgegen, die in langen Reihen auf Stäbchen und Schnüren über den Ladentischen hingen, glitzerten silbern und golden, und die Rosenkränze, deren Perlen in den buntesten Farben schimmerten, und auf den Tischen in großen und kleinen Fächern und Kästchen die Ringe, die Medaillen, die Broschen

und Armbänder, die Heiligenbildchen und die Gebetbücher, und in den Regalen an den Budenwänden die Marias und Josefs in den verschiedensten Größen, und die Annas mit den Kindern auf den Armen und die heiligen Antoniusse mit den Haarkränzen auf den sonst kahl geschorenen Köpfen und das heiligste Herz Jesu, und alles aus Gips und bunt bemalt, mit rosa Bäckchen und die Augen zum Himmel hin verdreht,
und hinter den Tischen die Krämerfrauen: Schaut doch her, riefen sie, während sie den Annas die Kettchen und Broschen entgegenhielten, schaut her, nur beste Qualität, und alles echt, riefen sie. Und da holten die Annas ihre letzten Pfennige aus ihren Portemonnaies hervor, kauften die Kettchen, die Medaillen und hängten sie sich um den Hals.

Und dann, bevor sie den Berg verließen, gingen sie noch einmal zur Kirche hinauf, fielen auf die Knie vor der heiligen, vor der Mutter Anna, und die Tränen glänzten in ihren Augen, als sie Abschied nahmen und wieder sangen: wir loben dich, Sankt Anna, während die Franzeks die Trompeten, Tuben und Posaunen bliesen. Und singend und blasend zogen sie aus der Kirche hinaus mit den Gips-Annas auf den Schultern, den leeren Taschen und Beuteln unter den Armen und den Kettchen und Medaillen am Hals, zogen am großen Kreuz vorbei, während die in den braunen Kutten jetzt unter den Arkaden standen, - und auch er stand da unter den Arkaden - jetzt jedoch nicht drohten und schimpften, sondern freundlich winkten, gingen durch das Tor und die Stufen hinunter und den Berg hinunter, zurück in die Anna-Dörfer, Anna-Gründe und Anna-Täler, und bald hörte man sie aus immer weiterer Ferne mal singen und mal blasen, bis schließlich weit unten im Tal das Echo verhallte.
Dann war es still auf dem Berg, nur die hohen Bäume rauschten

leise im Wind, still auch unter den Arkaden im Paradieshof, wo er immer noch stand, jetzt allein stand und unter dem Torbogen hindurch hinunter ins Tal schaute.

Und er erinnerte sich, er war noch ein Kind, vielleicht vier Jahre alt, als er mit seinem Vater wohl zum ersten Mal hier auf den Berg gekommen war, an die Bettler erinnerte er sich, die vielen Bettler, die überall auf den Stufen, unter den Bäumen und bei den Kapellen saßen, und der eine, nicht weit von den Stufen unterhalb des Zaunes saß er, in einem Handwagen, und sein Vater holte aus dem Portemonnaie eine Münze heraus und sagte, geh hin und gib sie ihm, und der Mann im Handwagen hatte keine Beine, nur zwei Stümpfe der Oberschenkel mit Lappen umwickelt, zwei Beinstümpfe im Handwagen, und darauf lag die Mütze mit einigen Münzen darin, die Mütze, in die er dann auch seine Münze legte, und an das zerfurchte Gesicht erinnerte er sich, an den zahnlosen Mund, an das hilflose Lächeln, als der Mann sein „Gott vergelt's " ihm zurief. Und dann waren da noch die Männer in den langen braunen Kleidern mit dem weißen Strick um den Bauch gebunden, unter den Bäumen gingen sie einher und auf den Stufen hinauf und hinunter, und einen lustigen Kranz hatten sie auf dem Kopf, einen Haarkranz, der Kopf sonst kahl geschorenen, und sein Vater sagte ihm, mit strahlenden Augen sagte er, das sind die Patres, das sind die Franziskanerpatres und die Brüder, die oben im Kloster wohnen.
Dann, Jahre später, als er selbst zum ersten Mal zu Fuß hier heraufgekommen war, im roten Ministrantenrock und das weiße Chorhemd darüber, strahlend in der Sonne, zu Fuß herauf den weiten Weg, hinter den Trompeten, Tuben und Posaunen her, hinter den Mädchen und Jungen her, die auf den Schultern die Fahnen und Figuren trugen, und hinter ihm, hinter den Minist-

ranten - sie alle in den roten Röcken und weiß strahlenden Chorhemden - der Organist, der Küster und der Herr Pfarrer und die vielen Leute aus dem Dorf,
und blasend und singend waren sie auf dem staubigen Feldweg entlanggegangen, und er erinnerte sich an die Pflaumenbäume am Rande des Weges, an die noch nicht reifen Pflaumen daran, und die Kirchenglocken, die läuteten, als sie durch die Dörfer zogen, dann durch den Wald, und der Weg immer steiler bergan, bis sie schließlich den Gipfel des Berges und das Kloster erreichten.
Und im Klosterhof, im Paradieshof dann die vielen Menschen, dicht gedrängt, und das Gewirr von Stimmen und Klängen, von Kreuzen, Fahnen und Figuren,
und er erinnerte sich, wie er damals neugierig Ausschau hielt in der Kirche, im Kreuzgang des Klosters, bis er sie schließlich sah, als er an der Sakristei vorbeikam, die Patres und die Brüder, die Franziskaner in den braunen Kutten, durch die offen stehende Tür der Sakristei sah er sie, wie sie sich gerade für das Hochamt ankleideten, in goldene Gewänder, um dann so die Figur der heiligen Anna auf den Schultern feierlich hinaus aus der Kirche zur Grotte hinunterzutragen, neugierig beobachtete er sie, denn schließlich sollte er schon bald in die Klosterschule der Franziskaner, in ihr Gymnasium eintreten, seine Mutter hatte ihn bereits dort angemeldet,
und er erinnerte sich, wie aufgeregt und begeistert er damals war, er wollte dahin, wollte auch einmal ein Franziskaner werden.
Und nun stand er hier im Paradieshof, in der braunen Kutte, den Strick um die Hüften gebunden, schaute hinunter ins Tal und lauschte, obwohl der Gesang der Annas und das Blasen der Franzeks schon längst verklungen waren.

Du hießest nicht Anna und zogst auch nicht mit den Annas den Berg hinunter, denn du wohntest auf dem Berg.
Und auch die Krämer und Krämerfrauen, die jetzt die Läden ihrer Buden herunterklappten, verriegelten und nach Hause gingen, auch sie wohnten auf dem Berg, wohnten in großen und schönen Häusern, die sie sich unterhalb des Klosters gebaut hatten, denn sie verdienten gut an den Kettchen und Broschen, die sie den Annas verkauften, wohnten in Zimmern mit kostbaren Vorhängen und Gardinen vor den Fenstern, mit Teppichen auf den Fußböden, und auf den Kredenztischchen und Kommoden die gehäkelten Deckchen und darauf die kristallenen Schalen und Vasen, und das Klavier an der Wand, und der Kronleuchter, der in der Mitte des Wohnzimmers von der Decke herabhing,
Und kommen sie uns doch mal besuchen, sagten sie, als sie ihn sahen, wie er einsam unter den hohen Bäumen daherkam. Sie hatten bereits erfahren, dass er hier im Kloster auf dem Berg bleiben werde, während die meisten der Patres nach den Festtagen wieder in ihre Heimatklöster zurückkehrten, dass er hier mit ihnen das Jahr hindurch bleiben werde, Also kommen sie einfach mal zum Kaffee oder auf ein Glas Wein, hatten sie gesagt.

Und wie die Krämer und Krämerfrauen wohntest auch du gemeinsam mit deiner Mutter unterhalb des Klosters in einem großen schönen Haus. Doch du warst keine Krämerfrau, und auch deine Mutter nicht, und ob ihr reich wart wie diese? Eure Wohnung, ich habe sie nie gesehen. Nein, du warst keine Krämerfrau, du arbeitetest in der Stadt unten im Tal und fuhrst täglich frühmorgens mit dem Autobus in die Stadt hinunter und kamst erst am Abend wieder zurück. Und so sahst du ihn auch nicht, als er Tag ein, Tag aus unter den hohen Bäumen einher wanderte.

Und er hieß nicht Franz, obwohl er die Kutte vom heiligen Franz trug, die Kutte mit der Kapuze auf dem Rücken und dem Strick um die Hüften gebunden. Er hieß nicht so, obwohl er im Kloster gemeinsam mit den Brüdern vom heiligen Franz wohnte oben auf dem Berg. Und da stand er dann in seiner Zelle, zwischen den kahlen Wänden, und das Gewölbe hing schwer über seinem Kopf, und sobald der Gong ertönte, lief er, lief, die Kapuze über den Kopf gestülpt, die dunklen Gänge entlang, und der Gong hallte die dunklen Gänge entlang, zum Chorgebet, zum Morgen-, zum Mittag-, zum Abendgebet, und zu den Mahlzeiten hallte der Gong, und er lief, und dann saß er mit den Brüdern vom heiligen Franz in dem großen, gewölbten Saal an dem langen Tisch, und die Teller und Löffel klapperten auf dem nackten, gezimmerten Holz,

nur nachts, nachts dann stand er am Fenster der Zelle und schaute hinunter in das Tal, und die hohen Bäume rauschten jetzt aus der Tiefe herauf, verwirrend in der Dunkelheit aus der Tiefe, bis der Mond über dem Tal aufging,

nachts, bis der Herbst kam und der Wind die Blätter von den hohen Bäumen riss, sie dahinfegte in die Winkel des Klosterhofs, und der Nebel vom Tal heraufstieg,

Kommen sie mal, hatten die Krämerfrauen gesagt, kommen sie doch mal zum Kaffee oder auf ein Glas Wein, und so ging er hin. Dann, als auf dem Tisch das Goldrandkaffeeservice, und im sanften Licht des Kronleuchters funkelnd der Wein in den kristallenen Gläsern, und die kostbaren Vorhänge vor den Fenstern, und unter den Füßen der Teppich, und das Klavier an der Wand, Spielen sie uns doch etwas vor, sagten sie, Bitte, spielen sie doch, und zurückgelehnt in den Sesseln, das Weinglas in der Hand, Bitte, und so spielte er, doch nicht den Sonnengesang vom heiligen Franz, obwohl er dessen Kutte trug, spielte und sang nicht

von der Sonne, dem Bruder, von Schwester Mond und nicht vom Wind und dem Wasser,
Wer spielt hier Schubert - die Stimme, plötzlich, vom Entree, von der Zimmertür her, deine Stimme, klar im Gewühl sich aufbäumender, flehender Schubertklänge, Wer spielt hier Schubert - und da sahst du ihn, die Kapuze, den Strick, den Strick, der jetzt, da er saß, seitlich von der Hüfte herab halb hing, halb sich auf dem Boden wand, *Ich komme vom Gebirge her, es dampft das Tal,* sahst den Wanderer am Klavier, den Wanderer mit der Kapuze, wie er spielte, wie er sang, *und was sie reden leerer Schall, ich bin ein Fremdling,* sahst den Fremdling zwischen den Vorhängen und den Kredenztischchen, auf dem kostbaren Teppich, sahst ihn, hörtest seine Stimme, *Wo bist du, mein geliebtes Land, gesuchtes, geahntes,* dabei standest du in der Tür und lauschtest, und als du gingst, das trüb schimmernde Licht der Ampel im Entree, und die Hand, deine Hand, und dein Gesicht, umrahmt weinrot im Oval des um den Kopf geschlagenen Schals, und, plötzlich, aus dem Schatten deiner dunklen Locken aufleuchtend die Augen, deine Augen, deren Strahl ihn traf, verstörte, in die Knie zwang und wieder emporriss, deine Augen, darin plötzlich, wie er glaubte, so verwirrend nah, das Land, das erahnte, das gesuchte, das Land seiner geheimen Träume, seiner verbotenen Wünsche, Und danke für den Schubert, sagtest du, riefst du von der Entreetür her, schon fern, und das Lächeln schon fern dem Wanderer, dem Fremdling,
das dann, wie er glaubte, als er zurück hinauf zum Kloster ging, unendlich weit am nächtlichen Himmel schimmerte, am Sternenhimmel, da der Nebel gefallen war.

Und wieder stand er am Fenster seiner Zelle, nachts, schaute in die Dunkelheit hinaus, und weit unten im Tal die Lichter, blinkten zögernd aus der Dunkelheit, und er wusste, dort wohnten sie, dort lebten sie, mit denen er als Kind gelebt hatte und auch weiter hätte leben können, doch dann hatte es ihn fortgetrieben, und er dachte an die Klosterschule, an die vielen Jahre in den engen Mauern, den kahlen Räumen, und die Klingel, die sie trieb vom Morgen bis in die Nacht hinein, nur manchmal übertönt vom Lärm, vom unbekümmerten Gelächter der Schüler, und an das Bild dachte er, das er all die Jahre kniend im Chorgestühl der Kirche vor Augen gehabt hatte im Kirchenfenster über dem Hochaltar, Franziskus, wie er einsam auf einem Berg kniet, zwischen Baumstümpfen und Felsgestein, die Arme ausgebreitet, die Kapuze über den Kopf gestülpt, wie er ergriffen aufschaut zum Himmel, und die Feuerstrahlen, die vom Himmel herab ihn treffen an den Händen, an den Füßen, an der Brust und dort blutende Wunden hinterlassen, das Bild, das ihn fesselte, bewegte, all die Jahre hindurch,

und er erinnerte sich, wie er dann nur zögernd die Kutte angenommen hatte, den Strick sich um die Hüften hatte binden und die Kapuze sich über den Kopf hatte stülpen lassen, zögernd, weil man, wie es hieß, berufen sein musste für ein Leben als Mönch im Kloster, berufen von Gott, wie es hieß, und er nicht wusste, ob er nun berufen war von Gott, wie er dann Pater geworden war, ein Franziskanerpater,

und dann hatte man ihn hier auf den Berg geschickt, in diese enge Zelle, in die alten, mächtigen Mauern, wo er nun mit den Brüdern wohnte, und er hatte die Menschen gesehen, die von allen Seiten aus den Dörfern und Städten auf den Berg kamen, wie seit Jahrhunderten schon, die vielen Menschen, singend und betend, und wie sie die Mutter Anna verehrten, aber sie verehrten auch die Brüder vom heiligen Franz, er hatte gesehen, wie sie ihnen die Hände küssten, den Strick küssten, wenn sie ihn

erhaschen konnten, und er wollte nicht, dass man ihm die Hände küsste, er hatte gesehen, wie sie geduldig dastanden oder dasaßen und demütig mit den Köpfen nickten, wenn seine Brüder ihnen drohten, sie anschrieen, und er wollte ihnen nicht drohen, warum sollte er sie anschreien, doch was sollte er ihnen sagen, wenn sie dastanden und auf ein Wort, eine Botschaft warteten, wenn sie dasaßen, zu ihm aufschauten und lauschten, er wusste es nicht, sie waren ihm fremd geworden während all der Jahre, die er in der Klosterschule und im Seminar zugebracht hatte, ihm versagte die Stimme, doch was sollte er dann noch auf dem Berg,
und er schaute hinunter ins Tal, nachts, und die hohen Bäume streckten ihre nackten Arme aus der Dunkelheit, bis der Winter kam, und der Schnee fiel, der Schnee, der den Berg in bleiche Tücher hüllte und erstarren ließ.
Was sollte er noch auf dem Berg, und wenn der Gong zum Morgengebet hallte, zum Mittag-, zum Abendgebet und er im Chorgestühl der Kirche kniend auf der harten Bank, dann wieder das Psalmengemurmel in den dunklen Gängen, wenn sie aus der Kirche zum Refektorium gingen, und im Refektorium das Geklapper der Teller und Löffel auf dem nackten Holz, oder wenn er hinunterging zur Grotte, im Schnee die vielen Stufen hinunter, dann vor der Felswand stand und in der Nische hoch über der Grotte die Figur der Makellosen schneebedeckt, erblasst, im Stein erstarrt, was sollte er da noch. Und dennoch blieb er auf dem Berg, denn schließlich wohntest du dort.

Und zurückgelehnt in den Sesseln, den funkelnden Wein im kristallenen Glas in der Hand, lauschten sie wieder, als ihnen vom Klavier her – denn wieder saß er am Klavier, spielte und sang - der Schnee entgegentrieb und der Wind, und die gefrorenen

Tropfen von den Wangen fielen, Die Winterreise, flüsterten sie sich zu, Schuberts Winterreise, und dann waren es echte Tränen auf ihren Wangen, als der Leiermann barfuß auf dem Eise hin und her schwankte, *Drüben hinterm Dorfe steht ein Leiermann, barfuß auf dem Eise schwankt er... und sein kleiner Teller bleibt ihm immer leer.* Und er blieb leer, der Teller, vergebens lauschte er, während er sang und spielte, zum Entree hin, zur Zimmertür, wartete vergebens auf den Klang deiner Stimme, du kamst nicht, und der Schnee glitzerte kalt im Mondlicht, als er zurück zum Kloster ging und die hohen Bäume ihm gespenstische Schatten vor die Füße warfen.

Deine Stimme - Tage waren vergangen, Wochen, Monate, der Frühlingswind hatte wieder neue Blätter aus den erstarrten Zweigen der hohen Bäume getrieben, die jetzt verspielt in der Morgensonne hoch über den Arkaden schimmerten, als er im Paradieshof neben dem Portal der Kirche stand, deine Stimme, plötzlich so nah an seinem Ohr: Was macht Schubert? Unbemerkt warst du herangekommen im Gedränge der Krämer und Krämerfrauen, die aus der Kirche strömten, Was macht Schubert, flüstertest du ihm im Vorübergehen über die Schulter zu, und überrascht, verwirrt, als er sich umschaute, sah er dich, sah das Bild seiner Träume, seiner Wünsche plötzlich wieder so nah, so lebendig nah, und die Augen, die jetzt hell wie der Frühlingshimmel dein Gesicht überstrahlten, den dunklen Rand deiner Locken, dabei lachtest du, und er, verwirrt, Schubert, was sollte Schubert, er wäre vor dir auf die Knie gefallen, doch du warst schon fort, warst weitergegangen, dann, schon fern, wandtest du dich noch einmal ihm zu, dein Blick jetzt zwischen Schultern, Köpfen, Hüten, lachend noch einmal dein Blick, und verschwandst.

Ratlos schaute er dir nach durch das Tor, während die Krämer und Krämerfrauen an ihm vorbeizogen, ihn freundlich grüßten, doch er hörte sie nicht, im Ohr noch immer den Klang deiner Stimme, sah sie nicht,
und dann, als er ziellos in den Alleen unter den hohen Bäumen umherirrte, im Gras dahinstapfte von Kapelle zu Kapelle im wuchernden Gras, und, zurück im Kloster, in den dunklen Gängen und die Treppen hinauf und hinunter,
und am Abend, als seine Brüder im Refektorium zusammensaßen im Zigarrenqualm und die Spielkarten im Takt zwischen die Biergläser auf den Tisch knallten, am Abend dann saß er im Empfangszimmer neben der Pforte am Klavier, spielte, den Fuß auf dem Pianopedal, spielte und sang, und bald rauschten flüsternd die schlanken Wipfel in des Mondes Licht durch den Raum und die Nachtigallen, Schuberts Nachtigallen klagten und rührten mit den Silbertönen das weiche Herz, *Leise flehen meine Lieder durch die Nacht zu dir.*
Und es war ihm wie ein Traum, als du leise die Tür öffnetest und ins Zimmer tratst, ein Traum, dabei warst du zufällig zum Kloster heraufgekommen mit irgendeiner Nachricht für den Bruder an der Pforte, Aber bitte, sagtest du, spielen sie doch, spielen sie weiter, denn er war aufgestanden und hatte sich verwundert umgeschaut, Bitte, sagtest du, ich wollte gern einwenig lauschen.
Und dann hörtest du oder auch nicht, wie seine Stimme bebte, als er wieder sang, sahst oder auch nicht, wie seine Finger zitternd über die Tasten glitten, hörtest oder hörtest auch nicht, wie sein Herz schlug, laut schlug,
und als du gehen wolltest, dann die Glut in seinen Augen, sahst die Schamröte in seinem Gesicht, als er dich bat, noch zu bleiben oder wiederzukommen,
aber was solltest du mit einem Mönch, auch wenn er Klavier

spielte, wenn er Schuberts Lieder so ergreifend spielte und sang, was solltest du mit der Kutte, mit der Kapuze, dem Strick. Du liebtest die Stadt, in die du täglich hinunterfuhrst, in der du arbeitetest, liebtest deine Arbeit in der Stadt, dein Labor, die Reagenzgläser, Kolben und Pipetten, was solltest du mit einem Mönch mit dem Kloster auf dem Berg, mit einer Mutter Anna, du hießest nicht Anna.

Und als im Sommer wieder von allen Seiten die Annas und Franzeks auf den Berg heraufkamen, mit den Gips-Annas auf den Schultern, singend und blasend den Berg herauf und die Stufen, dann in der Kirche auf die Knie fielen und zur Mutter Anna hinrutschten, Unsinn, sagtest du, dieses Gerutsche auf den Knien, und dieses Singen und Blasen, Unsinn, und die Krämer und Krämerfrauen, als sie wieder ihre Buden öffneten, Diese Krämerseelen, sagtest du, und der Ramsch in ihren Buden auf den Tischen und in den Regalen, alles Ramsch, sagtest du und fuhrst in die Stadt, du packtest deine Sachen zusammen, packtest die Koffer und fuhrst endgültig in die Stadt hinunter, verließt für immer den Berg.

Und er, was sollte er jetzt noch auf dem Berg, ohne die Hoffnung, dich jemals wiederzusehen, deine Augen zu sehen, den dunklen Rand deiner Locken, deine Stimme zu hören, was sollte er da noch...

7

Mein Aufenthalt auf dem Annaberg dauerte nicht einmal ein Jahr. Bald nach meiner Ankunft im Herbst hatte man mich im Rahmen der für Ordensleute üblichen außerordentlichen Seelsorge hinunter nach Deschowitz geschickt, um dort in der Kirche – aus welchem Anlass, weiß ich nicht mehr – eine Predigt zu halten. Ich kannte die Kirche, es war ein großer, moderner Quaderbau aus der Zwischenkriegszeit, der Innenraum weiträumig, leer. Und da stand ich nun auf der Kanzel und begann – schließlich wollte ich meine Zuhörer auf irgendeine Weise fesseln, mitreißen - , also begann ich mit Erinnerungen an den Krieg, an die Bombenangriffe während des Krieges, und wie ich damals als Kind aus meinem Heimatort hier hergekommen war, um mir die Zerstörungen anzuschauen, die riesigen Bombentrichter auf den Oderwiesen,
als mich plötzlich jemand sanft in den Rücken stieß und ich erschreckt ins Stocken geriet. Es war der Pfarrer, der leise hinter mir die Kanzelstufen heraufgekommen war und mir ins Ohr flüsterte, dass man mich unten in der Kirche nicht verstehen könne, ich müsse unbedingt näher an das Mikrophon heran und direkt ins Mikrophon sprechen. Ich hatte vor Aufregung – schließlich stand ich zum ersten Mal auf einer Kanzel - nicht einmal bemerkt, dass da am Kanzelpult ein Mikrophon angebracht war, hatte noch nie in ein Mikrophon gesprochen. Und wie sollte ich da hineinsprechen, wenn ich zugleich die Zuhörer anschauen und mit ihnen Kontakt aufnehmen wollte.
Irgendwie hatte ich die Predigt dann doch zu Ende gebracht. Ob meine Zuhörer etwas davon verstanden hatten, konnte ich auch im Nachhinein nicht in Erfahrung bringen. Auf jeden Fall erhielt

bereits am nächsten Tag mein Guardian Kenntnis von meinem missglückten Auftritt. Es stellte sich heraus, dass er über meine stimmlichen Schwierigkeiten und auch über meine bisherigen logopädischen Behandlungen nicht genauer informiert war, und so schlug er mir vor, es noch einmal mit einem anderen ihm bekannten Logopäden in Kattowitz zu versuchen. Ich könne für den Fall, dass die Behandlung längere Zeit in Anspruch nehmen sollte, im Kloster in Gleiwitz wohnen, um von dort aus schneller und einfacher nach Kattowitz zu gelangen. Also fuhr ich nach Gleiwitz, quartierte mich dort im Kloster ein – ein Mönch ist in jedem Kloster seines Ordens zu Hause – und begab mich von da aus nach Kattowitz.

Der Logopäde, es war ein älterer Priester, zuständig für die Ausbildung der Alumnen des Kattowitzer Priesterseminars. Und seine Methode: Legen sie sich zunächst einmal hin, hieß es gleich nach der Begrüßung, dorthin bitte. Tatsächlich stand in seinem Arbeitszimmer eine Art Pritsche mit einer Decke darauf. Bitte, legen sich einfach hin und entspannen sie sich. Sie scheinen mir auch so ein „gwałtownyś" zu sein, sagte er. Gwałtownyś, eine Art von Gewalttäter also, offensichtlich zählte er mich zu den Menschen, die alles erzwingen wollen, die ihre Vorhaben, Pläne und Wünsche im Leben mit Gewalt durchzusetzen versuchen. Und da er „auch" gesagt hatte, hatte er es womöglich häufiger mit derartigen Menschen zu tun. Also entspannen sie sich und atmen sie ganz ruhig ein und aus. Dann nach einer gewissen Zeit hieß es, ich solle die Luft beim Ausatmen in der Art eines scharfen s-Lautes langsam durch den Mund ausströmen lassen. Dabei setzte er sich neben die Pritsche auf einen Stuhl, nahm seine Taschenuhr in die Hand und maß die Zeit, die ich für das Ausatmen benötigte. Äußerst gering, sagte er, und meinte damit das Volumen der Atemluft, die Kapazität meiner Lunge, äußerst

gering, daran müssen wir arbeiten.
Und so arbeiteten wir, zweimal wöchentlich jeweils eine dreiviertel Stunde lang: ich auf der Pritsche, atmete ein und ließ den Atem in Form eines s-Lautes oder zur Abwechslung auch mal in Form eines f-Lautes durch den Mund langsam ausströmen, während er mit der Stoppuhr in der Hand neben mir saß und die Zeit maß. Tatsächlich vergrößerte sich das Volumen meiner Lunge, doch meine Stimme wurde dadurch nicht kräftiger.
Also kehrte ich nach Wochen wieder in das Kloster auf dem Annaberg zurück, mit der für meinen Guardian nicht gerade beglückenden Botschaft, dass ich auch weiterhin für die außerordentliche Seelsorge nur bedingt tauglich sein werde, und für mich selbst mit der Einsicht, dass ich zumindest von einem meiner Jungendträume, nämlich mit donnernden Worten von der Kanzel herab für die Wahrheit zu kämpfen, werde Abschied nehmen müssen. Zum Glück hatte ich noch andere Träume: ich hatte noch die Kunst, das Klavier, die Literatur, hatte Hölderlin.

Doch bereits im folgenden Sommer sollten sich für meine Ordenslaufbahn neue Perspektiven eröffnen.
Das Abkommen, das die katholische Kirche im Dezember 1956 unter der Leitung von Primas Wyszynski mit dem Gomulkaregime abgeschlossen hatte, brachte es mit sich, dass man jetzt endlich, elf Jahre nach Kriegsende, die Diözesen in den neu gewonnen Westgebieten nach kirchlichem Recht ordnen konnte, und das bedeutete, dass man die vom Staat aufgezwungenen Kapitelvikare, die bis dahin die Diözesen leiteten, entließ und durch vom Vatikan ernannte Bischöfe ersetzte. Dies war offensichtlich der Anlass, um auch in der Breslauer Franziskanerprovinz zur heiligen Hedwig das nach dem Krieg entstandene Provisorium – der Provinzial leitete die Provinz lediglich kommissarisch im

Auftrage des nach Westdeutschland vertriebenen Provinzials – zu beenden. So fand im Frühjahr 1957 ein sogenanntes Provinzkapitel statt, um im Einvernehmen mit dem Ordensgeneral in Rom eine neue Provinzleitung zu wählen. Als Provinzial wählte man meinen bisherigen Guardian vom Annaberg.
Er hatte sich bereits bei der Übernahme und Neueinrichtung des Neisser Kollegiums von den polnischen Patres im Jahre 1950 als geschickter und kluger Organisator hervorgetan. Dann, als die kommunistischen Behörden das Kloster in Neisse samt Kollegium beschlagnahmten, hatte er trotz widrigster Umstände als Guardian auf dem Annaberg – er selbst stammte vom Annaberg - die Renovierung der Klosterkirche und der Anlagen rund um das Kloster erfolgreich durchgeführt. Jetzt, in der Verantwortung für die gesamte Provinz, galt seine Sorge vor allem dem Ordensnachwuchs. Und so beschloss der Provinzrat unter seiner Leitung, im Leobschützer Kloster ein Internat für Schüler einzurichten. An die Eröffnung einer eigenen Klosterschule war trotz der Liberalisierung unter dem Gomulkaregime nicht zu denken. Für Privatschulen, vor allem in kirchlicher Trägerschaft, gab es auch weiterhin keine Genehmigungen. Andererseits blieb das Kloster in Neisse und die Räumlichkeiten des ehemaligen Collegium Seraphicum weiterhin in staatlicher Hand. So hoffte man, allein durch einen Internatsaufenthalt Schüler mit dem Leben der Franziskaner, mit den Ideen und Aufgaben des Ordens vertraut zu machen und womöglich auch dafür zu begeistern.
Zum Präfekten dieses Internats hatte man mich gewählt.
Offensichtlich hatte man wegen meiner nur begrenzten Einsatzmöglichkeiten auf der Kanzel geglaubt, mit dieser Wahl für mich eine entsprechende Aufgabe gefunden zu haben. Ob ich mir diese Aufgabe zutraute, mich ihr gewachsen fühlte, danach hatte man mich nicht gefragt. Es war damals grundsätzlich nicht

üblich, bei der Vergabe von Aufgaben oder Ämtern irgendwelche persönlichen Wünsche zu berücksichtigen.
Ich hatte noch recht lebhaft meine eigene Internatszeit in Erinnerung und war mir durchaus bewusst, wie wichtig die Rolle des Präfekten für das Leben und die Atmosphäre in einem Internat ist. Ich erinnerte mich: wir sind eine Familie, hatte man uns damals gesagt, der Pater Rektor ist der Vater dieser Familie, der Pater Präfekt dagegen die Mutter. Ich also die Mutter des künftigen Internats in Leobschütz, die Mutter für Jungen im Alter von zehn bis achtzehn Jahren. Vergeblich suchte ich in den Winkeln meiner Seele nach irgendwelchen Mutterinstinkten, mütterlichen Gefühlen. Ich war überzeugt, dass man in diesem Falle den Bock zum Gärtner gemacht hatte.
Dabei wusste der neugewählte Provinzial von meinem Wunsch, meine Ausbildung an einer ordentlichen Universität fortzusetzen, wie es vielen meiner Mitbrüder vergönnt war. Wir hatten im vergangenen Winter an den langen Abenden oft gemeinsam Schach gespielt, manchmal auch diskutiert, über Hölderlin zum Beispiel oder Goethe. Nein, mit diesen Leuten - und das hatte er ganz ungeniert zugegeben - könne er recht wenig anfangen, und auch für meine Hymne an Schlesien hatte er nur ein spöttisches Lächeln übrig gehabt. Doch für meinen Wunsch, mich an einer Universität weiterzubilden, hatte er damals durchaus Verständnis gezeigt. Schließlich – und das wussten wir - hatte er selbst bereits als Franziskaner an der Breslauer Universität das Staatsexamen in Mathematik abgelegt, kurz bevor er dann zur Wehrmacht einberufen worden war.
Die Vergabe von Studienplätzen für Doktoranden habe diesmal nicht zur Debatte gestanden, sagte er, als er mir die Entscheidung des Definitoriums über meine neue Aufgabe mitteilte und ich mir erlaubte, ihn an meinen Wunsch zu erinnern. Über die-

se Angelegenheit werde erst wieder im Herbst entschieden und dann werde er daran denken. Doch zunächst einmal sollte ich mich meiner neuen Aufgabe widmen.
Leobschütz, wo liegt Leobschütz? ganz weit draußen, irgendwo an der tschechischen Grenze. Ich kannte die Stadt nur dem Namen nach. Doch schon allein der Name, der polnische Name dieser Stadt, Głubczyce, genügte, um mir diesen Ort zu verleiden. Głubczyce, auf Deutsch: die Stadt der Dummköpfe. Wie kann man in einer Stadt mit diesem Namen wohnen? Was sind das für Menschen, die sich so einen Stadtnamen gefallen lassen? Sicher weiß ich, dass der polnische Name mit b, die Bezeichnung für dumm bzw. Dummkopf dagegen mit p: głupi, głupiec geschrieben wird, dass also der Ortsname womöglich von einem anderen Wortstamm abgeleitet ist. Doch phonetisch klingt nun einmal das eine wie das andere.
Also auf nach Dummsdorf zu den Dummköpfen.
Und wie kam ich dahin? Ich weiß es nicht mehr. Wohl mit dem Zug, von Deschowitz aus über Heydebrek und Rasselwitz, oder mit dem Bus, von Groß-Strehlitz aus über Krappitz und Oberglogau. Vielleicht hatte man mich auch mit dem Auto hingebracht. Der Provinzial hatte ein Auto mit privatem Chauffeur zur Verfügung, das oftmals zwischen den Klöstern hin und her pendelte. Auf jeden Fall musste man meine Handbibliothek, zwei schwere, große Kartons, mit dem Auto transportiert haben, die hätte ich auf keinen Fall als Handgepäck schleppen können.
Leobschütz im Sommer 1957. Als hätte der Krieg erst Tage zuvor hier gewütet. Offensichtlich bin ich doch mit dem Zug angekommen, dann vom Bahnhof hin zum Ring und von da aus zum Kloster gegangen, denn noch immer frisch in meinem Gedächtnis der erste Eindruck von dieser Stadt: das ausgebrannte Rathaus mit den noch leuchtend schwarzen Spuren der Flam-

men rund um die Fensterhöhlen und die Schutthalden an den Straßenrändern. Nur die Türme der Pfarrkirche ragten mächtig, unerschütterlich über der Wüstenei, über die hässlichen Plattenbauten hinaus, mit denen man die Kirche umstellt hat. Diese Stadt musste einst bessere Zeiten gesehen haben, wenn ihre Bewohner sich als Pfarrkirche ein derart imposantes Bauwerk leisten konnten. Das Franziskanerkloster lag dagegen recht bescheiden, hinter noch erhaltenen Häuserzeilen versteckt, offensichtlich hatte es den Krieg unbeschadet überstanden. Die Kirche, ein barocker Bau, wohl aus dem 18ten Jahrhundert, die Fassade eher schmucklos, schnörkellos, und auf dem Dachfirst gleich hinter der Fassade der Glockenturm, achteckig, schlank, in drei Stufen sich zur Spitze hin verjüngend. Rechts von der Fassade aus gesehen an die Kirche angebaut das Kloster, ein Rechteck, zweigeschossig, vom dem aus sich ein langer Flügel direkt an der Gasse, die zur Kirche führt, hinstreckt, etwa in der Mitte, dem Lauf der Gasse folgend, leicht angewinkelt. Vor dem Kloster ein kleiner rechteckiger Platz, an den dem Kloster und der Kirche gegenüberliegenden Seiten durch Häuserzeilen eingegrenzt, zweistöckige Bürgerhäuser mit zum Teil schmucklosen barocken Giebeln.
Als ich im Sommer 1957 ankomme, sind sie größtenteils noch bewohnt. Drei Jahre später, als ich Leobschütz wieder verlasse, sind sie nicht mehr da. Vom Kloster aus hatten wir zuschauen können, wie sie allmählich verschwanden. Es begann beim Dach des ersten, des Eckhauses, und zwar bei den Dachbalken, die angeblich nachts von den Zigeunern herausgebrochen und weggetragen wurden. Und als es in die obere Etage hineinregnete, zogen die Bewohner in die untere, und als dann auch dort das Wasser von der Decke tropfte, zogen sie halt in das nächste noch bewohnbare Haus, bis auch da wieder das Dach fehlte. Da

die Häuser aus weicher Lehmziegel gebaut waren, hielten die Mauern der Witterung nicht lange stand. Schließlich rückten die Bagger an und die Planierraupen.

Proszę Ojca, to nie nasze, hieß es, wenn man die Leute daraufhin ansprach, Herr Pater, das ist nicht unser, wir sind nicht von hier, wir kommen aus dem Osten, aus Lemberg, aus der Gegend hinter dem Bug, dort hatten wir unsere Häuser, unsere Dörfer und Städte, unser Land. Doch darüber dürfen sie nicht reden, nicht laut, nicht in der Öffentlichkeit. In der Amtssprache sind sie die Repatrianten, also diejenigen, die in ihr Vaterland zurückgekehrt sind. Und obwohl sie und ihre Vorfahren über Jahrhunderte im Osten gewohnt haben, verlangt die Partei, verlangen die Kommunisten von ihnen, dass sie darüber schweigen. Doch zu einem Franziskanerpater haben sie Vertrauen, dem können sie ihr Leid klagen, ihre Trauer um die verlorene Heimat. Herr Pater, wir sind nicht von hier. Und warum sollen sie sich in diesem für sie fremden Lande engagieren, die Häuser instand halten, die Stadt wieder aufbauen, wenn sie doch davon überzeugt sind, dass man sie von hier wieder vertreiben werde. Fast täglich lesen sie in der Zeitung von den deutschen Revanchisten, die die durch den Krieg verlorengegangenen Gebiete wieder zurückhaben wollen, hören in den Nachrichten von der deutschen Bundeswehr, die angeblich schon bereit steht, um wieder gegen Osten zu marschieren.

Die verunsicherten, aus dem Osten vertriebenen Polen, jetzt die Bewohner von Leobschütz. Doch es gab auch noch einige Deutsche in der Stadt, die größtenteils an der Kopernikusstraße nahe dem Kloster wohnten: ein Landwirt mit seiner Familie, ein Gärtner, der alte Herr Dominik mit Frau und Tochter und noch einige mehr. Warum sie dageblieben waren, warum sie hatten dableiben dürfen - schließlich hatte man alle Deutschen, die nicht vor der herannahenden Front geflohen waren, bald nach dem Krieg vertrieben – ich hatte mich damals dafür wenig interessiert. Offensichtlich waren es keine altansässigen Leobschützer, waren aus anderen Gegenden Oberschlesiens, in denen man noch polnisch gesprochen hatte, hier hergezogen, denn sie sprachen etwas polnisch, oder sie waren böhmisch-mährischer Abstammung - auch solche hatte es im grenznahen Gebiet gegeben – und durften daher hier bleiben.

Für diese Deutschen war das Franziskanerkloster, wie ich bald feststellen konnte, ein wichtiger Bezugspunkt. Sie kannten die Patres und die Brüdern, sie halfen, wenn es in der Kirche oder im Kloster irgendetwas zu tun gab. Einige sangen mit im Kirchenchor, schließlich war die Organistin, die den Chor leitete, auch eine Deutsche.

Für das Kloster dagegen war dies damals keineswegs ungefährlich. Zwar sprachen die Patres und die Brüder – es waren, bevor ich ankam, zwei Patres, Pater Guardian und Pater Reinhold, und zwei Brüder, Bruder Martin und Bruder Leo am Ort – zwar sprachen diese polnisch, doch an ihrer Ausdrucksweise und am Akzent erkannte man sofort, dass sie keine echten Polen waren. Die Polen aus dem Osten schien dies offensichtlich nicht besonders zu stören, denn sie kamen sonntags fleißig in die Klosterkirche zur Messe und zu den Andachten, obwohl sie genauso gut hätten zur nahe gelegenen Pfarrkirche gehen können. Für sie waren die Franziskaner zunächst einmal fromme Brüder, die es auch in ihrer Heimat im Osten gegeben hatte, die sie von daher kannten, fromme Mönche, die man verehrte und zu denen man Vertrauen haben konnte.

Doch gab es in der Stadt nicht nur diese frommen Gläubigen. Es gab auch die Partei, es gab überzeugte Kommunisten, fanatische Nationalisten, und es gab die Geheimpolizei, Kräfte also, die trotz der Liberalisierung im Lande die Autorität der Kirche, der Priester und Ordensleute zu untergraben versuchten und denen dafür jedes Mittel recht war, zum Beispiel, indem man das Franziskanerkloster als Widerstandsnest des deutschen Revanchismus diffamierte.

Das Franziskanerkloster in Leobschütz im Sommer 1957, und ich, der designierte Präfekt des Internats, das nun im Kloster eröffnet werden sollte. Doch zum Schuljahresbeginn meldeten sich lediglich drei Schüler. Man hatte zwar in den Klöstern und Pfarreien in Oberschlesien für dieses Internat geworben, doch die Stadt war im Lande kaum bekannt, und wer wollte schon in ein staatliches Gymnasium in einer fremden Stadt, die dazu noch Głubczyce hieß. Also stand ich da, ein Häuptling, dem seine Indianer abhanden gekommen waren, und hatte alle Mühe, mein Amt und mich selbst als Träger dieses Amtes ernst zu nehmen, zumal ich meine Schüler, als sie dann da waren, tagsüber kaum zu Gesicht bekam. Sie besuchten die achte bzw. die neunte Klasse des städtischen Gymnasiums, kamen nicht immer gleichzeitig aus der Schule nach Hause, hatten oft auch nachmittags Veranstaltungen oder Übungen. So reduzierte sich das gemeinschaftliche klösterliche Internatsleben auf das gemeinsame Morgen- und Abendgebet in der Kapelle. Ab und zu besuchte ich sie am Nachmittag in ihren Zimmern, um zu sehen, wie sie ihre Hausaufgaben verrichteten - sie wohnten in zwei Klosterzellen, direkt neben meiner - setzte mich zu ihnen an den Tisch, wenn sie ihr Abendbrot aßen, und hörte ihnen zu, wenn sie über ihre Erfahrungen in der Schule berichteten.
Es wären die Sonntage gewesen, an denen wir hätten etwas gemeinsam unternehmen können. Doch die Wochenenden waren für uns Patres in der Regel für Aushilfen in den umliegenden

Pfarreien vorgesehen, es sei denn, wir waren für den Dienst in der Klosterkirche beordert. Es gab nicht genügend Priester in dieser Gegend, viele hatten mehrere Kirchen zu betreuen, und so waren sie froh, wenn ihnen ab und zu jemand zur Hilfe kam. Oder es gab in der Pfarrei ein besonderes Fest, das Patronatsfest zum Beispiel, und da war ein Mönch, der am Samstag den Beichtstuhl bediente und am Festtag selbst mit einer besonderen Predigt die Leute zu begeistern verstand, ein willkommener Gast. Die Betreuung von drei Schülern war für meinen Guardian, aber auch für mich selbst kein hinreichender Grund, um mich von diesen Seelsorgearbeiten freistellen zu lassen. Schließlich waren diese Aushilfen in finanzieller Hinsicht die Haupteinnahmequelle des Klosters.

Und meine Stimme? Zum Programm einer Wochenendaushilfe gehörte nun einmal die Predigt, eine Predigt, die es in der Regel innerhalb eines Vormittags in einer zweiten Messfeier zu wiederholen galt.

Offensichtlich hatte der Provinzial meinen Guardian über mein Stimmenproblem nicht oder nicht hinreichend informiert. Auf jeden Fall verlor dieser bei der Planung und Verteilung der Arbeitseinsätze darüber kein Wort und nahm darauf auch keinerlei Rücksicht. Sicher hätte ich ihn aufklären, mit ihm reden, mit ihm verhandeln können, doch da spukte in meinem Kopf noch immer der Wunsch, spürte ich immer noch die Verpflichtung, mich für die Wahrheit einzusetzen, von der Kanzel herab gegen Lügen und Verlogenheit zu kämpfen. Und da sich nun die Gelegenheit dazu bot, wollte ich trotz der bisherigen schlimmen Erfahrungen es weiterhin wenigstens versuchen und nicht übereilt kampflos das Schlachtfeld räumen. Die Kirchen, in denen ich zu predigen hatte, waren - ähnliche wie unsere Klosterkirche - nicht groß, darüber hinaus bestand ja durchaus die Möglichkeit, die

Predigten kürzer zu fassen, und schließlich hatte ich nach einem derartigen Auftritt in den darauf folgenden Tagen genügend Zeit, mich von dieser Strapaze zu erholen. Also fuhr ich an den Wochenenden in die umliegenden Pfarreien oder stieg am Sonntag in unserer Klosterkirche auf die Kanzel und bemühte mich, mit Hilfe des mittlerweile vergrößerten Lungenvolumens so gut und so kräftig es ging, meine Botschaft von der befreienden Kraft der Wahrheit durch die zugeschnürte Kehle zu pressen, in der Hoffnung, auf diese Weise die Ohren meiner Zuhörer zu erreichen und in deren Köpfen einige Gemütsaufwallungen oder vielleicht auch einiges Nachdenken hervorzurufen.

Zwischengesang 2

Eine Tragikomödie
oder die Versuchung des heiligen Antonius auf der
Góra Parkowa in Krynica Zdrój

Blass sieht er aus, und dünn ist er, der braucht Erholung, der muss zur Kur, - die Stimme der Schlange, die Stimme der besorgten Eva, Eva mit dem Apfel in der Hand, der muss zur Kur. Sie war wie jeden Sonntag zum Hochamt in die Klosterkirche gekommen. Zur Predigt stand er plötzlich auf der Kanzel, sie hatte ihn hier zuvor noch nie gesehen, blass, dünn, ein Strich unter der ausladenden Kanzeldecke, aber die Stimme, diese Stimme, scharf, spitz, ein Messerstich tief bis in die Magengrube, nein, tiefer, tiefer, und sie presste ihre Schenkel zusammen, ihr Mann, dieser Schuft - dass ausgerechnet der ihr jetzt in den Sinn kommen musste, dieser Schuft, er hatte sie sitzen lassen, trieb sich mit einer anderen irgendwo in Deutschland herum,
... *und Stalin auch?* Stalin, hatte sie richtig gehört? Der Name dieses Verbrechers hier in der Kirche? Sie versuchte sich zu konzentrieren, sich zu erinnern, von Paulus hatte er gesprochen, den heiligen Paulus hatte er zitiert, dass alle Macht von Gott komme, jetzt hörte sie genauer zu, offensichtlich war es eine rhetorische Frage, ob denn... aber die Stimme...

Sie standen vor der Klosterpforte, als er vorbeikam, - der müsste einfach etwas mehr essen, so die Nachbarin halblaut ihr ins Ohr, ihre Nachbarin, die dabei womöglich an die Tomaten und Gurken dachte, die sie in ihrer Gärtnerei züchtete. Sie grüßten von weitem, und er, er blieb stehen, lachte, kam auf sie zu und gab ihnen die Hand, ihr zuerst, warum wohl? Schließ-

lich war die Nachbarin eindeutig die Ältere. Sie schaute ihm dreistfrech in die Augen, ein nüchternes Blau, freundlich kühl wie der Himmel über dem Klosterdach an diesem Sommermorgen.
Er war neu hier im Kloster, in der Stadt, wollte offensichtlich die Menschen näher kennen lernen. Ihm gefalle es hier recht gut, sagte er, als sie ihn danach fragten. Doch sie glaubte ihm nicht, glaubte ein zynisches Lächeln in seinen Augenwinkeln erkannt zu haben. Kein Wunder, in dieser Stadt, sie selbst war schließlich nur aus Liebe zu ihren schon betagten Eltern hier geblieben. Und bestimmt hatte er sofort erkannt, dass sie keine Polin war, ihr Polnisch war nun einmal katastrophal. Und er, woher mochte er kommen? Die Patres im Kloster waren mal Polen, mal Deutsche. Gleichwohl, er war so blass, so dünn, der muss zur Kur.

Und die Schlange war listiger als alle Tiere des Feldes, sie fand den Weg, die besorgte Eva fand den Weg durch die Klosterpforte zur Zelle des Guardians, schließlich war ihr Vater ein Wohltäter des Klosters, ein Freund der Patres und sie, die Tochter, die Tochter Eva mit den schönen Augen, jetzt voller Sorge, die Augen, und die Stimme der Schlange jetzt im Ohr des Guardians: der ist doch so blass, dieser junge Pater, so dünn, der muss zur Kur, ja, sie werde sich darum kümmern.

Sie war keine Polin, aber sie wusste, wohin die vornehmen Polen in den Urlaub fuhren oder zur Kur: im Juli nach Sopot ans Meer und im August nach Krynica in die Beskiden. Und so war sie im vergangenen Jahr im August in den Urlaub nach Krynica gefahren. Auch für dieses Jahr hatte sie bereits eine Kur in Krynica beantragt und auch bewilligt bekommen. Nun wusste sie, dass der Pfarrer in Krynica ein Gästehaus hat, in dem vor allem

Priester wohnen, die sich im Bad erholen oder eine Kur machen wollten.
Sie wandte sich also an den Pfarrer, schrieb ihm einen netten Brief, und die Antwort kam auch bald: ja es ist möglich, der Pater könne durchaus..., nur nicht ganz zum gewünschten Termin. Leider konnte sie ihren Kurtermin nicht mehr ändern, und das hieß, es blieben nur drei Tage, und doch, wie aufregend, wenn sie daran dachte, drei Tage gemeinsam in Krynica, wusste sie überhaupt, was sie da tat? Vorsichtshalber hatte sie dies dem Guardian verschwiegen.

Krynica, die Perle unter den Kurorten Polens zwischen den sanften Hängen der Beskiden. Sie genoss die Kur, die Bäder, Massagen, das Wasser der Heilquellen, die frische Luft. Doch zum Ende hin wuchs ihre Aufregung von Tag zu Tag. Endlich war es so weit, sie wusste, mit welchem Zug er ankommen werde, von den Verbindungen her gab es schließlich nur eine Möglichkeit. Jetzt stand sie in der Bahnhofshalle, sah ihn zwischen den Fahrgästen, sah ihn von weitem hereinkommen, und sie war überrascht, oder war sie sogar ein wenig enttäuscht, sie sah ihn zum ersten Mal in Zivil. Sicher wusste sie, dass die Patres in der Regel in Zivil reisen, doch er, merkwürdig, in diesem Anzug erschien er ihr so gewöhnlich, alltäglich, ein Mann, wie sie zu Hunderten in der Welt herumliefen. War es also die Kutte, die ihn so faszinierend erscheinen ließ, die ihm diese erotische Aura verlieh? Sie trat auf ihn zu, trat ihm, da er sie offensichtlich nicht sah und vorbeizugehen drohte, frech in den Weg: Hallo! Nein, sie hatte nicht erwartet, dass er ihr vor Freude, sie hier zu sehen, um den Hals fallen werde, natürlich nicht, aber..., einen Moment lang befürchtete sie, er werde auf der Stelle kehrt machen und mit dem nächsten Zug wieder nach Hause fahren. Also beeilte sie sich, ihm mitzuteilen, dass sie ihre Kur bereits hinter sich habe und bald abreisen werde. Sie sei nur zum Bahnhof gekommen, um ihn kurz zu begrüßen und um ihm den Weg zum Pfarrhaus zu zeigen, damit er nicht lange herumirren müsse. Noch stand er da, den Koffer in der Hand, versuchte ihrem Blick auszuweichen, schaute irgendwohin, als müsse er überlegen, was er tun solle. Jetzt spürte sie doch so etwas wie Empörung in sich aufsteigen, schließlich hatte sie sich Mühe gegeben, hatte ihm diesen Aufenthalt hier ermöglicht, etwas Dankbarkeit habe sie dafür doch wohl verdient oder wenigstens ein etwas freundlicheres Gesicht zur Begrüßung, ein Lächeln.

Doch sie ließ sich nicht beirren, lachte ihm offen ins Gesicht, bat, vorausgehen zu dürfen und wandte sich dem Ausgang der Bahnhofshalle zu. Tatsächlich, er folgte ihr. Als sie dann die Promenade entlanggingen, war sie froh, dass er in Zivil war. Der Anzug, den er trug, war zwar nicht maßgeschneidert, doch immerhin, er konnte sich darin sehen lassen, und bald - sie schaute ihn immer wieder etwas verstohlen von der Seite an – bemerkte sie, dass es nicht allein die Kutte war, die ihm dieses faszinierende Etwas verlieh.

Sie redete, redete viel: von der Atmosphäre hier am Ort, vom Wetter, von der Landschaft, von ihrer Kur, während er schweigend und – wie sie meinte - etwas verkrampft neben ihr herging. Doch bald bemerkte sie, dass sich seine Gesichtszüge ein wenig aufhellten, und als sie ihn nach Neuigkeiten aus der Heimat fragte, wusste er zwar nicht viel zu berichten, doch seine Stimme klang, wie sie glaubte, keineswegs unfreundlich.

Dann, vor dem Pfarrhaus angekommen, sagte sie, sie habe sich heute Morgen noch einmal vergewissert, im Pfarrhaus erwarte man ihn. Sie wolle sich jetzt verabschieden, da es bereits Zeit sei für das Abendessen im Sanatorium.

Doch hätte sie noch eine Frage oder vielmehr eine Bitte, - und mit dem bescheidensten, unverfänglichsten Augenaufschlag jetzt die besorgte Eva - eine Bitte, ob es ihm wohl recht wäre, wenn sie morgen gemeinsam den Kurort und die herrliche Umgebung erkundeten. Die Eva, den Apfel in der Hand, sie wusste bereits, dass er hineinbeißen werde, auch wenn er jetzt weder ja noch nein sagte und die Entscheidung mit allerlei Begründungen auf den nächsten Tag verschob.

Krynica am Fuße der Góra Parkowa mitten in der herrlichen Beskidenlandschaft, und darüber der wolkenlose unendlich hohe Augusthimmel. Sie hatte vorgeschlagen, nicht mit der Bergbahn auf den Berg zu fahren, sondern zu Fuß hinaufzuwandern und dann irgendwo unterwegs ein Picknick zu machen. Schon am Abend zuvor hatte sie die Picknicktasche gepackt, jetzt trug er sie, ging neben ihr her und, wenn der Weg schmaler wurde, einige Schritte voraus, so dass sie Zeit hatte, sich ihn anzuschauen, seinen Gang, seine Haltung, die Kleidung. Die dunkle Hose passte schlecht zu dem freundlichen Sommerwetter, offensichtlich hatte er keine hellere, doch hatte er wenigstens die Jacke zu Hause gelassen und schritt nun mit kurzen, weißen Hemdsärmeln zwischen dem rundum wuchernden Grün voran. Er solle die Zeit hier in Krynica nutzen und sich vor allem sonnen, sagte sie, da sie gerade seine blassen Arme betrachtete, die aus den Hemdsärmeln herausragten, damit er etwas Farbe bekomme. Er reagierte nicht auf ihren Vorschlag, tat als hätte er ihn nicht gehört, schaute dagegen interessiert in die Landschaft hinaus, kommentierte ab und zu, was er sah, sprach über die Berg- und Felsformationen, über die Eigenart der Wälder und Bergwiesen, zog mitunter Vergleiche zu den schlesischen Sudeten, die er offensichtlich gut kannte. Dabei sprach er leise, fast wie zu sich selbst und schien sie, die ihn schließlich zu diesem Spaziergang eingeladen hatte, kaum wahrzunehmen.

Unterdessen hatten sie eine beträchtliche Höhe der Góra parkowa erreicht und waren auch lange genug unterwegs gewesen, um das eingeplante Picknick abzuhalten. Doch sicherlich etwas weiter im Grünen, sagte sie, indem sie sich umschaute und auch gleich vom Weg abwich. Die Alm mit dem herrlichen Ausblick ins Tal, nur vereinzelt Sträucher, die vor neugierigen Blicken schützten, wie sie meinte, und das Gras in der Augustsonne getrocknet, weich, warm, auf das sie nun die Decke, die sie mitgebracht hatten, ausbreitete.

Und die Schlange im Gras: ob er wohl etwas dagegen hätte, wenn sie... sie würde sich nur allzu gern auch etwas sonnen, es sei ihr letzter Urlaubstag, sie habe – jetzt der schon fast frivole Unterton in der Stimme - , sie habe schließlich einen ganzteiligen Badeanzug an, so dass er sich nicht genieren müsse. Er solle sich doch auch ausziehen, fügte sie hinzu, wenigsten das Hemd solle er ablegen und seiner Haut etwas Sonne gönnen. Die listige Schlange, wenigstens das Hemd... Und während er forschend hinunter ins Tal schaute, streifte sie mit ein paar Handgriffen ihr Kleid ab, setzte sich - jetzt in dem ganzteiligen Badeanzug - auf die Decke und schaute gespannt zu ihm auf. Tatsächlich, mit einer Selbstverständlichkeit, die sie verblüffte, löste er langsam die Knöpfe des Hemdes, zog es aus, zog den Dress, den er darunter trug, über den Kopf, legte Hemd und Dress ins Gras und setzte sich zu ihr.

Sie hatte Brötchen mitgebracht, die besorgte Eva, Tomaten, Früchte und, verlockend anzuschauen, den Apfel, den sie ihm jetzt reichte. Dabei hätte sie ihm lieber die Äpfel vom Baum des Lebens gereicht, ihre beiden Äpfel vom Baume der Lust, die sie ihm entgegenstreckte, wozu Erkenntnis, Einsicht, sie wollte nicht klug werden, er hätte nur zugreifen müssen, doch er schien sich dafür nicht zu interessieren. Nahm er sie überhaupt wahr, als Frau? Auch wenn sie einige Jahre älter war als er, sie war noch lange nicht alt, sie wusste, dass sie eine gute Figur hatte, gut aussah, ihre Schenkel waren noch straff, nein, er schien all dies nicht zu sehen, er schaute irgendwohin in die Ferne, während er in den Apfel biss und aß.

Dann lagen sie beide nebeneinander auf dem Rücken ausgestreckt. Sie beobachtete ihn von der Seite her. Scheinbar unbekümmert schaute er in das sich verflüchtigende Blau des Augusthimmels, behauptete, jetzt einen Bussard entdeckt zu haben und sinnierte über die Eleganz seines Fluges, über die Majestät der Kreise, die er über ihnen zog. Doch sie sah keinen Bussard, wollte ihn nicht sehen, ihr lief die Zeit davon, sie musste etwas unternehmen, es war ihr letzter Urlaubstag, ihre letzte Chance, und mit einem Ruck drehte sie sich zu ihm hin, lag nun halb auf ihm, ihr Gesicht dicht über seinem, ihr Mund ... doch da hatte er seine Hand vor seinen Mund geschoben, seine Hand, an der sie nun zerrte: nur einen Kuss, bettelte sie, nur einen Kuss, dabei versuchte sie, ihr Knie zwischen seine Schenkel zu drücken, tastete mit der Hüfte, suchte nach dem Beweis, denn sie war sich sicher, dass auch er sie begehrte, suchte nach der Waffe, die sie gegen ihn hätte richten können, nach dem entscheidenden Argument, doch vergeblich.

Geschlagen rutschte sie von ihm herunter, warf sich zurück auf den Rücken und fühlte nun, wie die Wut in ihr hochstieg, der Hass: dieser Feigling, auch wenn er ein Mönch war und sich an irgendwelche schwachsinnigen Keuschheitsgelübde gebunden fühlte, ein Kuss, was wäre denn das schon, was hätte ihm dies schon ausmachen können? Wozu hatte er sich dann überhaupt auf diesen Spaziergang eingelassen? Sie fühlte sich gekränkt,

beleidigt, gedemütigt. Wenn er wenigstens etwas gesagt hätte, sie ihretwegen auch zurechtgewiesen oder gar beschimpft hätte, dann hätte sie sich mit ihm streiten können, hätte ihm klar machen können, was sie für ihn empfand, was er ihr bedeutete.
Seit der Zeit, als sie wusste, dass ihr Mann nicht zu ihr zurückkehren werde, als es endgültig feststand, dass sie einem Heiratsschwindler zum Opfer gefallen war, seit Jahren also hatte sie in einem Zustand völliger Erstarrung gelebt, in ihrem Inneren erstorben, tot. Bis sie ihn kennen gelernt, ihn zum ersten Mal auf der Kanzel gesehen hatte. Seine Stimme hatte sie wieder zurück ins Leben geholt, hatte in ihr das Gefühl, eine Frau zu sein, wieder erweckt. So glaubte sie, ein Anrecht auf ihn zu haben. Denn sie war sich sicher, dass auch er etwas für sie empfand, dass sie ihm zumindest nicht gleichgültig war, wie sonst hätte sie sich zu ihm so stark hingezogen fühlen können.
Auch jetzt glaubte sie noch daran. Doch er lag da, sagte kein Wort, ließ sie allein in ihrer Verzweiflung und schaute in den Himmel, als verfolge er weiterhin den majestätischen Flug des Bussards.

Wie lange sie noch auf der Alm geblieben waren, wie sie dann vom Berg heruntergekommen waren und sich verabschiedet hatten, all das war ihr nicht mehr bewusst, als sie am Abend verzweifelt ihn ihrem Zimmer im Sanatorium saß. Sie wusste nur, dass sie gegen eine Mauer geprallt war und nun zerstört am Boden lag. Dennoch fühlte sie, dass ihr Leben an diesen Menschen gebunden war, dass sie von ihm nicht loskommen werde.

Am folgenden Tag begab sie sich rechtzeitig zum Bahnhof, der Zug stand schon abfahrbereit, doch bis zur Abfahrt war noch genügend Zeit. Sie schaute sich um, wartete, und tatsächlich, er kam. Er begrüßte sie, lächelte dabei freundlich, während sie ihm forschend in die Augen sah. Diese Freundlichkeit, sie war, so schien es ihr, wie eine Glaswand, glatt, hart, sie konnte sie nicht durchdringen, so sehr sie sich auch bemühte, sie entdeckte darin nur ihr eigenes Spiegelbild.

Er sei gekommen, um sie zu verabschieden und ihr eine angenehme Reise zu wünschen, sagte er, und vor allem wolle er ihr noch einmal dafür danken, dass sie ihm diesen Urlaub ermöglicht habe, er fühle sich hier recht wohl und werde sich sicherlich auch gut erholen.

Er fühle sich recht wohl. Wie Hohn klangen diese Worte in ihren Ohren, auch noch als sie bereits im Zug saß und heimwärts fuhr. Wie konnte er sich wohl fühlen, während sie so unglücklich war. War er wirklich so dumm, so stumpfsinnig, dass er nicht merkte, was er in ihr und mit ihr angerichtet habe, oder war er einfach ein Sadist, dem es Lust bereitete, sie leiden zu sehen, sie zu quälen. Aufgewühlt drehten sich ihre Gefühle in einem wilden Tanz im Kreis, sie hasste ihn, sie verachtete ihn, um im nächsten Augenblick wieder mit den zärtlichsten Gefühlen an ihn zu denken. Und wenn er tatsächlich das Zölibatsgebot so ernst nahm, wenn er seinen Gelübden treu bleiben wollte, ein heiliger Antonius mit der Lilie in der Hand, ein Säulenheiliger am Pfeiler in der Klosterkirche? Aber sie wollte ihn ja nicht aus dem Kloster herausholen. Was hätte er außerhalb der Klostermauern schon anfangen können? Nein, er sollte Priester, sollte Mönch bleiben, und es würde ihr schon genügen, wenn sie sich ab und zu sehen oder treffen könnten, wenn er ihr etwas Aufmerksamkeit und Zuneigung entgegenbrächte und wenn sie dann vielleicht auch mal die Ferien gemeinsam verbringen könnten. Sie wusste wohl, dass einige der Patres im Kloster so etwas wie Freundinnen hatten, mit denen sie sich trafen und gemeinsam verreisten.

Er fühle sich wohl, hatte er gesagt, und eigentlich sollte sie es ihm gönnen, doch sie glaubte ihm nicht, es schien ihr nicht möglich, dass er sich ohne sie wohlfühlen, dass er ohne sie glücklich sein könne. Sie litt und ihre Gedanken drehten sich im Kreis zum Takt der polternden Waggonräder, während der Zug sie immer weiter von ihm weg davontrug. Doch ihr blieb die Hoffnung, dass er schließlich nach der Kur zurück nach Hause kommen müsse und dass sie ihn dann wieder werde sehen können, wenigstens sehen.

Er kam wieder, schön braun gebrannt, wenn auch immer noch etwas zu dünn, wie sie meinte. Sie nutzte die Gelegenheit, bat ihn zu einem Gespräch an die Pforte, befragte ihn nach dem Verlauf der Kur, nach dem Wohlbefinden, nach dem Wetter. Und er berichtete ausführlich, schien noch immer begeistert von dem, was er gesehen und erlebt hatte, während sie, seinen Ausführungen kaum folgend, vergeblich in seinen Augen nach einem Hauch von Zuneigung, nach einem Hauch von Sympathie fahndete.

In den folgenden Wochen und Monaten kam sie wie bis dahin jeden Sonntag in die Kirche, setzte sich nahe unter die Kanzel und wartete auf seinen Auftritt, auf die Stimme, die sie so tief berührte, der sie sich hemmungslos hingeben konnte. Leider hatte er nicht jeden Sonntag in der Klosterkirche seinen Dienst. Oft war er auswärts tätig. Sie hätte dem Kirchenchor, den er leitete, beitreten können, dann hätte sie ihn einmal in der Woche während der Proben und auch während der Auftritte des Chores gesehen und wäre ihm nahe gewesen. Doch das wollte sie nicht, dann hätte sie ihn nämlich mit den anderen Frauen und Mädchen des Chores, von denen sie wusste, dass sie ihn anhimmelten, teilen müssen.

Das Jahr verging. In den Sommermonaten wieder Urlaubszeit. Und es war bitter für sie, erfahren zu müssen, dass er bereits im Juli mit irgendwelchen Mitbrüdern in den Urlaub an die Ostsee gefahren war. Gegen alle Vernunft hatte sie gehofft, wenigstens einige Tage mit ihm gemeinsam irgendwo verbringen zu können. Im Herbst dann, es war bereits Anfang Oktober, als sie noch einmal einen Versuch unternahm, ihm näher zu kommen. Sie hatte Geburtstag, und so nahm sie allen Mut zusammen, ging zum Kloster, bat ihn an die Pforte und lud ihn zu sich zum Abendessen ein. Sie lebte zwar mit ihren Eltern zusammen, doch sie hatte ihren eigenen Wohnbereich, hoffte also, mit ihm allein den Abend verbringen zu können. Und wieder war sie verblüfft über die Selbstverständlichkeit, mit der er die Einladung annahm, auch wenn er die Einschränkung machte, dass er das Abendessen im Kloster gemeinsam mit den Mitbrüdern einnehmen müsse. Doch danach, sagte er, werde er gern kommen.

Bereits am Nachmittag hatte sie im Garten die letzte Rose vom Strauch gepflückt, hatte sie in eine Vase gesteckt und in ihrem Zimmer auf den Tisch gestellt. Für den Abend hatte sie einige Häppchen zubereitet, eine Flasche Wein, den besten, den ihr ihr Vater empfohlen hatte, aus dem Keller geholt, hatte ihr schönstes Kleid angezogen, sich zurechtgemacht, geschminkt. Nun saß sie da - ihre Eltern hatten sich bereits zurückgezogen - , saß und wartete. Sie war sonst nicht schüchtern, konnte sich durchsetzten, wenn es darauf ankam, einen kühlen Kopf bewahren, doch jetzt zitterten ihr die Knie.

Dann kam er. Lächelnd, ja geradezu vergnügt gab er ihr die Hand. Sie nahm ihm den Mantel ab – es war ein Zivilmantel, den er über die Kutte gezogen hatte – , hängte ihn an die Garderobe und bat ihn ins Zimmer, in ihr Zimmer. Sie hatte einige Kerzen auf den Tisch gestellt, die jetzt den Raum in ein zärtliches Licht tauchten. Sie bot ihm den Sessel an, den Sessel in der Ecke zwischen Fenster und Schrank, daneben das Tischchen mit den Weingläsern, die sie nun füllte, den belegten Schnittchen, dekoriert auf einem Teller, und am Rande des Tischchens die Vase mit der Rose, mit der letzten Rose, während sie selbst sich ihm gegenüber auf einen Stuhl setzte. Er habe zwar schon gegessen, sagte er, als sie ihm die Schnittchen anbot, doch sie sehen recht verführerisch aus, und so erlaube er sich ... Dann fragte er nach dem Wohlbefinden ihres Vaters, ihrer Mutter, fragte nach Neuigkeiten, die es in der Stadt gab, erzählte von seinem letzten Urlaub an der Ostsee, vom Wetter, vom Wasser, von den Dünen. Sie hörte ihm zu, fühlte mit allen ihren Sinnen seine Nähe, spürte die Stimme, die tiefer und tiefer in sie drang. Doch zunehmend spürte sie auch eine Unruhe in sich aufsteigen, eine Ungeduld, es waren schließlich Belanglosigkeiten, über die sie sprachen und die sie nun begannen zu irritieren. So wartete sie auf den passenden Augenblick, um das Gespräch und seine Aufmerksamkeit darauf zu lenken, was ihr so wichtig war, auf ihr Verhältnis zueinander, um ihm zu sagen, was er ihr bedeutete, was sie für ihn empfand. Doch je länger sich das Gespräch hinzog, um so fester schnürte sich ihre Kehle zusammen, und bald wusste sie, dass sie dagegen nicht werde ankommen können.

Es war –wie sollte sie es nennen – seine unbekümmerte Vergnügtheit, die sie lähmte, die sie verstummen ließ, diese Zufriedenheit mit sich selbst und der Welt, die er zur Schau trug, diese Selbstverständlichkeit, mit der er da in ihrem Sessel saß, allein mit ihr, in ihrem Zimmer, zur Nachtzeit. Nein, sie glaubte ihm nicht, das war nicht er, es war eine Rolle, die er spielte, die Rolle des Mönchs, des Priesters oder eines über alle Unwegsamkeiten des Lebens erhabenen Stoikers, doch sie wollte ihn, wollte hinter die Maske schauen, gleichgültig was sich dahinter verbarg,

wollte den Panzer aufbrechen, mit dem er sich umgab. Aber sie fand keinen Weg.
Später, als er gegangen war, saß sie noch lange auf dem Stuhl in ihrem Zimmer und weinte.
In der folgenden Zeit sah sie ihn öfters in der Kirche auf der Kanzel oder am Altar. Einige Male trafen sie sich auch in der Stadt. Dann begrüßten sie sich, wechselten einige Worte miteinander, ein Austausch von Belanglosigkeiten, wie sie es nannte, wie sie es empfand.
Bis es eines Tages hieß, dass er in ein anderes Kloster versetzt worden sei und die Stadt bereits verlassen habe. Sie war enttäuscht, verletzt, wie konnte er nur, ohne sich von ihr zu verabschieden. Doch dann besann sie sich, ging zum Kloster, erfuhr an der Pforte, wo er sich aufhielt und schrieb ihm einen Brief, einen langen, bitterbösen Brief, in dem sie ihn beschimpfte, ihn zum wiederholten Male einen Feigling nannte, in dem sie aber auch nun endlich den Mut fand, ihm zu sagen, was sie zuvor bei all ihren Begegnungen nicht gewagt hatte, dass sie ihn liebe, dass er ihrem Leben wieder einen Sinn gegeben habe und dass sie ihn, trotz aller Enttäuschungen, die er ihr bereitet habe, immer lieben werde.
Auf eine Antwort wagte sie nicht zu hoffen. Dennoch antwortete er, und zwar freundlich, höflich, in seiner Art also, von der sie nie genau wusste, wie sie sie deuten sollte. Er entschuldigte sich für seine plötzliche Abreise, allerdings mit Argumenten, die sie wenig überzeugten. Weiterhin berichtete er ihr über die neuen Wohnverhältnisse, über seine neuen Aufgaben, doch zu ihrem ihr allein so wichtigen Geständnis sagte er kein Wort, sondern schloss mit der Allerweltsfloskel, dass er ihr alles Gute wünsche und sie in guter Erinnerung behalten werde.
Offensichtlich sollte dies sein endgültiges Abschiedswort sein.

Doch sie konnte es, sie wollte es nicht glauben. Gegen alle Vernunft hoffte sie, dass sie sich wieder sehen werden und dass er ihr irgendwann einmal auch sein Vertrauen und seine Zuneigung schenken werde.

An anderen Männern war sie wenig interessiert, an den Polen schon gar nicht, obwohl sie so manchen vom Arbeitsplatz her in der Firma und im Büro kannte, der sich für sie interessierte und den sie womöglich hätte haben können, und unter den wenigen deutschstämmigen Bewohnern gab es nun mal keine Männer, die frei waren, die sie hätte heiraten können. Gleichwohl, für sie gab es nur ihn, ihn allein, dem sie treu bleiben wollte. Ihm schenkte sie in ihren Träumen und Wünschen weiterhin all ihre Liebe und Aufmerksamkeit, auch als mit den Jahren sein Bild in ihrer Erinnerung immer blasser wurde und sie mit einer gewissen Verwunderung feststellte, dass er nun dem heiligen Antonius am Pfeiler in der Klosterkirche, die sie weiterhin jeden Sonntag besuchte, immer ähnlicher wurde.

8

Lieb Heimatland ade!
Während ich in Leobschütz im Kloster mit den vier Klosterbrüdern und den drei Internatsschülern und draußen in der Stadt mit den Rathausruinen, den Schutthalden und den Repatrianten, den aus dem Osten stammenden Polen - Herr Pater, wir sind nicht von hier - während ich also in Leobschütz meinen neuen Aufgaben entgegenging,
wütete in den Dörfern und Städten Oberschlesiens das Ausreisefieber und quälte und schüttelte die hier noch lebenden Deutschen. Tausenden war es bereits gelungen, die Heimat zu verlassen, Lieb Heimatland ade! Weitere Tausende saßen auf gepackten Koffern, sie hatten die Anträge für die Ausreisegenehmigung eingereicht und warteten nun ungeduldig auf die Antwort der Behörden, und noch weitere Tausende saßen an den Abenden in ihren Wohnzimmern heimlich bei verschlossener Tür und beratschlagten verzweifelt, was sie wohl tun sollten, ausreisen oder nicht, oder wie sie sich vor diesem Ausreisefieber schützen könnten.

Ich hatte mich für dieses Exodusdrama wenig interessiert, am äußersten Rande der Provinz hatte ich nicht viel davon gehört. Doch dann – es musste Ende September gewesen sein – überraschten mich meine Mitbrüder in einem Telefonanruf aus Glatz oder aus Breslau - ich weiß es nicht mehr genau - mit der Nachricht, dass auch einige von ihnen bereits auf gepackten Koffern säßen, dass sie allerdings die Ausreisegenehmigungen schon in Händen hielten und demnächst in die Bundesrepublik ausreisen werden. Es hatte sich nämlich herausgestellt, so erzählten sie mir, dass der neue Provinzial grundsätzlich keine Einwände gegen eine Ausreise der Patres oder der Brüder in die Bundesrepublik Deutschland habe. Die geforderte Einladung aus der Bundesrepublik hätten sie sich von den Franziskanern aus Hannover zukommen lassen, und die polnischen Behörden hätten diese auch ohne Beanstandungen akzeptiert.

Die Franziskaner in Hannover, es waren Schlesier, die nach dem Krieg - weil sie nicht polnisch sprechen konnten oder wollten - vertrieben worden waren. Jetzt lebten sie in einigen Klöstern in Niedersachsen, bildeten hier eine selbständige Provinz und waren an Nachwuchskräften aus dem Mutterland durchaus interessiert.

Die polnischen Behörden wiederum machten den ausreisewilligen Priestern und Ordensleuten, wie man sich denken kann, bei der Genehmigung der Ausreise in der Regel keine Schwierigkeiten, da sie schließlich ein Interesse daran haben mussten, ihre intimsten Feinde im Kampf um die Errichtung einer marxistisch-kommunistischen Gesellschaft loszuwerden.

Meine Mitbrüder also, hockend auf gepackten Koffern: Ob ich denn nicht bereit wäre mitzukommen, wollten sie wissen. Sie glaubten, meine Einstellung zu dieser Frage zu kennen, hatten wir doch seiner Zeit, als die Möglichkeit der Ausreise zum ersten Mal sich andeutete, ausführlich miteinander über Heimattreue, Heimatverrat, über das Problem der nationalen Zugehörigkeit diskutiert. Offensichtlich hatten sie meine eher zögernde Haltung damals nicht wahrgenommen oder nicht wahrhaben wollen. Auf jeden Fall wunderten sie sich nun darüber, dass ich nicht bereit war, mich ihnen sofort anzuschließen.

Tatsächlich hatte ich die Möglichkeit einer Ausreise bis dahin nicht ernsthaft ins Auge gefasst. Schließlich hatte mir der Provinzial versprochen, mich zu einem weiteren Studium an die Universität zu schicken. Was wollte ich also mehr. Andererseits

konnte ich mir nur schlecht vorstellen, was mich in Deutschland erwarten, wie sich dort mein Leben gestalten würde.
Doch nur wenige Tage nach diesem Anruf kam unverhofft mein Provinzial nach Leobschütz, und zwar um mir höchstpersönlich mitzuteilen, dass er mich leider nicht zum Studium schicken könne, da der Provinzrat, den er in dieser Angelegenheit habe befragen müssen, sich dagegen ausgesprochen hätte.
Eigentlich hätte ich es wissen müssen, denn im Provinzrat saßen noch immer die gleichen Vertreter, die gleichen alten Kacker, die bereits vor einem Jahr gegen mein weiteres Studium ihr Veto eingelegt hatten, diese alten Säcke, diese Kalkfuhren.
Ihr habt gehört - selbstverständlich habe ich es gehört - , *wer seinem Bruder sagt: Du Dummkopf!, oder: Du Narr! der soll der Feuerhölle verfallen sein... Liebet eure Feinde und betet für die, die euch verfolgen,* ich kannte diese Texte, kannte sie auswendig. Dennoch, es war sicherlich nicht die christliche Botschaft, die mich davon abhielt, in Wut und Hass zu verfallen, Hassgefühle in mir hochkommen zu lassen. Es war mein Stolz, der mir gebot, diese kleinkarierten Geister mit Geringschätzung und Verachtung zu traktieren. In einem Anflug von Größenwahn fühlte ich mich erhaben über die Intrigen und Bosheiten der Menschen, ja, über jegliche Launen des Schicksals. Studium hin oder her, ich war überzeugt, dass ich aus mir selbst heraus mir eine Welt aufbauen, mir in der Kunst Räume schaffen könne, in denen ich selbstherrlich werde leben können.
Dennoch, es waren nur wenige Tage vergangen, da hatte ich bereits einen Brief an meine Mitbrüder in Hannover abgeschickt mit der Bitte, mir eine Einladung in die Bundesrepublik Deutschland zukommen zu lassen. Gespannt wartete ich auf eine Antwort. Doch der Winter verging und das Frühjahr, und die Antwort mit der Einladung kam nicht. Irgendwann im Sommer

erfuhr ich dann den Grund: meine lieben Mitbrüder, die ausgereist waren, hatten bei den Patres in Hannover insgesamt keinen guten Eindruck hinterlassen. Drei von ihnen hatten nämlich die Ausreise dazu benutzt, um aus dem Orden auszutreten, zwei von ihnen sollten, wie ich hörte, mit dem Ordenskleid zugleich auch das Priesteramt niedergelegt haben und in das zivile Leben zurückgekehrt sein. Dass die Hannoveraner Patres nun Bedenken hatten, weitere Nachwuchskräfte aus Schlesien einzuladen, war so nur verständlich.

Sicher hätte ich mir auch von woanders her eine Einladung besorgen können, von meiner Tante zum Beispiel, die in Westfalen lebte. Und wenn ich dann erst einmal in Deutschland wäre und mich bei ihnen meldete, würden mich meine Ordensbrüder sicherlich nicht zurückweisen, nicht zurückweisen können, allein aus rechtlichen, kirchlichen wie auch ordensrechtlichen Gründen nicht. Doch sollte ich mich in eine Gemeinschaft begeben, in der man mich von vornherein als einen unsicheren Kantonisten betrachten und belauern würde?

Und die Alternative? Wenn ich wie einige meiner Brüder die Ausreise dazu benutzen würde, um den Orden zu verlassen? Nein, diese Möglichkeit stand damals für mich noch außer Betracht, daran wagte ich damals kaum zu denken. Noch thronte über meinem Kopf mächtig und groß die heilige Mutter Kirche, diese Glucke, die mich unter ihren Flügeln schützend und wärmend geborgen hielt, mich mit ihren Krallen in ihrem Nest festhielt. Und obwohl ich längst wusste, dass über den Wolken, hinter dem Mond und den Sternen, die Leere klafft, in den Tiefen meines Hypothalamus oder des Hypocampus saß dort noch immer der „liebe Gott" meiner Kindheit, der Allmächtige, der Allwissende, diese unerschütterliche Instanz, vor der ich mich zu verantworten hatte, und noch immer loderte dort im Hinter-

grund das Höllenfeuer, das Feuer der ewigen Verdammnis, *und der Rauch ihrer Qualen steigt auf in alle Ewigkeit.*
Nein, damals war ich noch nicht stark genug, um mich gegen diese Mächte zur Wehr zu setzen, um auf eigenen Füßen zu stehen und mein Leben nach eigenen Vorstellungen zu gestalten.
Ich blieb also in Leobschütz im Kloster mit den vier Klosterbrüdern und den drei Internatsschülern, und in der Stadt mit den Rathausruinen, den paar Deutschen und den vielen Repatrianten, den Polen aus dem Osten, mit denen ich mich nun anzufreunden versuchte.

War es im Sommer oder bereits im Frühjahr 1958, als eines Tages unsere Organistin, Frau Amalie, uns mit der Nachricht überraschte, dass sie die Ausreisegenehmigung nach Deutschland erhalten habe und auch bald ausreisen werde. Frau Amalie war Kriegerwitwe. Warum sie nach dem Krieg in Leobschütz geblieben war, weiß ich nicht. Sie hatte einen Sohn, den sie, wie sie mir einmal erzählte, in der Nachkriegszeit unter schweren Entbehrungen großziehen musste. Dennoch gelang es ihr, ihm ein Studium an der Musikhochschule in Breslau zu vermitteln. Den Antrag auf Ausreise hatte sie schon vor längerer Zeit gestellt, hatte dies allerdings vor den Menschen in ihrer Umgebung verheimlicht, vor allem mit Rücksicht auf den Sohn, den man, wenn ihr Bemühen um Ausreise publik geworden wäre, sicherlich sofort von der Schule verwiesen hätte.
So erfreut unsere Organistin über die Ausreisegenehmigung auch war, unseren Pater Guardian brachte dies in die Notlage, nun möglichst schnell eine neue Organistin oder einen neuen Organisten zu finden. Für einige Zeit konnte ich einspringen und die Orgel bedienen. Doch wenn ich an der Orgel saß, konnte ich nicht gleichzeitig am Altare stehen oder zur Aushilfe in die

umliegenden Pfarreien fahren. Bald fand sich auch ein junger Mann., der allerdings kein ausgebildeter Organist war, der lediglich etwas Klavier spielen konnte und dementsprechend recht stümperhaft die Orgel traktierte. Dann blieb noch das Problem mit dem Kirchenchor, dessen Leitung der noch unerfahrene junge Organist keinesfalls übernehmen konnte und auch nicht wollte. Dem Guardian jedoch lag es sehr daran, den Chor zu erhalten und ihn auch weiterhin für die Gestaltung der Gottesdienste einsetzen zu können. Also bat er mich händeringend darum, den Chor zu leiten. Ich kannte dessen Qualitäten von einigen Auftritten in unserer Kirche her. Ein recht kläglicher Verein, zwei oder drei bessere Stimmen, sonst gequältes Gekrächze, Gepiepse. Insofern schien es mir nicht lohnenswert, mich da zu engagieren. Doch dann erkannte ich meine Chance und schlug dem Guardian einen Handel vor. Ich erklärte mich bereit, den Chor zu leiten unter der Bedingung, dass er mir erlaubt, eine fachlich qualifizierte Ausbildung in Musik aufzunehmen. Ich präsentierte ihm auch gleich einen konkreten Vorschlag, nämlich einmal wöchentlich nach Kattowitz zu fahren und dort in der Musikhochschule bei einem Professor Privatunterricht zu nehmen. Ein reguläres Studium, wie ich es mir immer gewünscht hatte, konnte ich leider nicht in Betracht ziehen, denn dann hätte ich mehr als einen Tag in der Woche in Kattowitz verbringen müssen. Darüber hinaus fehlten mir dafür die Voraussetzungen, und zwar eine staatlich anerkannte Reifeprüfung und die Beherrschung eines zweiten Instruments. Also blieb nur die Möglichkeit eines Privatunterrichts. Den Namen des Professors hatte mir als Anlaufstelle seinerzeit der Logopäde in Kattowitz genannt, als wir aus irgendeinem Anlass einmal über die Möglichkeit eines Musikstudiums in Kattowitz sprachen.
Verständlicherweise bereitete dieser Vorschlag meinem Guardi-

an einiges Bauchweh. Da war zum einen die Belastung der Klosterkasse. Auch wenn ich noch nicht sagen konnte, wie hoch das Honorar ausfallen werde, so war doch sicher, dass der Professor mich nicht umsonst unterrichten werde. Zum anderen ergab sich als Folge des Vorschlags, dass ich einmal in der Woche erst spät in der Nacht nach Hause kommen werde, und das hieß, dass ich einmal in der Woche den Gefahren und Versuchungen der Großstadt ausgesetzt sein würde, möglicherweise den Verlockungen des großstädtischen Nachtlebens, ich noch jung, noch unerfahren und nicht geschützt durch die Mönchskutte. Schließlich hatten wir, das heißt die jungen Ordensbrüder, es durchgesetzt, auf Reisen Zivilkleidung zu tragen.

Doch mein Guardian überwandt seine Ängste, sprang über seinen Schatten und willigte ein. Und so übernahm ich bald darauf die Leitung des Chores, obwohl ich mit dem Studium noch bis zum Semesterbeginn im Herbst warten musste.

Der Kirchenchor bei der Klosterkirche der Franziskaner in Leobschütz. Es war, wenn ich mich recht erinnere, damals der einzige Chor in der Stadt, einer Stadt, die auch sonst nicht viel an kulturellen Ereignissen anzubieten hatte. So waren die Chormitglieder recht unglücklich, als bekannt wurde, dass ihre Chorleiterin nach Deutschland ausreisen werde. Doch dann sprach es sich schnell herum, dass der junge Pater, den sie bereits von der Kanzel und vom Altar her kannten, bereit sei, den zu Chor leiten. Und so kamen sie zur gewohnten Zeit wieder an den gewohnten Ort, nämlich in den Besucherraum des Kloster vor der Pforte, wo die Chorproben üblicherweise stattfanden, setzten sich wie sonst auf die Stühle, die dort in Reihen bereitstanden, und schauten, als ich dann vor ihnen stand, erwartungsvoll zu mir auf, ein verlorenes Häuflein gutwilliger Getreuer: neun oder zehn Frauen, ich weiß es nicht mehr so genau, darunter ein Mädchen, wohl siebzehn Jahre alt, die anderen im Alter zwischen zwanzig und dreißig, zwei wohl schon einige Jahre älter, und vier Männer, zwei bereits im Rentenalter. Es gehöre noch ein fünfter dazu, sagte man mir, doch seine Teilnahme an den Proben sei oft ungewiss.

Man hatte mich gewarnt. Noch vor der ersten Chorprobe hatten zwei fromme Kirchgängerinnen mich an die Pforte gebeten und mich vertraulich darauf aufmerksam gemacht, dass da im Chor eine Frau mitsinge, die einen zweifelhaften Ruf in der Stadt habe. Sie selbst hätten lange Zeit im Chor mitgesungen, doch dann habe sich diese Frau da hereingedrückt, und sie würden auch gern wieder mitsingen, doch mit der..., Herr Pater, die macht es für Geld, sie nimmt Geld dafür. Und ich musste tatsächlich einen Augenblick lang nachdenken, was wohl gemeint war, wofür diese Frau wohl Geld nehme. Offensichtlich fanden diese Damen es unter ihrer Würde, das Wort Prostituierte in den Mund zu nehmen. Dafür beschrieben sie mir diese Frau, ihr Aussehen, recht ausführlich, so dass ich, als ich vor dem versammelten Chor stand, sofort wusste, wer gemeint war: schwarzes, volles Haar, kurz geschnitten, im breitflächigen Gesicht ein frischer, rötlicher Teint - sehen so Prostituierte aus? woher sollte ich wissen, wie Prostituierte aussehen - eine Frau, die durch ihr lebhaftes, lautes Benehmen schnell die Aufmerksamkeit auf sich zog.

Ich musste davon ausgehen, dass meine Vorgängerin, Frau Amalie, sie in den Chor aufgenommen hatte. Und die, obwohl eine Deutsche, kannte die Verhältnisse in der Stadt und deren Bewohner, das wusste ich, recht gut. So war der Hinweis der frommen Damen für mich noch kein hinreichender Grund, diese Frau aus dem Chor auszuschließen. Und, wie sich gleich beim ersten Probesingen herausstellte, sie hatte eine wunderschöne kräftige Altstimme, die gemeinsam mit einer zweiten guten Stimme, einem

Sopran, die Stützen des an sich wackeligen Chores bildeten. Die Tenorstimme, nur einmal vertreten, war sicherlich auch kräftig genug, doch in ihrer Beweglichkeit schwerfällig und zäh. Die eigentliche Misere jedoch waren die Bassstimmen. Ihre Vertreter bewegten zwar, wenn sie sangen, den Mund, doch da kam nicht viel heraus, man hörte sie einfach nicht. So war der Gesamteindruck der Gesangskunst dieses Vereins doch recht unbefriedigend. Obwohl ich meine Unzufriedenheit zu verbergen suchte, ahnten, spürten meine Sängerinnen und Sänger, wie kritisch ich ihren Bemühungen gegenüberstand. Und so schauten vor allem die Sängerinnen nach jeder missglückten Kostprobe ihres Könnens verstohlen zu mir auf und versuchten mit schönen Augen mich gnädig zu stimmen und mit einem zärtlichen Wimpernaufschlag alle Missklänge ins Nichts, ins Nirwana zu befördern. Doch ich war nun einmal an ihren Stimmen interessiert. Ich kannte bereits damals aus dem Radio und von Schallplatten her die Chormusik berühmter Meister, kannte Beethovens neunte Symphonie, den Schlusschor mit Schillers Ode An die Freude zum Beispiel kannte ich auswendig, Note für Note, und war, von irgendeinem Ehrgeiz getrieben, unvernünftig genug, die Leistungen meines armseligen Sängerhäufleins an diesen großartigen Inszenierungen zu messen. Dabei waren sie willig und brachten mir ihre Sympathien entgegen, doch leider....
Um die Mängel bei den Männerstimmen wenigstens etwas auszugleichen, verzichtete ich bei der Auswahl der Kompositionen auf den vierstimmigen Chorsatz und komponierte selbst eine Reihe von einfacheren Liedern und Motteten mit nur drei Stimmen, zwei Frauen- und einer Männerstimme. Damit bestritten wir zunächst einmal unsere Auftritte während der feierlichen Gottesdienste in der Kirche.
Wir trafen uns wöchentlich. Bald kannte ich alle meine Sänge-

rinnen und Sänger dem Namen nach: Inge, Maria, Mia, die, wie schon ihre Namen verrieten, aus den deutschen Familien kamen, Inge, mit dem üppigen blonden Lockenkopf, Mia, das stille, graue Mäuschen, Maria, die Tochter des Bauern von der Kopernikustrasse, vollbusig, rund, dann Frau Marta, die es angeblich „für Geld machte" - tatsächlich hatte sie als Unverheiratete zwei Kinder, die wiederum, wie sie mir selbst einmal verriet, verschiedene Väter hatten - , ob sie eine Schlesierin war, eine Deutsche oder eine Polin, ich hatte mich damals dafür nicht interessiert, dann die Repatriantinnen, Frau Zosia, Jadzia und die anderen, an deren Namen ich mich nicht mehr erinnere, schließlich die Männer, der bereits emeritierte Eisenbahner Kolonko und Herr Myszor, der Schneidermeister, die ihrem Akzent nach womöglich aus dem polnischen Teil Oberschlesiens stammten, und Herr Grech, ein Lemberger, wie er sich selbst nannte.

Für sie alle waren die Chorproben eine willkommene Abwechslung in ihrem Alltag, eine Gelegenheit, außerhalb der eigenen vier Wände Kontakte zu pflegen oder zu knüpfen. Dabei waren die unterschiedliche Herkunft und Nationalität der Mitglieder, soweit ich es beurteilen konnte, kein Hindernis. Obwohl die offizielle Propaganda in den Zeitungen und im Rundfunk immer von neuem den Hass gegen die deutschen Revanchisten und gegen alles, was Deutsch war, schürte, lebten wir in unserem kleinen Kreis friedlich zusammen. Sicher war dies nur möglich, weil wir Deutschen, soweit wir uns noch als solche fühlten, unsere Gefühle verheimlichten und unsere kulturellen Bindungen und unsere Muttersprache verleugneten. Daran änderte auch die Ausreise der Chorleiterin nach Deutschland nichts. Sicher wussten die Polen, dass die einheimischen Menschen eine deutsche Vergangenheit haben und von einer anderen Kultur geprägt sind, doch solange diese darüber schwiegen, polnisch sprachen und in

Hinblick auf ihre Herkunft und Vergangenheit keinerlei Ansprüche stellten, konnten sie als Polen gelten und als solche toleriert werden. Auch ich verschwieg meine Herkunft. Manchmal rätselten hinter vorgehaltener Hand vor allem die Polinnen miteinander, aus welcher Ecke des Landes ich wohl käme. Von meiner Aussprache her war es nicht leicht, mich irgendeiner Region zuzuordnen. Ich sprach mittlerweile ein akzentfreies Polnisch. Manche tippten auf Südpolen, auf die Gegend um Rzeszów. Und ich beließ sie in ihrem Glauben oder in ihrer Ungewissheit.

9

Es ist Anfang Oktober. Ich stehe auf dem Gang im ersten Stock der Kattowitzer Musikakademie, vor mir Professor Gawlas, ein Mann mittleren Alters, schlank, er mit einem freundlichen Lächeln in den Augen, ich mit einem Stapel Notenblätter in den Händen, wir stehen in einer Fensternische, es sind meine Kompositionen, meine gesammelten Werke, die ich ihm hinhalte, die er, etwas zögernd, entgegennimmt und Seite für Seite, die gesammelten Werke jetzt auf der Fensterbank, umblättert, die Fensterbank, der Seziertisch, und der kritische Blick jetzt unter den hochgezogenen Brauen, vernichtend? tödlich? doch nein: Schön, schön, höre ich, sie können ja schon einiges, mein Herr, doch die Grundlagen, höre ich, die müssen wir erst noch erarbeiten.

Die Grundlagen. Ich atme auf. Er ist also bereit, Professor Gawlas ist bereit, mich zu unterrichten. Und er ist auch damit einverstanden, dass wir uns ab sofort einmal wöchentlich für zwei Stunden treffen, und zwar - er zieht einen Kalender aus der Jackentasche, blättert darin – und zwar am Donnerstagnachmittag. Er staunt – während er mir die Notenblätter zurückreicht - , staunt, dass ich bereit bin, wöchentlich von so weit her anzureisen, ich habe ihm bei der Begrüßung meinen Wohnort genannt. Und er staunt noch mehr, als ich ihm die Gründe nenne, als er erfährt, dass ich ein Mönch, ein Franziskaner bin. Er sei zwar evangelisch, betont er - und jetzt staune ich - , doch er schätze die Franziskaner, er kenne sie von seinem Heimatort her, habe viel Sympathie für ihre Volkstümlichkeit, für ihr Armutsideal. Und das Honorar? Er lächelt, wiegt etwas ratlos den Kopf, dann nennt er zögernd eine Summe. Sie ist bescheiden, recht bescheiden.

Eine Woche darauf beginnen wir mit dem Studium der Grundlagen, mit der Harmonielehre und dem Kontrapunkt. War es beim zweiten oder erst beim dritten Unterrichtsbesuch, als ich erfuhr, dass mein Professor, obwohl er einen Lehrstuhl für Cello innehatte, nebenbei privat auch Klavierunterricht erteilte. Ich fragte ihn also, ob er bereit wäre, mir zusätzlich auch beim Klavierspielen weiterzuhelfen. Dass ich Klavier spielte, wusste er, das war schließlich die Vorraussetzung für das Komponieren, jedenfalls für mich. Nun, dann spielen sie mal etwas vor, sagte er. Wir befanden uns in einem der Klassenräume der Musikschule, in dem ein Klavier stand. Ich setzte mich davor und begann mit Beethovens Pathetique. Doch ihm genügten einige Takte, um festzustellen - was ich allerdings schon immer wusste -, dass mir auch beim Klavierspiel die Grundlagen fehlten. Als Grundlagen entpuppten sich diesmal die Tonleitern und Bach, die zweistimmigen Inventionen von Bach. Von Anfang an, seit fast zehn Jahren also, hatte ich mich geweigert, die Tonleitern zu spielen, hatte mich grundsätzlich nicht um die technische Seite des Klavierspiels gekümmert: Haltung der Hand, Anschlag, Fingersatz, Armbewegungen, zehn Jahre lang Fehlhaltungen, Fehlentwicklungen, Wildwuchs. Und Bach: Bachs Inventionen, die erste, die vierte, die achte und die zwölfte, wenn sie die spielen können, mein Herr, dann können sie Bach spielen. Doch die Stimmenführung, die gegenläufigen Bewegungen beim Kontrapunkt, vor allem die linke Hand, eigenständig, unabhängig in der Stimmenführung. Die Tonleitern und Bach, höre ich hinter mir den Professor, der mir über die Schultern auf die Finger schaut, das sind die Grundlagen, die man erarbeiten muss, die sich herausbilden müssen, und zwar im Kopf, die Technik, mein Herr, die hat man im Kopf. Und ich hatte geglaubt, dass man sie in den Fingern hat. Nein, damals wusste man, wusste auch

ich noch nichts von Synapsen und Ganglien, die sich im Gehirn herausbilden, verknüpfen, verschalten müssen, um gewisse motorische Fähigkeiten zu erlangen. Doch mein Professor wusste es: die Technik hat man im Kopf.
Dabei war mein Kopf mittlerweile fünfundzwanzig Jahre alt. Und wenn ich daran dachte, dass die berühmten Klaviervirtuosen, diese Wunderkinder, mit dem Klavierspielen anfangen noch bevor sie laufen können, dass sie mit fünf, sechs Jahren bereits Konzerte geben?
Dennoch fing ich an, diesmal mit den Grundlagen, den Tonleitern und Bachs Inventionen, mit dem richtigen Fingersatz, mit der richtigen Haltung der Hand, dem richtigen Anschlag und übte. Doch bekanntlich sind Klaviere laute Instrumente. Das Klavier, das ich im Kloster zur Verfügung hatte, stand im Rekreationsraum, und wenn ich spielte, hörte man es im ganzen Konvent. Einen abgelegeneren Raum, in dem ich das Klavier hätte abstellen können, gab es nicht. Das Kloster in Leobschütz ist schließlich nicht groß. Von außen gesehen wirkt es zwar geräumig, doch der lange Flügel, der sich längs der Gasse hinzieht, gehört nicht zum Kloster. Er ist innen durch eine Mauer abgetrennt und gehört der Stadt. Im 19. Jahrhundert war dort das städtische Gymnasium untergebracht, und auch heute noch wohnen Zivilpersonen darin. Ich konnte also keineswegs üben, so oft und so lange ich wollte. In der Regel musste ich mich auf die Vormittage beschränken, wenn die Schüler in der Schule waren, wenn Bruder Leo im Garten, Bruder Martin an der Pforte und Pater Guardian und Pater Reinhold außer Haus waren. Dies war offensichtlich nicht genug. Auch nach Wochen konnte ich keinerlei Fortschritte erkennen, die Finger liefen nicht, wie sie sollten, die Fehlhaltungen waren nicht so leicht auszubügeln, vor allem der linken Hand fehlte offensichtlich im Kopf, im Ge-

hirn das eigenständige Steuerungssystem. So wurde das Üben und vor allem das Vorspielen im Unterricht beim Professor zur Tortour. Schließlich war ich mit meiner Geduld und meinen Nerven am Ende und beschloss, den Klavierunterricht zu beenden.
Die Frage allerdings blieb, ob es wirklich nur die äußeren Umstände waren, die mich zu dieser Kapitulation zwangen, oder ob es mir vielleicht doch an Begabung fehlte, an Begabung für dieses Instrument? Eine echte Begabung, ein Genie, so hieß es – und daran hatte ich schließlich auch selbst geglaubt - , setze sich durch, gleich welche widrigen Umstände sich ihm in den Weg stellen. Ich war also kein Genie, kein Wunderkind. Das war die bittere Konsequenz, die ich aus dieser Niederlage ziehen musste. Doch woher dann diese Wunschbilder, diese Trugbilder in meinem Kopf?
Ich hatte mich also entschieden, den Klavierunterricht aufzugeben, doch nicht das Klavierspielen an sich. Ich spielte auch weiterhin, so gut ich konnte und soweit die Zeit und die Umstände es mir erlaubten. Nach meinem Aufenthalt in Leobschütz gab es Zeiten, Monate, Jahre, in denen ich kein Klavier zur Verfügung hatte und nur sporadisch bei sich bietenden Gelegenheiten mein Repertoire etwas auffrischen konnte. Erst später, nachdem ich in den Schuldienst eingetreten war und eine eigene Wohnung hatte, kaufte ich mir für mein erstes verdientes Geld ein Klavier und konnte so etwas regelmäßiger üben. Virtuosität erreichte ich selbstverständlich auch jetzt nicht. Im Vergleich mit den großen Pianisten blieb mein Spiel einfach Stümperei. Dennoch spielte ich, arbeitete geduldig an den Stücken, die ich mir einmal ausgewählt hatte, oft verzweifelt über mein unzulängliches Können, doch manchmal auch wieder glücklich über die kleinen Fortschritte, die sich im Laufe der Jahre dann doch einstellten.
Professor Gawlas war von meinem Entschluss, den Klavierun-

terricht abzubrechen, nicht besonders überrascht, schließlich sah er, mit welchen Schwierigkeiten ich zu kämpfen hatte. Und er versuchte auch nicht, mich zum Weitermachen zu überreden. Für die theoretische Arbeit und das Komponieren, meinte er, reiche das aus, was ich bereits kann. Es blieb also, wie ursprünglich geplant, beim Studium der Harmonielehre und des Kontrapunkts, und zwar bis zum Ende des Sommersemesters 1959.

Meine wöchentlichen Ausflüge nach Kattowitz.
Die Zugfahrt dauerte etwa drei bis vier Stunden. Ich fuhr nach dem Frühstück los, war zur Mittagszeit in Kattowitz am Hauptbahnhof. Von dort aus zur Musikakademie ist es nicht weit, so konnte ich auf jeden Fall um 14:00 Uhr rechtzeitig zum Unterricht beim Professor erscheinen. Da der Unterricht in der Regel nicht länger als zwei Stunden dauerte und mich niemand zwang, mit dem nächstmöglichen Zug wieder nach Hause zu fahren, nutzte ich die Gelegenheit, um mich wenigstens für ein paar Stunden in das Kattowitzer Großstadtleben zu stürzen. Und da stand ich dann am Ring vor dem Theater, fasziniert vom Tempo und vom Lärm der Straßenbahnen, der Busse, der Autos, und die Menschenmassen, die scheinbar ziellos auf den Bürgersteigen dahintrieben, sich bei den Ampeln stauten, verklumpten. Ich stand da, schaute und war überzeugt, dass dies das eigentliche, das wirkliche Leben sei, das ich auf keinen Fall versäumen dürfe, dass hier der Puls der modernen Zeit schlage, den ich fühlen, mit dem ich mitschwingen wollte. Dass die Luft stickig war, verdreckt von Abgasen, von Kohlen- und Hüttenstaub, das störte mich wenig, das gehöre, so meinte ich damals, einfach dazu, das sei der Preis, den man für den Fortschritt nun einmal zahlen müsse.
Schließlich gab es nicht nur den Lärm, das Tempo, die verdreck-

te Luft. Das moderne Großstadtleben, das waren auch die Kinos, die Leuchtreklamen und Werbeplakate, die Cafés. Und so saß ich dann im Café „Sląsk", zurückgelehnt im Plüschsessel am Nierentischchen, ich, der letzte Bourgeois inmitten der sozialrealistischen kommunistischen Großstadtwirklichkeit, - Und sie wünschen, mein Herr, - ließ mich bedienen, das Stückchen Schokoladentorte serviert nicht einfach auf dem Teller, nein, da war noch eine Serviette unter dem Tortenstück, Bitte, mein Herr, und die Kellnerinnen, berüscht, in elegantem Schwarz und Dunkelrot und Grün, mit einem winzigen Spitzenhäubchen auf dem Haar, Bitte, mein Herr.
Das Großstadtleben im Café *Sląsk*.
Und nicht weit vom Café entfernt das Kino, die Schaukästen im Eingangsbereich mit den Werbeplakaten: *Die Zeit mit Monika,* so der Titel des Films, der zur Zeit im Programm lief, ein schwedischer Film von einem Regisseur namens Bergman, Ingmar Bergman. Und dann sitze ich im abgedunkelten Raum, die Anonymität in der Dunkelheit, und vor mir auf der Leinwand zum Greifen nahe die skandinavische Seenlandschaft, sonnenüberflutet das Wasser, die Kiefern am Ufer, die Felsen, und zum Greifen nahe das Leben der zwei jungen Menschen, verführerisch das Glück, die Leidenschaft, dann plötzlich das Gesicht des Mädchens, ganz groß, auf dem porösen, grauen Stein, lächelnd, und der Schwenk der Kamera jetzt, ganz langsam, auf ihre Brust, sie ist nackt.
Das wirkliche Leben, das Großstadtleben mit Kino- und Cafébesuch. Und da gehörte auch noch das Theater dazu und die Oper. Und wenn ich es auf mich nahm, erst in den Morgenstunden zu Hause anzukommen und das Risiko, dadurch das Bauchweh meines Guardians zu verstärken, dann schaffte ich es auch noch, am Abend ins Theater zu gehen oder mit der Straßenbahn nach

Beuthen zu fahren – die Fahrt dauert keine Stunde – und dort die seinerzeit berühmte Oper zu besuchen. Kattowitz am Ende der fünfziger Jahre, die Metropole des oberschlesischen Industriegebiets, an dessen Produktion, an dessen Fördertürmen und Hochöfen damals die gesamte polnische Wirtschaft hing. Den Menschen ging es hier besser als sonst irgendwo im Lande. Die Kommunisten wussten um die Bedeutsamkeit des Reviers und versuchten, die Gruben- und Hüttenarbeiter so weit es ging mit etwas höheren Löhnen und einer besseren Versorgung mit Nahrungsmitteln bei Laune zu halten. Dennoch wie im ganzen Land so lebte man auch hier von der Hoffnung auf die von Gomulka versprochenen besseren Zeiten. Immerhin hatte sich wenn schon nicht die wirtschaftliche Lage so doch die Atmosphäre bereits ein wenig gebessert, der Druck und die Angst vor der allgegenwärtigen Geheimpolizei hatte nachgelassen, auch die Zensur hatte man gelockert. Und so strömten die bis dahin als dekadent verschrieenen Ideen des kapitalistischen Westens jetzt ins Land. Es war vor allem die französische Existenzphilosophie und in deren Gefolge der Existenzialismus als Lebensform, der, obwohl seine Bedeutung im Westen Europas bereits im Schwinden war, jetzt wie eine Flutwelle über Polen hinwegschwappte. Man las die Romane von Camus, Sartre, de Beauvoir, Sagan, Mauriac, Marcel, die in den Buchläden zumindest in den größeren Städten erhältlich waren, man sah in den Kinos die Filme von Wilder, Hitchcock, Fellini, Clement und kleidete sich der neuen Lebenshaltung entsprechend in Schwarz, schwarz die eng anliegenden Rollkragenpullover, die Hosen, schwarz die Baskenmützen etwas schräg auf dem Kopf. Bonjour tristesse! Es waren die jungen Intellektuellen, die Studenten, die Künstler, die sich diesem neuen Lebensgefühl hingaben, die in den Cafés saßen und über die Leere, über die Absurdität des

Seins, über Sinn und Unsinn des Lebens diskutierten und dabei von der Freiheit und einem Leben in Wohlstand träumten. Bonjour tristesse! Wie ernsthaft diese Diskussionen auch geführt wurden, wie echt dieses neue Lebensgefühl, wie überzeugend diese Haltung auch waren – schließlich schaute man sich in den Kinos mit der gleichen Anteilnahme die Filme eines Roger Vadim an, in denen Brigitte Bardot im Bikini über die Leinwand hüpfte oder sich nackt in den Betten wälzte -, auf jeden Fall waren sie Ausdruck eines Protests gegen die Machthabenden, die in Staat und Gesellschaft noch immer tonangebenden kommunistischen Eliten, die sich in ihren Reaktionen auf diese neuen Ideen und Lebensformen trotz ihrer marxistischen Ideologie in ihren Denkmustern und Wertvorstellungen als kleinbürgerliche Spießer entpuppten. Es war aber auch ein Protest gegen die Eliten der Opposition, und das war in Polen nun einmal die katholische Kirche, die wiederum, verhaftet in ihren mittelalterlich dogmatischen Vorstellungen, glaubten, den Kampf gegen die Kommnisten und Atheisten wie bis dahin weiterführen zu müssen, und sich aus ihren Schützengräben nicht herauswagten.
Es war ein Protest. Und ich protestierte mit, zumindest einmal in der Woche während meiner Ausflüge nach Kattowitz, die schwarze Baskenmütze etwas schräg auf dem Kopf, im schwarzen Rollkragenpullover, darüber allerdings ein halblanger Mantel aus heller graubläulicher Popeline in modischem Schnitt. In Kattowitz wiederum frequentierte ich die Buchhandlungen, fragte nach den neuesten polnischen Ausgaben der französischen Schriftsteller, kaufte und las sie, schon während der Zugfahrten, dann zu Hause, tagelang, wochenlang: *Die Pest* von Camus, die *Wege der Freiheit* von Sartre, *Bonjour tristesse* von Francoise Sagan, das *Natterngezücht* von Mauriac.
Dass das Leben dem Menschen sinnlos oder absurd erscheinen

könne, dass in seinem Inneren eine Leere klaffen könne, die mit nichts auszufüllen sei als mit einer trotzigen Entscheidung des Willens, wie es in diesen Romanen dargestellt wurde, das war mir nicht neu, diese Erfahrung kannte ich bereits seit Jahren.

> Nichts ist
>   nur Augen schauen
>   Ohren stehen offen
>   und Hände, Füße zeichnen im Raum
>   mancherlei komische Figuren.
>   Dann noch Erinnerungen
>   hängen irgendwo
>   auf nicht sichtbaren Haken
>   stören das Bloß-Schauen.
>   Löscht sie aus! dann....
>   Was wäre dann?
>   Ein großes Erlöschen
>   ein größeres Nichts
>   wohl endlich Ruh.
>   Einst war so Vieles!

Verse – ursprünglich gedacht als Einleitung für eine Reihe von Erinnerungsgedichten, die ich dann doch nicht für bedeutsam genug hielt, um sie aufzuschreiben – ich hatte sie lange vor meinen Fahrten nach Kattowitz geschrieben.

Das Phänomen der inneren Leere, den Zustand einer völligen Empfindungslosigkeit hatte Romano Guardini bereits in einigen Figuren aus Dostojewskis Romanen entdeckt. In seinem Buch *Der Mensch und der Glaube* hatte er dies als eine Art Krankheit diagnostiziert und versucht, deren Ursachen zu beschreiben und Möglichkeiten der Heilung aufzuzeigen. Ich kannte das Buch, von Treue ist da die Rede, vom Festhalten an den traditionellen Werten, von Tapferkeit, von einer Hoffnung wider alle Hoffnung. Vielleicht waren es die Zerstörungen und das unermessliche Leid, das die beiden Weltkriege über die Menschen in Europa gebracht hatten, dass dieses Phänomen jetzt zu einer Erfahrung breiterer Schichten der Gesellschaft wurde, und zwar als Folge des Unvermögens, in diesen Zerstörungen, in diesem oft unverschuldeten Leid noch irgendeinen Sinn zu erkennen, oder als Abwehr der an sich unerträglichen und doch kaum noch zu leugnenden Erkenntnis, dass im Menschen ein Ungeheuer schlummere, eine Bestie, die, durch welche Umstände auch immer geweckt, fähig ist zu den schlimmsten Grausamkeiten selbst der eigenen Spezies gegenüber.

Ausgehend von diesen Erfahrungen folgerten einige der Existenzialisten, dass die Welt an sich sinnlos und das Leben absurd sei, und glaubten, als die einzig mögliche Weltsicht den Atheismus propagieren zu müssen: es gibt keinen Gott, und schon gar nicht einen guten, wir sind allein in dieser Welt, und wir entscheiden über deren Sinn oder Unsinn. Es ist die freie Entscheidung des Einzelnen, trotz aller erfahrenen Sinnlosigkeit sich für dieses Leben zu entscheiden, seinen eigenen Lebensentwurf dem Nichts entgegenzustellen und so Sinn zu stiften.

Für andere, wie zum Beispiel Gabriel Marcel, waren diese Folgerungen keineswegs zwingend. Trotz der Erfahrungen unverschuldeten Leids, sinnloser Zerstörungen und Grausamkeiten ist es, so behaupteten sie, durchaus auch immer möglich, Güte, Liebe, Barmherzigkeit zu erfahren, sich zu öffnen, sich dafür zu entscheiden und diese Erfahrungen als Offenbarungen Gottes zu deuten.

In der Tat sind die Ansätze der Existenzphilosophie dem biblisch-christlichen Denken keineswegs fremd. Metanoiete, kehret um, das ist der Ausgangspunkt der biblischen Verkündigung, ein Aufruf an den Einzelnen, sich zu entscheiden, seinen bisherigen Weg zu verlassen, einen neuen Anfang zu wagen: der Glaube als Wagnis, als Sprung ins Ungewisse. Schon Abraham, der Vater des Glaubens, wie Guardini ihn nennt, wird aufgefordert von einer Stimme, die er nicht kennt, seine Heimatstadt zu verlassen, sich auf den Weg zu begeben, ohne zunächst einmal sein Ziel zu kennen. Auch die Erfahrung der Leere, der Gottesferne kennt die Bibel: Mein Gott, mein Gott, warum hast du mich verlassen, so schreit im Markusevangelium Jesus vor seinem Tod am Kreuz. Es war also durchaus möglich, Existenzialist und Christ zugleich zu sein. Und so fuhr ich, die schwarze Baskenmütze im stummen Protest etwas schräg auf dem Kopf, ich, der christliche Existenzialist, fuhr einmal wöchentlich nach Kattowitz, frequentierte dort nach dem Unterricht an der Musikakademie die Buchhandlungen, besuchte die Kinos und das Theater und saß im Café „Sląsk" vor dem Stückchen Schokoladentorte.

Denn bis nach Leobschütz waren die existenzialistischen Ideen, die neue Lebenshaltung noch nicht vorgedrungen. Die Menschen, die mich hier umgaben, die in der Kirche vor mir saßen, wenn ich auf der Kanzel stand, empfanden ihr Leben – und dessen war ich mir sicher – keineswegs als absurd. In ihrem Inneren gähnte nicht das Nichts, die Kälte, die Leere, da thronte von den wärmsten Gefühlen umfangen lebendig wie eh und je die Gottesmutter Maria, die heiligste Jungfrau Maria mit dem göttlichen Kind auf den Armen, die ihrem Leben einen Sinn, Halt und Hoffnung gab. Sicher kannten auch sie das Leid, hatten im Krieg Zerstörungen und Grausamkeiten erfahren, Grausamkeiten, von denen die in Schwarz gehüllten und Trübsal blasenden Existenzialisten wohl kaum eine Ahnung hatten, doch für sie war dies alles nicht einfach sinnlos, denn sie kannten die Bösewichte, die

Verbrecher, die ihnen das angetan hatten, es waren die Hitlerowcy und die Bolschewiki, und so wie Gott die einen bereits bestraft hatte, so wird er auch die anderen zur Hölle schicken. Das wussten sie, das war ihre Hoffnung, ihr Gaube, ihr Leben.

10

Geschichten aus Leobschütz

Die Geschichte von der Frau Gräfin zum Beispiel.
„Unsere Gräfin" so nannte sie Bruder Martin. Schließlich wohnte sie im Kloster, das heißt, in dem Flügel, der, vom Kloster abgetrennt und mit einem eigenen Eingang versehen, der Stadt gehörte und seit jeher von Zivilpersonen bewohnt wird.
In der Kirche saß sie, vom Altar aus nicht zu übersehen, in der ersten Bank, und zwar auf dem ersten Platz direkt am mittleren Gang, den sie sich sicherte, indem sie früh genug zu den Messen und Andachten erschien, auf einem Platz also, den sie zu jeder Zeit, ohne dabei irgendjemanden stören zu müssen, verlassen konnte. Und sie verließ ihn in der Regel auch als erste, nämlich, sobald der Priester nach Beendigung der Zeremonie sich vor dem Altar verneigte und in die Sakristei begab, trat sie aus der Bank heraus, machte einen kleinen Knicks in Richtung Altar und ging dann mit stolz erhobenem Kopf den Gang hinunter, während die übrigen Kirchenbesucher weiterhin auf ihren Plätzen verharrten, um als Abschluss der Andacht noch ein Lied zu singen.
Frau Gräfin, eine kleine, schmächtige Person, ihre Kleidung eher unauffällig, eng anliegende Kostümjacken in gedämpften Farben, und auf dem Kopf ein Hut, ein kleiner, flacher Hut, mit einem allerdings betörenden Schleier daran, der seitlich links über die Schulter bis zur Hüfte herab mal in Seide floss, mal in Tüll luftig, leicht dahinschwebte, und die Hände in einem Muff versteckt, obwohl es draußen noch sommerlich warm war. Ihr Alter? Von nahe gesehen, zum Beispiel, wenn sie während der Messe an die Kommunionbank trat, sah man bereits deutlich die Falten, die ihr Gesicht zeichneten, die sie allerdings mit recht

viel Schminke zu überdecken versuchte.

Frau Gräfin bittet zum Tee, so Bruder Martin, unser Pförtner, der mich mit dieser Einladung eines Tages überraschte. Diesmal sagte er „Frau Gräfin", obwohl er dabei genauso spöttisch lachte wie sonst, wenn er von „unserer Gräfin" sprach. Sie wolle den jungen Pater gern näher kennen lernen, erklärte er im gleichen spöttischen Ton, wobei mir nicht klar war, ob Frau Gräfin selbst diese Begründung hinzugefügt hatte oder ob ich sie als Kommentar unseres offensichtlich amüsierten Pförtnerbruders auffassen sollte.

Frau Gräfin bittet zum Tee. Ich wusste nicht so recht, ob ich mich besonders geehrt fühlen sollte? Auf jeden Fall folgte ich der Einladung nicht ohne eine gewisse Neugier. Die Wohnung lag im Parterre, die Fenster in den dicken Klostermauern waren nicht groß und mit schweren Vorhängen versehen, so war es duster im „Salon", in den ich gebeten wurde. Der Raum vollgestellt mit Plüschsesseln, Sofas, Büffets, auch ein Flügel stand da in der Ecke. Sie habe viele Jahre darauf gespielt, sagte meine Gastgeberin, als sie sah, dass ich meine Aufmerksamkeit auf dieses Instrument richtete, doch dann habe sie in der linken Hand und im Arm eine Nervenentzündung bekommen, und nun könne sie nicht mehr spielen, leider.

Ich hatte von Beginn an nicht den Eindruck, dass sie mich näher kennen lernen wollte. Offensichtlich wollte sie, dass ich sie näher kennen lerne. Denn gleich nachdem sie den Tee serviert und Plätzchen auf den Tisch gestellt hatte, begann sie von sich zu erzählen, dass sie aus dem Adelsgeschlecht der Raczynskich stamme, einem Geschlecht, das einige Güter im Osten des Landes besaß, in Gebieten, die für Polen verloren gegangen waren. Sie sprach von den Reichtümern der Familie, von einer unbeschwerten Kindheit, kam aber bald auf ein Buch zu sprechen, das sie gerade las, Podpalacze Świata, ein Buch über die Nazis und Faschisten, über die Brandstifter, die die Welt in Brand gesteckt und die durch den Krieg auch ihre Familie ruiniert hatten. Irgendwann erwähnte sie ihren Mann - ich wusste bereits, dass er Richter am Amtsgericht der Stadt war - , dabei versäumte sie allerdings nicht anzumerken, dass er ein Bürgerlicher war. Natürlich sagte sie nicht „nur" ein Bürgerlicher, doch Tonfall und Mimik ließen durchaus die Deutung zu, dass sie die Verbindung mit diesem Mann eher als eine Mesalliance auffasste. Auch sprach sie von ihrem Stiefsohn Mieciu, der in Warschau als Chefredakteur einer wichtigen Zeitung fungiere, was mich etwas erstaunte, denn in dieser Position musste er der kommunistischen Partei zumindest nahe stehen, was meine Gastgeberin jedoch nicht für erwähnenswert hielt. - Tatsächlich gab es diesen Mieciu in Warschau, und Jahre später, wie ich es in den Medien verfolgen konnte, spielte er eine noch weit bedeutsamere Rolle in der Politik des Landes.

Frau Gräfin erzählte, und ich hörte höflich zu, auch wenn mich die Geschichten der Adelsgeschlechter aus den polnischen Ostgebieten damals recht wenig interessierten. Dagegen erkannte ich bald, dass diese Frau einsam war und ein recht einsames Leben führte, dass ihr in dieser Stadt, die ihr offensichtlich fremd geblieben war, die Gesellschaft fehlte, und zwar die Gesellschaft ihres Standes und dass sie nicht bereit war von ihrem hohen Adelsross in die Niederungen eines Kleinstadtmilieus herabzusteigen. Und so war es wohl ihrerseits als eine Art Demonstration gedacht, wenn sie in der Kirche als erste den Platz verließ und wie die Gutsherrschaften in alten Zeiten stolz erhobenen Hauptes durch die versammelte Kirchengemeinde schritt, im Glauben, mit dieser Geste etwas von der althergebrachten Adelsherrlichkeit retten zu können.

Unsere Gräfin, und dazu das spöttische Lächeln auf Bruder Martins breitem Gesicht.

Und Bruder Martins Geschichte?
Er war unser Pförtner, unser Küster und unser Koch, alles in einer Person. In der Küche hatte er allerdings eine Gehilfin: Frau Marta, Tante Marta, wie wir sie liebevoll nannten. Als Pförtner war er ein wichtiges Bindeglied zwischen Kloster und Außenwelt. Er empfing die Besucher, Bittsteller, aber auch die Wohltäter, die ihre Spenden für das Kloster an die Pforte brachten. Oft waren es die Bäuerinnen aus den umliegenden Dörfern, die zum Markt in die Stadt kamen und bei der Gelegenheit auch den armen Klosterbrüdern ein Huhn oder ein Stückchen Butter brachten. Natürlich kamen sie nicht regelmäßig, und so hatte sich Bruder Martin, um die Klostergemeinschaft dennoch regelmäßig zum Beispiel mit der notwendigen Butter versorgen zu können, ein System ausgedacht: in Zeiten des Überflusses legte er die Stückchen Butter wohlgeordnet in einer Reihe auf das Regalbrett in der Speisekammer, und während er das erste Stückchen der Reihe zu Tisch brachte, legte er die hinzugekommene frische Butter an das Ende derselben, so dass wir nur allzu oft ranzige Butter zu den Mahlzeiten serviert bekamen. Und da half auch kein Machtwort des Guardians, schließlich war er, Bruder Martin, der Küchenchef.

Dann die Geschichte von Ryszek, die schreckliche und traurige Geschichte von Ryszek.
Wenn ich am Sonntag während des Hochamtes auf der Kanzel stand und predigte, sah ich ihn. Er stand neben der Eingangstür unter der Orgelempore. Er war nicht zu übersehen, denn er trug die Uniform eines Polizeibeamten, eines Milizianten, wie

man die polnischen Polizisten damals nannte. Ein recht außergewöhnlicher Anblick. Sicher kamen schon mal Vertreter der Geheimpolizei in die Kirche, um die Predigt des Priesters zu belauschen, doch dann kamen sie in Zivilkleidung und mischten sich unauffällig unter das Volk. Ein uniformierter Miliziant dagegen als Kirchenbesucher, als Teilnehmer der Messfeier, das war etwas Einmaliges.

Ryszek war, wie Bruder Martin zu berichten wusste, von klein auf Messdiener in unserer Kirche. Zusammen mit seiner Familie gehörte er zu den Repatrianten, die gleich nach dem Krieg aus dem Osten nach Leobschütz gekommen waren. Auch noch als Jugendlicher blieb er dem Kloster treu und diente weiterhin bei den Messen und Andachten, bis er sich schließlich nach Beendigung der Schule entschloss, eine berufliche Ausbildung anzutreten, und zwar die Ausbildung als Miliziant.

Die Bestürzung über diese Berufswahl war allgemein groß sowohl in der Familie als auch unter seinen Freunden und Bekannten, denn die Miliz hatte im Volke keinen guten Ruf, war mehr oder weniger verhasst. Schließlich war sie nicht das Vollstreckungsorgan einer unabhängigen Justiz, das für Recht und Ordnung sorgte, sondern der verlängerte Arm der kommunistischen Partei und der Geheimpolizei in deren Willkür- und Gewaltherrschaft. Vergeblich versuchte man, ihn von dieser Wahl abzubringen. Nein, so behauptete er, er glaube an die Notwendigkeit einer Ordnung im Staate, an Recht und Gerechtigkeit, in deren Dienst er sein Leben stellen wolle, und war überzeugt, dass er sich nicht mit Rücksicht auf irgendeine Staats- oder Parteiräson werde korrumpieren lassen.

Nach der Ausbildung trat er wie geplant den Dienst in der Miliz der Stadt Leobschütz an. Und tatsächlich blieb er auch in diesem Amt seinen Überzeugungen treu, treu den Verpflichtungen seines katholischen Glaubens und kam, soweit es ihm sein Dienst erlaubte, Sonntags in die Kirche zur Messe, und zwar in Dienstuniform. Man warnte ihn, seine Dienstkollegen, seine Dienstherrn warnten ihn, dass er durch dieses Verhalten nicht nur sich selbst lächerlich mache, sondern das Ansehen der Miliz insgesamt schädige, dass er im Dienst eines kommunistischen Staates stehe, einer kommunistischen Partei, deren deklarierte Ideologie der atheistische Marxismus sei. Doch Ryszek ließ sich nicht beirren, er berief sich auf die in der Verfassung garantierte Glaubens- und Religionsfreiheit und stand weiterhin zu seiner Überzeugung.

Bis ihn eines Morgens seine Mutter tot auf der Schwelle vor ihrer Haustür fand, in Uniform, die Dienstpistole nahe seiner Hand, als wäre sie ihm soeben aus der Hand gefallen.

Das Ergebnis der polizeilichen Ermittlung war in kurzer Zeit erstellt und eindeutig: er habe sich mit seiner eigenen Waffe selbst getötet. Dabei hatten weder seine Mutter noch irgendjemand im Haus noch in der Nachbarschaft in der Nacht einen Schuss gehört.

Ohne weitere Nachforschungen gab man die Leiche zur Bestattung frei. Die Anteilnahme der Bevölkerung an Ryszeks Tod und auch am Begräbnis, das nun bald stattfand, war groß. Wie die Familie und wie alle, die Ryszek kannten, so glaubte auch der Pfarrer nicht an die von den Behörden propagierte Todesursache. Ryszek bekam also ein kirchliches Begräbnis, und der Pfarrer segnete nach katholischem Ritus den Sarg und das Grab. Und am Rand des Grabes direkt neben Ryszeks bitterlich weinender Mutter stand mit einem Strauß weißer Rosen in den Händen Maria, die Sängerin aus unserem Kirchenchor. Sie war, wie ich nun zu meiner Überraschung hörte, mit Ryszek verlobt. Sie weinte nicht, mit versteinertem Gesicht starrte sie auf den Sarg, dem sie, als er langsam im Grab verschwand, die Rosen nachwarf.

Und dann die Geschichte vom kranken Pfarrer und den Lemken. Unser Pfarrer ist erkrankt, so der Hilferuf aus einem Dorf irgendwo an der tschechischen Grenze. Es war Heiligabend, der Tag vor Weihnachten also. Ich sollte während der Weihnachtstage den Dienst in unserer Kirche versehen, sollte am ersten Weihnachtstag während des Hochamtes mit dem Chor auftreten. Doch die Hilfe für eine verwaiste Pfarrei, und noch dazu am Weihnachtsfest, war, so entschied mein Guardian, nun einmal wichtiger.

Also fuhr ich am frühen Nachmittag mit dem Bus dahin. An den Namen des Dorfes kann ich mich nicht mehr erinnern. Doch die Kirche, mitten im Dorf nicht weit von der Bushaltestelle entfernt, sehe ich noch deutlich vor meinen Augen, auch das Pfarrhaus, einen großen zweistöckigen Bau gleich neben der Kirche. Es gab wenig Schnee in diesem Winter, doch es war recht kalt. So bat mich die Pfarrwirtin, die mir die Tür des Pfarrhauses öffnete, in den einzigen beheizten Raum des Hauses, in die Küche. Es war ein größerer Raum, und wie ich mit Entsetzen feststellte, war er Küche, Schlafraum und Stall zugleich, denn in der einen Ecke gegenüber dem Herd stand ein großes Bett, in dem, wie ich wohl bald erkannte, der kranke Pfarrer lag. In der anderen Ecke der Tür gegenüber wiederum lag auf etwas Stroh ein Reh, ein junges Reh und daneben ein Schaf.

Nachdem sie mir den Mantel abgenommen hatte, schob mich die Wirtin auch gleich an das Bett zum Pfarrer hin, zog einen Stuhl heran und bat mich, mich zu setzen. Der Pfarrer wirkte etwas abwesend, doch ernsthaft krank sah er nicht aus. Er habe Visionen, sagte er plötzlich, wobei er schräg zur Decke schaute, schreckliche Visionen habe er, seine verstorbene Mutter erscheine ihm, sie leide schrecklich, und er leide mit ihr. Ich saß etwas ratlos auf meinem Stuhl da, ich war kein Psychologe, kein Therapeut, um mich ernsthaft auf die Deutung dieser Visionen einzulassen, offensichtlich ein Mutterkomplex, eine nicht gelöste Mutterbindung. Dann, ganz unvermittelt, wandte er sich mir zu, versuchte liegend näher an mich heranzurücken und flüsterte, indem er seine Stimme noch zusätzlich mit der Hand abschirmte: Herr Pater, das sind alles Lemken. Ich hatte keine Ahnung, was Lemken sind und wer damit gemeint sein sollte. Vom Tonfall, von der Gestik und Mimik des Pfarrers her zu urteilen, hätte ich eigentlich annehmen müssen, dass diese Lemken Verbrecher seien. Doch aus einigen etwas wirren Sätzen, die nun folgten - das Wort *ukraincy*, also Ukrainer fiel dabei einige Male - , entnahm ich, dass mit diesen Lemken offensichtlich die Mitglieder seiner Pfarrgemeinde gemeint waren. Aber wenn diese Lemken Ukrainer waren, was machten sie dann hier in Schlesien. Den Pfarrer danach zu fragen, ihm überhaupt irgendwelche Fragen zu stellen, schien mir nicht gerade sinnvoll.

Ich war erleichtert, als die Wirtin, die sich bis dahin am Herd zu schaffen gemacht hatte, mich zu Tisch bat. Die Mittagszeit war zwar schon lange vorüber, dennoch bekam ich einen Teller randvoll mit irgendeiner Polewka serviert. Und während ich mich an den Tisch setzte - der Tisch stand nicht weit vom Lager der Tiere entfernt - , erhob sich das Reh, kam, offensichtlich vom Duft der Suppe angezogen, an den Tisch heran, blieb jedoch, den Höflichkeitsabstand achtend, stehen und guckte mit seinen großen Augen erstaunt zu, wie ich die Suppe löffelte.

Ich war froh, dass ich bald nach der Mahlzeit aus dieser kuriosen Menagerie fliehen konnte, denn für den Nachmittag war wie üblich vor den Feiertagen Beichtgelegenheit angekündigt, und einige Gläubige standen bereits vor dem Beichtstuhl, als ich in die Kirche kam. Ich wickelte mich bis hoch unter die Arme in die Decke ein, die im Beichtstuhl bereit lag und setzte mich, um nun – wie ich aus Erfahrung wusste – stundenlang alle Sünden der Welt auf mich zu nehmen und die armen Sünder von ihrer Schuldenlast zu befreien.

Wie ich es nicht anders erwartet hatte, sprachen die Gläubigen polnisch, und zwar mit dem gleichen Tonfall und mit dem gleichen Akzent, wie ich ihn auch sonst von den sogenannten Repatrianten her kannte. Auch sangen sie dann während der Christmette und während des Hochamtes am ersten Weihnachtstag die üblichen polnischen Kirchenlieder. Heute weiß ich, dass die Lemken ein ruthenischer Volksstamm sind, die in der südlichen Ukraine ihren ursprünglichen Wohnsitz hatten. Offensichtlich handelte es sich um polonisierte Lemken, die man gemeinsam mit den Polen nach dem Krieg aus der Ukraine vertrieben hatte und die nun dem polnischen Pfarrer, dem man sie als seine Pfarrkinder aufgezwungen hatte, das Leben verleideten.

Wie ich nach der Mette im Pfarrhaus die Nacht verbracht habe – ein kaltes Zimmer und ein dickes, aufgeblähtes Federbett sind mir noch schwach in Erinnerung geblieben - und wie ich am folgenden Tag nach dem Hochamt wieder nach Leobschütz gekommen bin, weiß ich nicht mehr.

Einige meiner Gedichte aus der Leobschützer Zeit

Das Alpenveilchen

Verbannt
von sonnigen Gefilden
auf meinem Tische blühst du dahin.
Kalt blicken die Wände
das Grauen zieht vom Winkel her
das Gewölbe* drückt...
Doch du blühst freundlich immer fort
und wirfst ringsum ganz unbekümmert
dein Lächeln.
Dann hallt es von der Wölbung Bogen wieder
und Wand und Winkel färbt dein zartes Rot.
Willkommener Gast,
wirst du noch lange bei mir weilen?
Du welkst.
Und wieder bleibt die Zelle
kalt und grau.

_____

*) Meine Zelle im Leobschützer Kloster hatte tatsächlich ein Gewölbe. Man hatte einen ursprünglich langgestreckten mit einem Tonnengewölbe versehenen Raum in kleinere Räume aufgeteilt, ähnlich wie man eine Biskuitrolle in Scheiben schneidet, so dass in den einzelnen Räumen, etwa zweieinhalb Meter breit, jeweils mit einer Tür und einem gegenüberliegenden Fenster sich das Gewölbe von der Tür zum Fenster hin erstreckte. Wer mir damals das Alpenveilchen geschenkt hat, weiß ich nicht mehr. Sicherlich eine meiner netten Chorsängerinnen. Doch habe ich es bestimmt nicht so schnell verwelken lassen.

Die Krähen

Nass graut der Morgen.
Sie hocken hoch auf dem Schornstein
aus aller Welt zusammengeschrumpft
Knäule des Unsinns.
Geboren im faulenden Brei
nicht verdauter Abendspeise
die noch im Magen drückt*.
Jetzt der Aufstoß,
die Krähen fliegen fort.
Vielleicht wird noch im nassen Grau
möglich der Tag.

---

*) Ich litt zu dieser Zeit recht oft unter Magenbeschwerden. Magenneurosen, Herzneurosen, das waren damals in Polen Modekrankheiten, oft auch unter den Geistlichen verbreitet. Man schmückte sich damit, um auf diese Weise indirekt auf die nicht gelösten psychischen Probleme hinzuweisen.

Spätherbst

Aus gelöstem Nebeltuch
nackt ragen Skelette.
Aus des Abfalls Pfuhl
steigt auf
reizt der Nasenhöhlen Wände
Leichengeruch.
Noch glühen Farben
rot, gelb, am Abhang
verirrtes Lächeln
bereits verwesten Aufschauens
das uns nicht täuschen mag.
Die Krähe schreit
Aufschrei des Herzens
in gewürgter Kehle:
Warum nicht fliehen
Wie Zugvögel
in immer neue Frühlinge?
Warum in Leichengeruch und Pfuhl
auskosten Verwesung?
Das Weizenkorn
wenn es nicht in die Erde fällt
und stirbt ...*
Und wir wollen nicht sterben.

---

*)Johannesevangelium, 12. 24

Rosen *

Rosen
am Rande der Nacht
am Ufer der Nachttischlampe
schimmernden Wohlseins
und fast geglückt
fast rund gefaltet
des Daseins Entzücken und Riss.
Tränen
am dunklen Wimpernrand
auch wenn sie glänzen
im Widerspiel
von Glück und Schmerz.
Rosen
An unseres Fühlens Rändern
zwischen Zwerchfell und Magenwand
groß gefaltete Wunden.
Rosen, Tränen, Wunden
alles ist Heimweh.

---

*)Es bleibt anzumerken, dass der Anlass zu diesem Gedicht ein Foto in einem Fotojournal war, das ich zufällig in die Hand bekommen habe, ein Schwarzweißfoto, das den Ausschnitt eines Zimmers zeigte, und zwar ein offenes Fenster, dahinter die Nacht und davor ein Tischchen, darauf eine Nachttischlampe und in einer Kristallvase ein Strauß Rosen.
Das Tischchen, ein Nachttischchen neben einem Bett, ließ auf ein Krankenzimmer schließen.

11

Mit dem Sommersemester 1959 hatte ich bei Professor Gawlas in Kattowitz die erste Phase meiner musikalischen Ausbildung zunächst einmal abgeschlossen. Ich war nun in der Lage, im Rahmen der Harmonielehre einen vierstimmigen Satz mit fließenden Modulationen unter Vermeidung von Quintgängen und Oktavgängen und im Bereich des Kontrapunkts eine Fuge nach vorgegebenem Thema zu komponieren. Doch um allein die Kompositionslehre sinnvoll weiterführen zu können, hätte es - das war mir mittlerweile klar geworden – keineswegs genügt, einmal in der Woche nach Kattowitz zu fahren und sich dort für ein paar Stunden mit dem Professor zu treffen. Eine Karriere als Musiker, wie ich sie mir einst erträumt hatte, war unter diesen Voraussetzungen nicht zu verwirklichen. Also blieb aus dem Bündel meiner Jungendträume nur noch einer, dessen Verwirklichung mir immer noch möglich schien, der Dichter. Und es war für mich selbstverständlich, dass es ein deutscher Dichter sein müsse, dass ich in der deutschen Sprache dichten und meine Gefühle zum Ausdruck bringen wollte, obwohl ich die polnische Sprache ebenso gut beherrschte, obwohl ich im Laufe der letzten Jahre die Polen näher kennen und viele von ihnen auch schätzen gelernt hatte und mir durchaus vorstellen konnte, unter ihnen und mit ihnen weiterhin zu leben. Deutsch war nun einmal meine Muttersprache, der ich mich verpflichtet fühlte und für die ich glaubte, auch besondere Begabungen zu besitzen.
Doch als deutscher Dichter in einer polnischen Provinz, in der es verboten war, deutsch zu sprechen, ohne Möglichkeiten, zu einem deutschsprachigen Publikum engere Kontakte zu pflegen - Unter diesen Umständen gab es für mich nur einen sinnvollen Entschluss: ich musste nach Deutschland, ich musste die von

den polnischen Behörden eröffnete Möglichkeit der Familienzusammenführung nutzen und in die Bundesrepublik auswandern, auch wenn ich keine genaueren Vorstellungen hatte, wie sich dort mein Leben gestalten wird, wie mich zum Beispiel die deutschen Franziskaner aufnehmen werden.

Es war irgendwann im Spätherbst, als meine Entscheidung endgültig feststand und ich bei meinem Provinzial vorstellig wurde, um ihm meinen Antrag auf Ausreise vorzulegen. Der Provinzial nahm diese Nachricht kommentarlos entgegen. Er sei damit einverstanden, sagte er in einem recht gleichgültigen Ton, doch müsse er mich bitten, den Antrag bei den Behörden nicht vom Wohnort Leobschütz aus zu stellen. Es könnte dem Ansehen des Klosters, das in einigen Leobschützer Kreisen als Zentrum des deutschen Widerstandes angesehen werde, weiterhin schaden. Er werde mich sobald wie möglich in ein anderes Kloster versetzen, von wo aus ich mich dann um die Ausreise bemühen könne. Ich sah keinen Grund, ihm diese Bitte abzuschlagen. Ich hatte den Entschluss auszureisen lange genug hinausgezögert, so kam es jetzt auf Tage oder auch Monate nicht an. Schließlich brauchte ich, um den Antrag bei den Behörden vorzulegen, eine Einladung aus der Bundesrepublik, die ich noch nicht hatte. Meine Mitbrüder in Hannover hatte ich seiner Zeit vergeblich darum gebeten und hielt es auch jetzt für wenig Erfolg versprechend, sie noch einmal darum zu bitten. Es blieb also nur meine alte Tante in Westfalen, an die ich mich wenden konnte. Doch hatte ich ernsthafte Bedenken, sie mit dieser Aufgabe zu belasten. Sie lebte, wie mir bekannt war, allein und zurückgezogen in einem kleinen Dorf und, so musste ich annehmen, dass ihr der Umgang mit den deutschen Behörden nicht leicht fallen werde. Andererseits waren Briefe von und nach Deutschland bekanntlich manchmal lange unterwegs. Ich konnte also ruhig auf meine

Versetzung warten und wollte mich zunächst einmal vorsichtig nach dem Wohlbefinden meiner Tante erkundigen.

Im Februar des darauf folgenden Jahres erhielt ich dann endlich vom Provinzial die Nachricht, dass ich mit sofortiger Wirkung nach Ratibor versetzt sei, doch nicht in das Franziskanerkloster in Ratibor-Plania, sondern als Hauskaplan in das mitten in der Stadt gelegene und von Klosterschwestern geleitete Notburgaheim, ein Altenheim oder genauer gesagt, ein Siechenheim, in dem man, wie ich bald nach meiner Ankunft an meinem neuen Arbeitsplatz feststellen konnte, die unheilbar Kranken aus den Krankenhäusern und die vereinsamten und schwerbehinderten Pflegefälle aus der ganzen Stadt unterbrachte. In den vierzehn Monaten meines Aufenthaltes in diesem Heim starben hier sechsundfünfzig Menschen, und es waren nicht immer nur die alten. Fast allen hatte ich - dies war schließlich meine Aufgabe als Hauskaplan – vor dem Tod die Sterbesakramente erteilt, bei vielen das Sterben selbst miterlebt und gesehen, wie unterschiedlich doch die einzelnen dem Tod begegneten: einige schliefen ruhig ein, andere wiederum hatten Angst, Angst vor dem Unbekannten, das sie nun erwartete, obwohl sie, wie sie versicherten, an Gott glaubten, und wieder andere rangen stunden- manchmal auch tagelang mit dem Tod, klammerten sich mit der letzten Kraft, die ihnen noch zur Verfügung stand, an dieses Leben, bis sie schließlich doch mit einem stummen Protest in den Augen den Kampf aufgeben mussten. Für die Beerdigung der Verstorbenen allerdings war dann der Pfarrer zuständig, zu dessen Pfarrgemeinde das Notburgaheim gehörte.

Außer dem Dienst an den Kranken und Sterbenden gehörte es zu meinen Aufgaben, für die Klosterschwestern täglich am Morgen die Messe zu lesen und an Sonn- und Feiertagen auch nachmittags noch zusätzlich eine Andacht abzuhalten. Dafür wohnte ich in einem geräumigen Appartement, wurde von den Schwestern gut verpflegt und bedient und war mein eigener Herr, wenn es darum ging, meinen Tagesablauf zu gestalten. Nur wenn ich für einen oder mehrere Tage verreisen wollte, musste ich dafür sorgen, dass meine Mitbrüder vom Kloster in Plania den Dienst im Heim übernahmen.

Obwohl ich mich bereits entschieden hatte, Polen zu verlassen, interessierten mich doch die ideologischen Auseinandersetzungen, die nach Gomulkas Machtübernahme zwischen den verschiedenen Gruppierungen der polnischen Intellektuellen entbrannten. Zwar hatte der Kardinal Wyszynski in den Vereinbarungen mit Gomulka zugesagt, dass die Kirche die kommunistische Partei als staatstragendes Organ tolerieren und deren Ziele, in Polen eine sozialistische Gesellschaftsordnung aufzubauen, nicht behindern werde, doch dies schloss keineswegs auch die Tolerierung der durch die Partei propagierten Ideologie mit ein. Es waren vor allem katholische Intellektuelle und die parteilosen Abgeordneten, die es seit dem Machtwechsel im polnischen Sejm auch gab, die sich - gruppiert um die Krakauer Wochenzeitung *Tygodnik Powszechny* und die Monatszeitschrift *Znak* - dank der Lockerung der Zensur jetzt offen mit der marxistisch-leninistischen Staatsdoktrin auseinander setzten und auf der Grundlage christlicher Wertvorstellungen nach neuen Wegen suchten – selbstverständlich nur theoretisch - , nach einem dritten Weg zwischen Sozialismus und Kapitalismus, um die sozialen und ökonomischen Probleme der Gesellschaft zu lösen. Ich las also den *Tygodnik Powszechny*, las die Zeitschrift *Znak* und bemühte mich – selbstverständlich auch nur theoretisch – die oft akrobatischen Winkelzüge dieser Diskussion nachzuvollziehen. Doch recht bald sollte sich mir eine Gelegenheit bieten, an diesen Auseinandersetzungen teilzunehmen, und zwar nicht nur theoretisch. Der Pfarrer der Stadtgemeinde, zu der auch das Notburgaheim gehörte und zu dem ich zwangläufig Kontakte unterhielt, schlug mir nämlich eines Tages vor, für die Studentinnen und Studenten der Pädagogische Hochschule, die es in Ratibor seit einigen Jahren gab, wöchentlich Diskussionsabende zu veranstalten, die man gegebenenfalls pro forma als Katechese für Jungendliche deklarieren könnte. Da ich mich einverstanden erklärte, machte er dies von der Kanzel aus publik. Und so stand ich eines Abends zur vorgegebenen Zeit im Pfarrgemeindesaal, überrascht, denn der Saal war voll besetzt, alles junge Menschen, die recht unbekümmert dasaßen und freundlich meinen Gruß erwiderten. Allerdings schauten sie etwas verunsichert um sich, als ich ihnen vorschlug, das Programm für diesen und die folgenden Diskussionsabende gemeinsam zu gestalten, als ich sie diesbezüglich nach ihren Vorstellungen und Wünschen fragte, nach Themen, die sie interessierten. Offensichtlich kannten sie von ihren Unterrichtsveranstaltungen her derartige Fragen nicht und waren auch nicht gewohnt, eigene Wünsche zu formulieren. So unterbreitete ich ihnen meine Vorstellungen, indem ich einige Themen nannte, zum Beispiel: der Glaube an den Schöpfergott und die Evolutionstheorie, oder: die Aussagen der Bibel im Vergleich mit den Erkenntnissen der Geschichtswissenschaften. Sie nickten zustimmend, zeigten sich interessiert. Und auch wenn das Gespräch anschließend noch recht zögernd verlief, hoffte ich doch für die weiteren Abende auf sinnvolle und nützliche Diskussionen.

Wie erstaunt war ich jedoch, als ich in der folgenden Woche in den Pfarrsaal trat und leere Stuhlreihen vorfand. Verblüfft stand ich da, bis schließlich aus irgendeiner dunklen Ecke zwei Studentinnen auf mich zukamen und mir unter dem Siegel der Verschwiegenheit mitteilten, dass die Leitung der Hochschule den Studierenden unter Androhung von Repressalien verboten habe, an diesen „konspirativen Zusammenkünften" – so die Bezeichnung der geplanten Diskussionsabende durch die Schulleitung und deren Begründung des Verbots - teilzunehmen.

So fanden die lokalen Behörden in der Provinz immer wieder Mittel und Wege, die zwischen Gomulka und dem Kardinal seinerzeit ausgehandelten Vereinbarungen, die unter anderem auch die Durchführung des Religionsunterrichts an allen öffentlichen Schulen zusicherten, zu torpedieren. Das Tauwetter, das bereits 1956 in Polen eingesetzt hatte, war auch 1960 noch immer nicht bis in die oberschlesische Provinz vorgedrungen.

Eigentlich hätte dies für mich ein Grund mehr sein müssen, möglichst bald nach Deutschland auszuwandern. Doch das Jahr schritt voran, und ich hatte die für die Ausreise benötigte Einladung aus Deutschland noch immer nicht in den Händen. Woran das lag, weiß ich heute nicht mehr genau. Zwar hatte sich meine Tante in Westfalen bereit erklärt, mir dabei behilflich zu sein, doch vielleicht waren es die Formalitäten, mit denen sie nicht zurechtkam, oder ich hatte ihr meinen Wunsch nicht mit der notwendigen Entschiedenheit vorgetragen. Möglich ist es allerdings auch, dass ich selbst damals mein Vorhaben nicht mit dem genügenden Ernst vorantrieb. Gründe, in Schlesien zu bleiben, gab es für mich genug.

Tatsache ist, dass ich im Frühjahr des folgenden Jahres völlig unerwartet vom Provinzial ein Schreiben erhielt mit der Nachricht, dass ich mit sofortiger Wirkung nach Bad Reinerz versetzt sei. Offensichtlich hatte man in der Provinzleitung den Eindruck, dass ich es mir mit der Ausreise anders überlegt hatte und in Schlesien bleiben will. Ich packte also wieder einmal meine sieben Sachen, vor allem meine Bücher, in Kartons und brachte sie ins Kloster nach Plania in der Hoffnung, dass man sie mir auf irgendeine Weise nach Bad Reinerz verfrachten werde. Ich selbst, mit einem kleinen Koffer in der Hand, verabschiedete mich von den Klosterschwestern und fuhr, froh dem Sterbehaus entronnen zu sein, mit dem Zug zur nächsten Station meines Wanderlebens.

12

Bad Reinerz, am westlichen Rande des Glatzer Berglandes, in einem Tal zwischen den Hängen des Adlergebirges und den Ausläufern des Habelschwerter Gebirgsrückens. Ich kannte den Ort nur zu gut, kannte die Umgebung, die Landschaft. Hier hatte ich einst noch während des Studiums die wohl glücklichsten Tage meines Lebens verbracht, gegrüßt von den Gipfeln und den lang hingestreckten Bergkämmen, ergriffen vom Rauschen der Wälder, benommen vom Duft der Bergwiesen und schließlich begeistert von Chopins Musik, die hier während des Chopinfestivals das sonst so stille Tal durchflutete.

Jetzt nach Jahren ging ich wieder vom Bahnhof der Stadt zum Kurort die Chopinallee entlang. Und es waren immer noch dieselben Berge, zu denen ich hinaufschaute. Doch diesmal sandten sie mir zum Empfang keinen Gruß, stumm standen sie da, erstarrte Gesteinsmassen unter dem blassen Frühlingshimmel, stumm auch die Wälder an den Hängen, in ihrem Rauschen keine Botschaften, keine geheimnisvollen Offenbarungen. Die glücklichen Tage damals, sie waren ein Wetterleuchten in einer sonst düsteren Zeit. Selbst die Erinnerungen daran irrten in meinem Kopf umher, trostlose Schatten. Seit Jahren schon hatte die Welt, in der ich mich bewegte, all ihren Zauber verloren, es war eine seelenlose, trostlose Welt, die mich umgab, in der ich mich zurechtzufinden hatte, in der ich zu leben und meine Pflichten zu erfüllen hatte.

So ging ich ohne große Begeisterung unter den uralten Linden einer meiner neuen Wirkungsstätte entgegen. Vor mir die Villen, die Sanatorien, die Pavillons, die mit jedem Schritt sich deutlicher vom dunkel bewaldeten Hintergrund abhoben. Am

Ende der Allee dann der Kurpark und links oberhalb des Parks über einigen kleineren Villen aus dem steilen Berghang unübersehbar heraustretend das Kloster.

Ich wusste, dass die Kommunisten es in der Zwischenzeit zum großen Teil verstaatlicht und zu einem Sanatorium umgewandelt hatten. Nur wenige direkt an die Kirche angrenzende Zimmer hatte man abgetrennt und den Franziskanern überlassen, damit sie weiterhin die Kirche betreuen konnten. Sie gänzlich aus dem Haus zu vertreiben und die Kirche zu schließen, hatten sie sich nicht getraut, wussten sie doch, dass die Kurgäste, die aus allen Teilen Polens hierher kamen, Wert darauf legten, Gottesdienste besuchen zu können, Priestern zu begegnen, ihnen die Sünden zu beichten oder sie um Rat und Hilfe zu bitten.
Ich erinnerte mich noch gut daran, wie überfüllt während meines ersten Aufenthalts hier die Kirche vor allem an Sonn- und Feiertagen war, dass viele Besucher gezwungen waren, draußen vor dem Portal der Messe zu folgen. Es war die Zeit des stalinistischen Terrors, der Repressalien, in der so mancher Pole, der in seinem Heimatort mit Rücksicht auf seine soziale oder berufliche Stellung der Kirche fernblieb, während seines Kuraufenthalts, jetzt unerkannt, um so fleißiger die Gottesdienste besuchte, in der Hoffnung, auf diese Weise sein Gewissen entlasten zu können.

Bereits in Ratibor hatte ich erfahren, wer von meinen Mitbrüdern zur Zeit im Kloster stationiert war: zwei Patres, ein älterer aus der Kattowitzer Provinz, der als Guardian fungierte - ich kannte ihn nicht, ich war ihm, soweit ich mich erinnerte, in meinen Klosterjahren noch nicht begegnet - und ein junger, den ich dagegen von unserem gemeinsamen Studium her recht gut

kannte. Doch der, so sagte man mir, sei hauptsächlich für die Seelsorge von Grunwald zuständig, einer kleinen Ortschaft hoch an den Hängen der Hohen Mense oberhalb von Bad Reinerz gelegen. So hatte man mich offensichtlich hierher geschickt, um den Guardian bei den Gottesdiensten in der Klosterkirche zu unterstützen.
Zu dem „Restkloster", das heißt, zu den vom Haus abgetrennten Zimmern, gab es von der Straße aus keinen direkten Zugang, man konnte sie entweder durch die Kirche und die Sakristei erreichen oder man ging um die Kirche herum und gelangte durch das von der Gartenseite an das Kloster angebaute Gewächshaus und den Kellereingang dahin. Nun hatte man, um Platz zu gewinnen, das Gewächshaus umgebaut und darin eine Küche und einen kleinen Essraum eingerichtet. Die Küche versorgten zwei Klosterschwestern, die ebenfalls in einem der wenigen Zimmer wohnten.

Ich war willkommen, der Guardian brauchte tatsächlich Unterstützung. Wie ich bald feststellen konnte, waren die Gottesdienste auch weiterhin gut besucht und die Kirche vor allem an den Sonn- und Feiertagen überfüllt. Ich war auch willkommen, weil ich die Orgel bedienen konnte. Es gab nämlich am Ort keinen Organisten. Zwar spielte der Guardian selbst Orgel, doch da er in der Regel am Altar stand, mussten Aushilfskräfte aus der Stadt und Umgebung engagiert werden. Nun konnten wir uns selbst helfen, abwechselnd, wenn der eine am Altar stand, bediente der andere die Orgel und umgekehrt.
Und da saß ich wieder wie einst in Leobschütz während der Gottesdienste, der Messen und Andachten auf der Orgelbank und versuchte mit allen Registern dem schleppenden Gesang der Polen und Polinnen – vor allem der Polinnen, denn sie waren es

schließlich, die den Ton angaben - etwas Schwung zu verleihen. Die Kurgäste, sie kamen aus allen Teilen des Landes, aus allen Schichten der Gesellschaft, hatten die unterschiedlichste Ausbildung, die verschiedensten Berufe, doch in der Kirche im Gesang ihrer Lieder fanden sie zueinander, verschmolzen zu dem einen nationalpolnischrömischkatholischen Volk, unerschütterlich in ihrem Glauben und auch unerschütterlich in ihrem Gesang, gleich wie viele Register ich auch an meiner Orgel zog, ob ich versuchte, diesen sich träge fortwälzenden Strom anzuschieben oder hinter mir her zu ziehen.

Und es war so einfach, so verführerisch, in diesen Strom einzutauchen, mitzuschwimmen, sich forttragen zu lassen, doch wohin? Boże coś Polskę..., an allen Sonn- und Feiertagen nach dem Hochamt hatte der Organist – dies war ein ungeschriebenes Gesetz - diese Hymne anzustimmen, und dann sangen sie mit der ganzen Inbrunst ihrer polnischen Seele: Gott, der du Polen über Jahrhunderte hinweg mit Glanz, Macht und Ruhm umgeben hast, es vor Gefahren bewahrt hast, vor deine Altäre bringen wir unsere Bitte, gib unserem Vaterland die Freiheit zurück. Zwar hatten die kirchlichen Behörden auf Druck der Kommunisten schon längst diese Bitte umformuliert, so dass es nun offiziell hieß, Gott möge die Freiheit des Vaterlandes segnen, schließlich war nach Meinung der Kommunisten Polen ein freies Land. Doch die Menschen im Lande wussten es besser. Erst im Verlauf der sechziger Jahre bröckelte der Widerstand der Kirchenbesucher gegen die Neufassung des Textes. Wider besseres Wissen fügten sie sich allmählich den Wünschen ihrer Bischöfe und Priester. Andererseits wuchs im Lande eine neue Generation heran, die bereit war, Polen auch unter einer kommunistischen Führung als ihren eigenen Staat zu akzeptieren und diesen nicht mehr schlechthin als versklavt empfanden.

Die Frömmigkeit der Polen, wie sie in den Kirchenliedern zum Ausdruck kam und wie ich sie selbst im Umgang mit ihnen erlebte, beruhte auf einem kindlich naiven, geradezu infantilen Glauben. Sie waren die geliebten Kinder Gottes, so nannten sie sich selbst in den Texten der Lieder, so wurden sie von ihren Priestern in der Kirche von der Kanzel aus angesprochen und so fühlten sie sich auch, Kinder, die am Rockzipfel der Mutter hingen, der Mutter Gottes natürlich, der heiligen Jungfrau und Gottesmutter Maria, unter deren Mantel sie sich flüchteten, wenn Gefahr drohte, die sie um Fürsprache baten, wenn sie gesündigt hatten und sich vor dem erzürnten und richtenden Gott Vater fürchteten.

Dabei waren sie, wie ich oft erstaunt feststellen konnte, in politischer Hinsicht durchaus zu reifen, kritischen Urteilen fähig. Doch ihrer Glaubenshaltung fehlte jede kritischere Reflexion, jedes Nachdenken über das, woran sie glaubten, über die Worte, die sie in ihren Gebeten sprachen und in ihren Liedern sangen. Es waren die Melodien, der Gesang, der sie in eine Stimmung voller Wehmut und Rührseligkeit versetzte und sie aus dem Tal der Tränen in eine bessere Welt davontrug. Dabei verrieten nicht wenige dieser Melodien, ähnlich wie ihre Volkslieder, den lebhaften Rhythmus der Masurka. Doch im Rahmen der Andachten, der Gottesdienste verfielen sie in einen Zustand der Schwermütigkeit, der sie für diese Rhythmen unempfänglich machte, in einen Zustand dumpfer Hingabe an das über ihnen waltende undurchdringliche Geheimnis Gottes, das sie in die Knie zwang und ihre Gesichter zu Boden drückte.

Es war vergebliche Mühe, sie mit den Klängen der Orgel voranzutreiben oder mitreißen zu wollen. Und dennoch versuchte ich es immer wieder, genauso wie ich es jeden zweiten Sonntag von der Kanzel aus versuchte, sie zu einer etwas nachdenklicheren

Haltung gegenüber den Wahrheiten ihres Glaubens zu bewegen. Ich wusste in etwa, was sie sonst in den Predigten zu hören bekamen: im besten Falle Worte des Trostes vom gnädigen, verzeihenden Gott oder von der Liebe und Fürsorge der Mutter Maria, die sie zu Tränen rührten, in der Regel jedoch waren es Mahnungen und Drohungen, Mahnungen gegen ihren sündigen Lebenswandel und Androhungen der Höllenstrafen, die sie mit Schaudern erfüllten oder die sie - weil immer wiederholt und ihnen sattsam bekannt – einfach über sich ergehen ließen.

Doch ich war nun einmal überzeugt, dass der Glaube nicht nur eine Sache des Gefühls ist, sondern auch der Vernunft, dass Glauben nicht nur Hingabe und kindliches Vertrauen bedeute, sondern dass man auch verstehen und begreifen müsse, woran man glaubt, und von da aus versuchen müsse, sein Leben zu gestalten, sein eigenes wie auch das der Gesellschaft. Und so konfrontierte ich meine Zuhörer mit diesen Einsichten, unbekümmert darum, ob sie mir folgen konnten oder überhaupt folgen wollten. Auch wenn ich damals sonst recht trostlos dahinlebte, sobald ich auf der Kanzel stand und die vielen Menschen sah, deren Augen erwartungsvoll zu mir emporschauten, erfasste mich dann doch der Eifer des *Rufers in der Wüste,* die Leidenschaft, mich, getreu meinem einst gewählten Motto, für die Wahrheit einzusetzen, ihr zum Sieg zu verhelfen, und zwar mit aller Kraft.

Die Klosterkirche war nicht groß, trotzdem war das Predigen hier recht anstrengend. Der Raum hatte eine schlechte Akustik, und wenn er darüber hinaus überfüllt war, war es umso schwerer, ihn mit meiner schwachen, klanglosen Stimme auszufüllen und möglichst viele Zuhörer, auch die, die unter der Orgelempore oder gar vor der Eingangstür standen, zu erreichen. Dennoch versuchte ich es, wobei ich meine Kräfte oft bis zum Äußersten strapazierte, so dass ich danach jeweils Tage benötigte, um mich von dieser Anstrengung zu erholen.

Meine Tage in Bad Reinerz.
Und bald nach meiner Ankunft erfuhr ich, dass es in Waldenburg ein staatliches Korrespondenz-Lyzeum gab, ein Gymnasium also, an dem man ohne eine regelmäßige Teilnahme an den Unterrichtsveranstaltungen das Abitur erlangen konnte. Man musste lediglich hin und wieder in der Schule erscheinen, sich über die Unterrichtsstoffe und Bücher informieren, die entsprechenden Übungsaufgaben übernehmen, sie lösen und wieder abliefern. Selbstverständlich hatte ich bereits das Abitur. Doch es war das Abitur einer Privatschule, des privaten Gymnasium der Franziskaner, das die staatlichen Behörden als solches nicht anerkannten. Auch die Universitäten akzeptierten es nicht als Voraussetzung für die Immatrikulation, für die Aufnahme eines ordentlichen Studiums, von dem ich insgeheim immer noch träumte. Ich war nun einmal mit meiner bisherigen Ausbildung nicht zufrieden, wusste aber auch, dass ich als Autodidakt kaum Chancen hatte, mir ein fundierteres Wissen anzueignen. Andererseits konnte ich mich nur schlecht damit abfinden, für den Rest meines Lebens als Prediger zu fungieren, schon allein wegen meiner Stimme nicht. Auch wenn ich zu der damaligen Zeit und unter den gegebenen Umständen keine Möglichkeit sah, an eine Universität zu gelangen, so gab ich doch die Hoffnung nicht auf und wollte für alle Fälle, wenn sich doch einmal die Gelegenheit bieten sollte, schon vorbereitet sein, das heißt, ein staatlich anerkanntes Reifezeugnis vorweisen können.
Waldenburg war von Bad Reinerz aus mit dem Zug verhältnismäßig einfach zu erreichen. So zögerte ich nicht lange, fuhr dahin und meldete mich als Schüler am Lyzeum an. Im Sekretariat der Schule zeigte man sich recht kulant und nahm mich auf mei-

nen Wunsch hin unter Berücksichtigung meiner bisherigen Ausbildung, auch wenn ich dafür keine rechtlich relevanten Zeugnisse aufweisen konnte, in die zehnte Klasse auf. Obwohl das Schuljahr sich bereits dem Ende zuneigte, hoffte ich, innerhalb weniger Monate den Abschluss der zehnten Klasse erreichen zu können, um dann im kommenden Schuljahr, also im Herbst des gleichen Jahres, die elfte Klasse zu beginnen - es war seinerzeit die letzte Klasse des Lyzeums – und diese im Sommer des folgenden Jahres mit dem Abitur abzuschließen.

Das hieß allerdings, dass ich mich nun wieder mit Dingen befassen musste, denen ich seit meiner Gymnasialzeit kaum noch Aufmerksamkeit geschenkt hatte: mit Chemie, Physik, Biologie, Mathematik. Dabei ging es nicht nur darum, einfach etwas aufzufrischen, was ich bereits einmal gelernt hatte. Ich hatte nämlich seinerzeit viel zu wenig gelernt, nicht aus Faulheit, sondern weil die Angebote im Neisser Collegium Seraphicum vor allem in den naturwissenschaftlichen Fächern und in Mathematik völlig unzureichend waren. Die Anforderungen, die jetzt im Lyzeum auf mich zukamen, gingen, wie ich mich bald überzeugen konnte, weit darüber hinaus.

So saß ich wieder gebückt über Heften und Büchern wie einst im Kollegium in Neisse, vor meinen Augen das Klassenzimmer und um mich herum meine Mitschüler, Wacek, Gustek, Martin, und: Meine Herrn, denn auch er stand wieder da, angelehnt an die Rückwand der Klasse, unser Professor Pythagoras, alias Pytarek: Meine Herrn, bitte, die einfachsten Maschinen? Die Klinken, Herr Professor, die Kurbeln, Herr Professor.

Ich paukte also, obwohl ich wusste, dass ich dieses Abiturabenteuer möglicherweise nicht werde zu Ende führen können. Schließlich wollte ich nach Deutschland. Man hatte mich zwar nach Bad Reinerz versetzt, doch damit nicht auch zugleich die mir zuvor erteilte Genehmigung zur Ausreise widerrufen. So bemühte ich mich auch weiterhin darum, jetzt von meinem neuen Wohnsitz aus, schrieb Briefe an meine Tante in Westfalen und war entschlossen, sobald ich die Einladung bekomme, ohne Zögern Polen zu verlassen. Doch die Einladung kam nicht, kam noch lange nicht.

Mein Leben in Bad Reinerz.
Und da waren die Berge ringsum zum Greifen nah und der Wald am Hang, der bis an den Klostergarten heranreichte und der Wanderpfad zur Baude steil zwischen den Fichtenstämmen, den ich fast täglich hinaufkletterte auf der Suche nach den Spuren der glücklichen Tage von einst. Doch die mächtigen Stämme jetzt, teilnahmslos standen sie da, wiegten unbekümmert das bisschen Grün ihrer Kronen irgendwo oben im Licht, da fiel kein Strahl hinunter in die Einsamkeit, in die Leere, die sich in meinem Inneren ausbreitete. Und die Bergwiesen unterhalb der Baude, an deren Duft und Blütenpracht ich mich einst berauscht, die ich in meinen Gedichten besungen hatte, jetzt lagen sie stumm vor mir, blühten und dufteten vor sich hin, gleichgültig für meine suchenden Blicke.
Aber ich hatte gelernt zu leben auch ohne die beglückende Pracht der Farben, den betörenden Rausch der Düfte, ohne die himmelsstürmende Kraft der Bäume.
Etwas anderes war es, das jetzt, als ich den Pfad am Rande der Wiesen entlang ging, meine Aufmerksamkeit weckte und meine Augen fesselte: nacktes Fleisch, ausgebreitet im Gras auf Handtüchern, Decken, nur dürftig hinter Sträuchern versteckt, nackte Arme, Beine, Schenkel ineinander verschränkt, aneinander gepresst, Münder, die gierig einander suchten.
Es waren die Kurgäste, die Urlauber, die in ihren Sanatorien und

Ferienhäuser nach Geschlechtern getrennt untergebracht waren und denen es in der Regel auch nicht gestattet war, Bekannte anderen Geschlechts in ihren Zimmern zu empfangen. Sie nutzten die warmen Sommertage, um sich hier oben ungestört beim Sonnenbaden näher zu kommen, Männer, Frauen, sich gegenseitig die Lust ihrer Nacktheit zu schenken, sich ihr hinzugeben. Was faszinierte mich daran, was zwang mich hinzuschauen, zuzuschauen – und dabei die Gefahr, entdeckt zu werden, die Peinlichkeit, die Scham. Zwar war ich in Zivil gekleidet, doch es war durchaus möglich, dass man mich erkannte, den jungen Pater aus der Klosterkirche –. Aber da war die Neugier, die unwiderstehliche Gier, teilzuhaben an diesen Ringkämpfen der Lust, sie mitzuerleben, mitzufühlen, und der Drang, der sich aufbäumende Trieb, mit wilder Kraft auszubrechen aus dem Gefängnis der Einsamkeit, zu erobern, zu besitzen, eins zu sein, *und sie werden sein ein Fleisch,* dieser Urtrieb allen Lebens. Ich schaute hin, zitternd vor Erregung, ich, der Voyeur, der *Eunuche um des Himmelsreiches Willen,* schaute zu, und im Kopf der schmerzhafte, der kaum erträgliche Gedanke, nie diese Erfahrung machen zu sollen, alt zu werden, ohne jemals eine Frau gehabt, mit einer Frau gelebt zu haben?

Die Frauen, hatte ich nicht bereits viele von ihnen kennen gelernt. Doch kannte ich sie wirklich? Was wusste ich von ihnen? In meinem Kopf spazierten sie umher, mehr oder weniger romantisch verklärte Gestalten, Phantasiegebilde, erträumt nach den Vorlagen der Dichter, Maler, Bildhauer. Hier vor mir im Gras sah ich sie, ganz Fleisch und Blut, hingegeben der Lust, Objekte des Begehrens.

Irgendwann gelang es mir, mich loszureißen von diesem Schauspiel, mich davonzuschleichen, um anschließend auf den entlegenen Waldwegen verstört umherzuirren.

Mein Leben in Bad Reinerz, und fast täglich auf dem steilen Pfad zwischen den Fichtenstämmen zur Baude hinauf, auch als der Winter kam und der Frost und der Schnee, der bauschig dick auf den Baumkronen und Zweigen lag, den der Wind mir jetzt mit leichten Stößen auf den Kopf schüttete. Und plötzlich der Einfall, der verrückte Einfall, als ich auf einer abgelegenen Lichtung mich auszog und mich nackt in den Schnee warf, rücklings, bäuchlings. Hatte ich doch gehört, dass sich die Finnen oder auch die Russen, um sich abzuhärten, nach den Dampfbädern in ihren Saunen sich direkt in den Schnee oder ins eiskalte Wasser stürzen. Doch ich kam nicht aus einer Sauna, ich hatte nicht einmal ein Handtuch bei mir, um den Schnee, der jetzt an meiner Haut klebte, abzuwischen und mich trocken zu reiben. Da stand ich nun nass, nackt in der frostigen Kälte und begann zu bibbern. Ich wusste, welcher Gefahr ich mich da ausgesetzt hatte, zog - was konnte ich sonst tun - meine Sachen über den nassen Körper und rannte durchnässt den Hang hinunter nach Hause, so schnell mich meine Füße tragen konnten.

Und ein andermal der kaum entschuldbare Leichtsinn, als ich auf Schiern den steilen Hang unweit des Klosters hinunterraste. Ich war kein guter Schiläufer, hatte kaum Fahrpraxis, und dann die tolldreiste Schussfahrt auf dem vereisten Hang. Ich stürzte, schlug mit dem Gesicht auf die harte Fahrbahn auf, schrammte meterweit auf der rauen, scharfkantigen Eisfläche entlang. Andere Schifahrer, Spaziergänger kamen herbeigeeilt, halfen mir, mich aufzurichten. Und tatsächlich stand ich auch bald wieder, wenn auch schwankend, auf den Beinen. Doch mein Gesicht, ich sah die entsetzten Blicke meiner Helfer, und schon spürte ich auch das Blut, das von meiner Stirn und an den Wangen herun-

terlief. Man reichte mir Taschentücher, tupfte, wischte. Zugleich merkte ich, dass ich meine Brille verloren hatte, suchte sie im Schnee, man half mir dabei, doch vergeblich.
Tagelang, wochenlang war ich dann gezwungen, mit Pflastern im Gesicht und mit einer neuen Brille auf der Nase den Dienst in der Klosterkirche zu versehen.
Und wie erstaunt war ich, als ich Wochen später meine Mutter zu Hause besuchte und sie mir bald nach der Begrüßung eine Brille überreichte, das Gestell verbogen, ein Glas zersplittert. Es war eindeutig meine Brille, die ich in Bad Reinerz verloren hatte. Ein Bekannter aus meinem Heimatdorf hatte sie ihr gegeben. Er hatte in Bad Reinerz Urlaub gemacht, war zufällig in der Nähe, als ich den Hang hinunterraste und stürzte und hatte auch mitbekommen, dass ich nach dem Sturz meine Brille suchte. Später als ich gegangen war und die Helfer und Zuschauer sich zerstreut hatten, hatte er sie gefunden. Er kannte mich, kannte meine Mutter, wusste aber nicht, dass ich zu dieser Zeit im Bad Reinerzer Kloster lebte. So hatte er sie mit nach Hause genommen und meiner Mutter übergeben.

Meine Winterabenteuer in Bad Reinerz,
bis der Frühling kam und der Schnee aus den Baumkronen jetzt in dicken Tropfen mir auf den Kopf fiel, als ich auf dem Wanderpfad darunter einherging, und der von den Waldwiesen in kleinen und größeren Bächlein zu meinen Füßen den Hang hinunterrauschte.
Doch mit dem Frühling rückte zugleich auch der Termin für das Abitur in Waldenburg näher. Bereits Ende Mai fanden die schriftlichen Prüfungen statt, im Juni dann die mündlichen, und obwohl ich mich nicht mit dem genügenden Ernst darauf vorbereitet hatte, bestand ich sie. Und so überreichte mir am 28. Juni

der Direktor des Allgemeinbildenden Korrespondenzlyzeums in Waldenburg mit einem freundlichen Lächeln auf dem Gesicht, mit einem Händedruck und guten Wünschen für meine Zukunft das Reifezeugnis. Nun hielt ich dieses Stück Papier, diese begehrte Eintrittskarte in die hehren Tempel der Wissenschaften in der Hand und fragte mich, wozu eigentlich, wozu der Aufwand, wozu diese Mühe, denn für mich bestanden auch weiterhin keine Aussichten, jemals die heiligen Hallen einer Universität betreten zu können. Ich konnte damals nicht ahnen, dass die Bemühungen um das Abitur für meine weitere Laufbahn doch noch von einiger Bedeutung sein sollten.

13

Mein Urlaub stand bevor. Pater Guardian hatte dafür den August eingeplant, da es in diesem Monat am leichtesten war, eine Vertretung für mich zu bekommen. Der August war nämlich der Monat des Chopinfestivals in Bad Reinerz, und da gab es in den anderen Klöstern Interessenten genug, die gerne, um die Konzerte besuchen zu können, bereit waren, in der Klosterkirche einige Aufgaben zu übernehmen, und für die dann bei den beengten Wohnverhältnissen im Kloster mein Zimmer zur Verfügung stand.

Zwar waren in den Ordensstatuten Urlaube für die Brüder nicht vorgesehen, dennoch hatte sich in den Nachkriegsjahren in den Klöstern der schlesischen Provinz eine Art Gewohnheitsrecht herausgebildet, demzufolge jedes Mitglied einmal im Jahr für zwei oder drei Wochen Urlaub machen konnte, und zwar am Ort seiner Wahl. Beliebte Ziele waren Kurorte, in denen es von Ordensschwestern geleitete Pflege- oder Erholungsheime gab. Hier konnte man, konnten zumindest diejenigen, die Priester waren, für die Zeit des Urlaubs die Rolle des Hauskaplans übernehmen und bekamen dafür freies Logis und Verpflegung. Schließlich war der Urlaub auch immer ein finanzielles Problem, und die Höhe des Budgets war weder in den Ordensstatuten noch im Gewohnheitsrecht festgelegt. Sie hing vom jeweiligen Stand der Klosterkasse ab oder auch von der Großzügigkeit oder der jeweiligen Laune des Guardians. Andererseits war es damals kaum möglich, als Urlauber irgendwo privat unterzukommen - das sozialistische Wirtschaftssystem duldete keinerlei private Unternehmungen oder Initiativen, auch nicht in Form von Zimmervermietungen - einmal abgesehen davon, dass es sich für eine Person geistlichen Standes nun einmal gehörte, in einem

„religiösen Haus" zu wohnen und darüber hinaus man als Priester auch verpflichtet war, täglich die Messe zu zelebrieren.
Da ich das Jahr hindurch in den Bergen lebte, zog es mich für die Zeit des Urlaubs ans Meer. Zufällig hatte ich von einem meiner Mitbrüder gehört, dass auf der Ostseeinsel Wollin in einem von Ordensschwestern geleiteten Erholungsheim in Misdroy ein Platz frei sei. Ich meldete mich an und fuhr hin. Ob meine Anmeldung oder die daraufhin erfolgte Zusage auf irgendeinem Missverständnis beruhte, jedenfalls bot man mir, als ich ankam, als Übernachtungsmöglichkeit eine Rumpelkammer an, einen durch einen Vorhang abgetrennten Teil eines Flures dicht neben der Küche, in der man bereits um fünf Uhr früh begann, mit den Töpfen zu klappern. Als ich mich am folgenden Tag beschwerte, stellte sich heraus, dass das Haus bereits überfüllt war und man mir als Alternative lediglich einen Platz in einem kleinen Gartenhäuschen zur Verfügung stellen konnte. Dieses Häuschen befand sich etwas weiter abgelegen in einem großen Obstgarten, doch war es immerhin für Übernachtungen eingerichtet. Ich zögerte nicht lange und bezog mein neues Quartier.
Beim Abendessen traf ich mit anderen Gäste zusammen, die bereits länger am Ort waren, und als sie erfuhren, dass ich ins Gartenhaus eingezogen bin, hatten sie auch gleich einige Schauermärchen bereit, die sie amüsiert zum Besten gaben, Schauermärchen von Einbrechern und Dieben, die nachts den Obstgarten heimsuchten. Aber da sei ja, so fügten sie mit sichtlich übertrieben beruhigendem Ton hinzu, da sei ja im Nachbargarten ein Nachtwächter im Dienst mit einem großen Hund, zwar im Nachbargarten, aber immerhin.
Tatsächlich schreckte mich gleich in der ersten Nacht das Bellen eines Hundes auf, ein aggressives Bellen ganz in der Nähe meines Häuschens, und dann ein Geschrei offensichtlich des Nacht-

wächters oder auch des Einbrechers, den der Hund erwischt hatte.
Schlimmer war es in einer der folgenden Nächte, als ich hörte – ich war plötzlich aufgewacht -, dass irgend jemand um das Gartenhaus herumtappte, und – ich stehe bereits mitten im Raum - sehe, wie die Klinke der Eingangstür wie von Geisterhand heruntergedrückt wird, irgend jemand will herein, - selbstverständlich hatte ich die Tür am Abend verriegelt - offensichtlich ein Einbrecher, ich, mittlerweile bewaffnet, halte den schweren Messingkerzenständer, der sonst auf dem Tisch steht, schlagbereit in der Hand, jetzt das Rütteln an der Tür, das Schloss, das primitive, klapperige Schloss, nein, es hält stand, dann ein Moment lang Stille, und wieder Schritte. Doch, ich höre es deutlich, sie entfernen sich.
Noch lange saß ich in dieser Nacht wach auf dem Bett, der Kerzenständer griffbereit auf dem Tisch.
Am nächsten Tag stellte sich heraus, dass der nächtliche Besucher eine im Heim bekannte Landstreicherin gewesen sein musste, die hin und wieder im Garten übernachtete und die es sich offensichtlich diesmal im Gartenhäuschen bequem machen wollte.
Mein Urlaub an der Ostsee, ein Urlaub mit Abenteuern. Und was sonst noch passiert war? Ob der Himmel blau gewesen und die Ostsee tatsächlich smaragdgrün, wie sie die Polen in ihren Lieder besingen, ich weiß es nicht mehr. Offensichtlich bin ich, da es mir grundsätzlich wenig Vergnügen bereitet, eingeölt am Strand in der Sonne zu liegen, tagein tagaus am Wasser entlang oder durch die Dünen gewandert, und sicherlich, wie sonst auch, allein, - nach einer Urlaubsbekanntschaft oder irgendeinem netten Menschen, der mir dort begegnet wäre, suche ich vergebens in meinem Gedächtnis - , oder ich habe auf einer der Dünen

gesessen und in die unendliche Weite und Leere des Horizonts gestarrt.
Dennoch musste es in diesen Tagen auch glücklichere, erfülltere Momente gegeben haben, denn als Andenken brachte ich ein Gedicht mit nach Hause, das ich dort verfasst hatte, eines der wenigen Gedichte aus dieser Zeit.

Misdroy, im August 1962

Das Meer war schwarz
mattrot der Saum des Horizonts im Westen
und blass das Licht der Kugellampen
am Molo
das hinausging, abbrach, wiederkam und wieder ging
darauf
beschwingt im Tänzerschritt
die braungebrannten Frauen
- schon knickte sie ein
und zerrte aus der Balkenfuge
ihren Stolz, den Stöckelschuh –.
Dann war auch der Himmel schwarz
und schwarz der Saum des Horizonts im Westen
nur noch das blasse Kugellampenlicht
und die Umschlungenen am Molorand.
Bald gingen auch sie.
Ich blieb.
Bis mir das Meer
langsam
auf Wellenrücken
zurollte
sein weißschäumendes Lächeln.

Zurück in Bad Reinerz, im Kloster, und wieder der tägliche Dienst am Altar, auf der Kanzel, auf der Orgelbank, im Beichtstuhl, und auch wieder fast täglich der Aufstieg auf dem Wanderweg steil zur Baude hinauf.

Doch dann - es musste irgendwann im Spätherbst gewesen sein – erhielt ich endlich die langersehnte Einladung aus Deutschland. Meine liebe Tante Lene hatte es tatsächlich geschafft. Ohne zu zögern begann ich die notwendigen Unterlagen zu sammeln, beschaffte mir die erforderlichen Formulare, füllte sie aus und reichte sie höchst persönlich bei der Passbehörde in Breslau ein, in Breslau, der Landeshauptstadt Niederschlesiens, zu dem das Glatzer Bergland, also auch Bad Reinerz, gehörte. Dass ich meinen Wohnsitz in Niederschlesien hatte und so meinen Antrag in Breslau einreichen konnte, war sicherlich ein Vorteil. Denn hier erkannten die polnischen Behörden die wenigen nach dem Krieg zurückgebliebenen Deutschen als Minderheit an und machten bei der Vergabe von Ausreisegenehmigungen weniger Schwierigkeiten als zum Beispiel in der Woiwodschaft Oppeln. Ich konnte also davon ausgehen, dass es vielleicht Monate, doch sicher keine Jahre dauern wird, bis ich eine Antwort auf meinen Antrag bekomme. Und tatsächlich, bereits Anfang April erhielt ich von der Passbehörde den Bescheid, dass ich bei Vorlage eines Visums den Reisepass entgegennehmen könne. Um die Sache zu beschleunigen, fuhr ich persönlich nach Warschau, denn nur in Warschau gab es ein Konsulat der Bundesrepublik Deutschland, erhielt hier nach Vorlage meiner Geburtsurkunde als Deutschoberschlesier nach einer Wartezeit von nur wenigen Stunden das Visum und nahm tags darauf in Breslau meinen Pass entgegen mit der Auflage, dass ich innerhalb eines Monats das Land zu verlassen habe.

Innerhalb eines Monats, es war also Zeit genug, um meine Sachen zu packen und mich von Land und Leuten zu verabschieden. Meine Sachen, ein paar Kleidungsstücke, etwas Wäsche und natürlich die Bücher, das alles passte in eine Kiste, allerdings in eine recht große Holzkiste. Wo ich die herhatte, weiß ich nicht mehr, doch – und daran erinnere ich mich noch recht gut – hatte ich sie, als sie gepackt war, eigenhändig zugenagelt und dann mit einem Lastentaxi zum nächstgelegenen Zollamt in Bad Kudowa gebracht mit der Anschrift: Lager Friedland/Han. BRD.
Anschließend fuhr ich nach Oberschlesien, um mich von meinen Eltern und Geschwistern zu verabschieden. Die Befürchtungen meiner Mutter, dass wir uns vielleicht nie mehr wiedersehen werden, teilte ich nicht. Dennoch waren sie nicht ganz unbegründet. Damals war es kaum möglich, aus Ländern außerhalb des Ostblocks nach Polen einzureisen, nur im Todesfall eines Elternteils bekam man unter Umständen ein Visum. Ich werde sterben müssen, sagte meine Mutter, ich oder dein Vater, damit du wieder einmal in deine Heimat kommen darfst.
Und dann flossen Tränen. Seit meiner Kindheit hatte ich nicht mehr geweint, nicht weinen können, genauer, seit 17 Jahren. Es war, als mich meine Mutter nach Neisse ins Internat der Franziskaner gebracht hatte und wieder abgereist war und ich plötzlich einsam und verlassen dastand in den fremden Klostermauern. Ich hatte mich in der Toilette eingeschlossen und geweint. Das war, ich erinnerte mich genau, das letzte Mal. Doch jetzt brach sich die verschüttete Quelle wieder Bahn.
Mein Abschied von den Eltern, vom Elternhaus.
Dann stand ich noch einmal auf dem Annaberg im Klostergarten, stand auf dem Podest hinter der hohen Mauer, und unten im Tal die längst bekannten Wiesen und Felder, der Wald. Doch

diesmal fesselten sie nicht meinen Blick, ich schaute darüber hinweg, schaute in die Weite, am Horizont im Dunst die Kämme der Sudeten und irgendwo dahinter ..., wie Moses, der vom Berge Horeb aus hinüber in das gelobte Land schaute, doch er durfte es nur von weitem sehen, der arme Mann, er durfte nicht hinein. Ich dagegen hatte bereits den Pass in den Händen, fuhr vom Annaberg zunächst einmal nach Breslau, um mich dort von meinen Mitbrüdern zu verabschieden, dann weiter nach Posen, stieg hier in den Ost-West Express Moskau-Paris und fuhr Richtung Westen.

14

Sie haben gut geschlafen?!
Eine Stimme, deutsch, doch der Ton, der Akzent? Zwei Vopos stehen im Abteil, zwei Grenzpolizisten der DDR, die Uniformen grautaubenblau, ich kenne sie nur von Fotos her. Ich habe tatsächlich gut geschlafen, war eingeschlafen. Passkontrolle, höre ich, ihre Papiere, bitte. Offensichtlich haben wir die Grenze erreicht, die Grenze bereits passiert. Ich hole den Pass aus der Brusttasche meiner Jacke. Der eine der beiden Vopos tritt jetzt näher heran, nimmt den Pass entgegen, er ist sichtlich bemüht, seinem Gesicht einen freundlicheren Ausdruck zu verleihen, dennoch, dieser Kommandoton in der Stimme, dazu die Haltung, steif, bierernst, die Verkörperung der Staatsgewalt der Deutschen Demokratischen Republik,
er öffnet den Pass, schaut auf das Foto, schaut in mein Gesicht, offensichtlich besteht kein Zweifel an der Identität zwischen Foto und Person, das Foto ist schließlich neuesten Datums, er klappt den Pass wieder zu, und beide verlassen das Abteil, den Pass nehmen sie mit.
Wie ich sehe, bin ich allein. Ich schaue aus dem Waggonfenster, es ist Nacht, der Bahnsteig schwach beleuchtet, einige Vopos gehen am Zug entlang, sonst keine Menschen zu sehen. Direkt vor meinem Fenster am Bahnsteig das Schild mit der Aufschrift Frankfurt/Oder. Ich musste irgendwo zwischen Posen und Frankfurt eingeschlafen sein, das heißt, ich habe den Grenzübertritt verschlafen, diesen entscheidenden Augenblick meines Lebens einfach verschlafen. Doch jetzt bin ich hellwach, sitze zurückgelehnt in der Ecke am Fenster und warte. Es dauert. Auf meiner Armbanduhr ist es bereits nach Mitternacht. Jetzt Schritte auf dem Gang, wiederum zwei Uniformierte, die ins Abteil

kommen. Diesmal ist es die Zollkontrolle. Ich führe weder Schusswaffen noch Alkohol noch Zigaretten mit mir. Dennoch muss ich den Koffer vom Gepäckhalter herunterholen, öffnen. Zu oberst liegt meine Kutte, die Franziskanerkutte, die Herren staunen, offensichtlich haben sie so etwas noch nicht gesehen, sie verlangen, dass ich sie ausbreite, was wohl die Kapuze zu bedeuten habe, wollen sie wissen, auch weitere Kleidungsstücke muss ich aus dem Koffer herausnehmen oder anheben, endlich geben sie sich zufrieden und verlassen das Abteil.

Ich sitze wieder auf meinem Platz am Fenster, Frankfurt/Oder, schwarz auf weiß steht es immer noch da, ich bin in Deutschland, habe Polen verlassen, einen Abschnitt meines Lebens abgeschlossen, hinter mir gelassen, und keine Abschiedstränen, keine wehmütigen Rückblicke, *Lasst die Toten die Toten begraben...* was für grausame Sprüche doch auch in der Bibel stehen, ein Blick zurück, und du verwandelst dich in eine Salzsäule. Nein, ich schaue nicht zurück, schaue gespannt nach vorn, auf das Leben, das vor mir liegt.

Ein Vopo, diesmal ist es nur einer, kommt herein, es ist derselbe, der mir den Pass abgenommen hat, er gibt ihn mir zurück, wünscht – und wieder diese aufgesetzte Freundlichkeit - wünscht gute Fahrt, ein Wunsch im Kommandoton, und geht. Bald danach setzt sich der Zug in Bewegung.

Wir verlassen den Bahnhof. Draußen hinter der Fensterscheibe jetzt Nacht, die DDR bei Nacht, nur ab und zu irgendwo ein Lichtlein, das vergeblich gegen die Dunkelheiten ankämpft. Die DDR, für mich ein Niemandsland, ein weißer Fleck auf der Landkarte in meinem Kopf. All die Jahre hindurch hatte ich mich für dieses Land, diesen Staat wenig interessiert. Für uns, die wir von Schlesien aus Richtung Westen schauten, war die

DDR nicht mehr als eine Theaterbühne, auf der die Moskauer Genossen ihre Marionetten tanzen ließen, diesen Walter Ulbricht zum Beispiel und seine SED, die die Moskauer Lügenpropaganda vom Kampf für den Frieden, für den Sozialismus, für das Wohl der Werktätigen, für den Fortschritt, diese uns aus den polnischen Radiosendungen und Zeitungen wohl bekannte Lügenlitanei, lautstark und wortreich wiederholten. Warum hätten wir uns dafür interessieren sollen.
Und dennoch, das Land, das jetzt in Dunkelheit gehüllt lautlos hinter der Fensterscheibe dahingleitet, es ist Deutschland, ein Teil Deutschlands, es sind deutsche Menschen, die hier in ihren Dörfern und Städten wohnen, und sicherlich sind nicht alle Parteigenossen, Vopos oder Stasiagenten, sondern auch einfache, normale Bürger, die hinter der aufgeblähten Propagandakulisse versuchen, so gut es nur geht, ein normales Leben zu führen. Solange sie noch die Möglichkeit hatten, waren sie massenweise aus dem Land geflohen. Doch jetzt hatte man in Berlin die Mauer gebaut, ihnen den letzten Fluchtweg versperrt.
Vergeblich spähe ich durch das Waggonfenster hinaus, der Zug rollt unaufhaltsam durch die Nacht. Doch plötzlich mehren sich draußen die Lichter, wir nähern uns einer Stadt, das kann nur Berlin sein, es gibt zwischen Frankfurt/Oder und Berlin keine größere Stadt. Umrisse von Häusern treten zögernd aus der Dunkelheit, Häuserzeilen, Plattenbauten, der Zug wird langsamer, kommt jetzt nur noch im Schritttempo voran, ich weiß, dass er durch West-Berlin fährt und hier auch anhält, weiß also, dass wir irgendwo die Mauer passieren müssen, ich schaue angestrengt hinaus, glaube Stacheldrahtverhaue zu sehen, und plötzlich Licht, wir fahren in einen Bahnhof hinein, fahren an einem hell erleuchteten Bahnsteig entlang, und auf dem Schild, das jetzt langsam vor meinen Augen vorbeizieht, steht es: Bahnhof Zoo,

darunter: West-Berlin.

Ich bin in Berlin, ich bin in der Stadt, die in all den Jahren, soweit mein Gedächtnis zurückreicht, immer wieder für so viel Aufsehen, so viel Aufregung gesorgt hat. Schon während des Krieges, ich erinnere mich, die Gerüchte, die in unserem Dorf kursierten, über die Luftangriffe auf Berlin, über die furchtbaren Zerstörungen durch die Bomben, und zwischendurch dann immer noch die Schlager von der Berliner Luft, Luft, Luft, dann der Endkampf, Berlin von den Russen umzingelt, von den Russen gestürmt, der Führer im Bunker der Reichskanzlei, sein angeblicher Heldentod, dann das Foto in allen Zeitungen: Russen, die die rote Fahne auf dem Brandenburger Tor schwingen, und die Luftbrücke der Alliierten, die Rosinenbomber, der 17. Juni, schließlich die Mauer, die Mauer mitten durch die Stadt, alles Bilder, die sich in meinem Gedächtnis eingeprägt haben.
Doch jetzt vor meinen Augen der hell erleuchtete Bahnsteig, und die Menschen, Reisende mit Koffern und Taschen, ich habe die Fensterscheibe heruntergezogen und schaue hinaus, nein ich irre mich nicht, die Gesichter dieser Menschen sind heiterer, gelöster, einmal abgesehen davon, dass sie insgesamt auch eleganter gekleidet sind. Und zwischen den Reisenden Frauen mit weißen Häubchen auf dem Kopf und weißen Schürzen, sie gehen am Zug entlang und bieten den Fahrgästen Tee oder Kaffee an, schon kommt eine auch an mein Fenster heran, Evangelische Bahnhofsmission steht auf der Plakette, die sie an ihrer Schürze geheftet hat, sie schaut zu mir herauf, während sie mir einen Becher Kaffee reicht, schaut freundlich, ein freundlicher, mitfühlender Blick.
Doch dann hält es mich nicht im Abteil, mit dem Becher in der Hand gehe ich hinaus auf den Gang, gehe zur Tür und steige

aus dem Zug, ich möchte meinen Fuß auf den Bahnsteig setzen, möchte Berliner Boden berühren, wenigstens einige Schritte darauf tun. Dann sitze ich wieder auf meinem Platz, der Zug setzt sich in Bewegung, die Fahrt geht weiter. Ich erinnere mich nicht mehr, ob irgendjemand in mein Abteil zugestiegen ist, ob es weitere Kontrollen gegeben hat, schließlich mussten wir noch die Grenze zur Bundesrepublik passieren, möglich, dass ich auch wieder eingeschlafen bin. Auf jeden Fall ist es bereits heller Tag, als wir in Hannover ankommen. Ich hätte hier vom Bahnhof aus mit der Straßenbahn direkt ins Kloster fahren können, doch es sei günstiger – so hatte man mir noch in Oberschlesien geraten, in Oberschlesien, wo es genügend Menschen gab, die weiterhin Kontakt mit denen unterhielten, die bereits ausgereist waren und über die Prozeduren der Ausreise ausführlich berichtet hatten – es sei also günstiger, sich zunächst einmal im Auffanglager Friedland zu melden, weil man dort am schnellsten die Formalitäten für die Einbürgerung erledigen könne. Ich weiß daher auch, dass es von Hannover aus eine direkte Bahnverbindung nach Friedland gibt, ich erkundige mich nach dem Zug und fahre hin.
Friedland. Der Zug scheint mitten im Feld zu halten. Doch nein, es gibt einen Bahnsteig, Friedland (Han) steht auf dem Bahnsteigschild, dieses (Han), ich erinnere mich, ich habe es auch zur Anschrift auf meiner Reisekiste hinzugefügt, offensichtlich ist es – das fällt mir allerdings erst jetzt ein - die Abkürzung für Hannover, obwohl Hannover doch recht weit entfernt von hier liegt, wir waren Stunden unterwegs, haben Hildesheim und Göttingen passiert. Ich steige aus dem Zug, schaue mich um, tatsächlich, wir befinden uns mitten in einer Feld-, Wald- und Wiesenlandschaft. Etwas weiter vorn sehe ich einige Gebäude, darunter einen etwas größerer Backsteinbau, das könnte der

Bahnhof sein. Gemeinsam mit mir verlassen einige Frauen mit Kindern verschiedenen Alters den Zug, auch einige ältere Menschen. An ihrem Gepäck, an ihrer Sprache und ihrem Akzent erkenne ich gleich, dass es Aussiedler sind, die auch ins Lager wollen. Und da stehen auch schon eine Rotkreuzschwester und zwei Männer mit Armbinden auf dem Bahnsteig bereit. Offensichtlich ist dies der Zug, mit dem in der Regel die Aussiedler ankommen. Die Schwester begrüßt uns, wir seien herzlich willkommen, sagt sie, man wird sich um uns kümmern, wird dafür sorgen, dass wir hier in Deutschland möglichst schnell wieder ein neues Zuhause, eine neue Heimat finden. Während dessen greifen die beiden Männer die schwersten Gepäckstücke auf und gehen bereits voraus, doch nicht in Richtung Bahnhof, sondern vom Bahnsteig herunter direkt auf einem Fußweg, von dem aus wir schon nach wenigen Schritten einige Baracken sehen, das Lager.

Noch in Schlesien hatte ich gehört, dass man hier seinerzeit die aus russischer Gefangenschaft heimkehrenden Soldaten mit dem Klang der Friedens- oder der Freiheitsglocke des Lagers begrüßt hat, aber auch sonst die Flüchtlinge und Heimatvertriebenen mit Glockengeläut begrüßt. Doch wir, das kleine Häuflein, das sich nun in Richtung Lager bewegt, was sind wir eigentlich? Wir sind weder Heimkehrer noch Flüchtlinge noch Vertriebene. Flüchtlinge, das waren die, die vor der anrückenden Front aus den Ostgebieten geflohen waren, Vertriebene wiederum die, die nach dem Einmarsch der Sowjetarmee von dort vertrieben wurden. Wir dagegen? Laut amtlicher Bezeichnung der deutschen Behörden sind wir Aussiedler, Spätaussiedler. Es stimmt schon, ich fühle mich nicht als Vertriebener oder gar als Flüchtling. Und dennoch, es war letztendlich die Intoleranz der polnischen Behörden, die Intoleranz der polnischen Gesellschaft gegenüber der deutschen Sprache und der deutschen Kultur, die mich aus Schlesien vertrieben hat, und in diesem Sinne bin ich dann doch ein Vertriebener, auch wenn diese Umstände für die deutschen Behörden nicht mehr wichtig zu sein scheinen, offensichtlich nicht mehr in die politische Landschaft passen.

Das Lager Friedland. Es nennt sich Grenzübergangslager. Die Engländer haben es gleich nach dem Krieg eingerichtet, und zwar direkt an der Grenze zur sowjetisch besetzten Zone, um die Flüchtlinge, die massenweise aus dieser Zone flohen, aufzufangen und von hier aus kontrolliert auf die Westzonen zu verteilen. Reihen von Baracken. Grau in grau. Und da hängt sie auch schon mitten im Lager zwischen den Baracken an einem Stahlgerüst, das Gerüst montiert auf einem gemauerten Sockel, etwa zwei Meter hoch, die Glocke, die Freiheits-Friedens- Friedlandsglocke. Doch während diese sich kaum über die Barackendächer erhebt, ragt hinter den Baracken hoch auf ein Turm, auf dem wiederum an einem Stahlgerüst jetzt gleich drei Glocken hängen, drei Glocken übereinander in der Größe abgestuft. Dieser Turm, wie ich bald erfahren werde, ist der Glockenturm der Kirche, einer katholischen Kirche, die man hier für die Vertriebenen neu erbaut hat.

Die Rotkreuzschwester führt uns in eine der Baracken, eine große schwarze Eins befindet sich an der Wand neben der Eingangstür. Wie ich sehe, sind alle Baracken nummeriert, wie sollte man sie auch auseinanderhalten können, eine gleicht der anderen. Hier in Baracke Nr.1 befindet sich die Anmeldestelle. Die Angestellten, die unsere Pässe entgegennehmen, sind freundlich, hilfsbereit, vor allem beim Ausfüllen der Formulare. Geburtsdatum, Geburtsort, das steht bereits im Pass, und mein Beruf? Ich bin Priester, Priester im Orden der Franziskaner. Ein Franziskanerpater also, der Angestellte schaut auf, und während ich mich mit einem Schreiben des Provinzials der Breslauer Franziskaner ausweise, nickt er mir freundlich zu, als müsse er mich als solchen noch einmal auf besondere Weise begrüßen, doch besonders überrascht scheint er nicht zu sein. Als Priester, sagt er, sind Sie für die Zeit, bis Sie die Formalitäten erledigt haben und man Ihnen den Personalausweis der Bundesrepublik aushändigt - das könnte unter Umständen einige Tage dauern - , Gast beim katholischen Pfarrer des Lagers. Ich bin erstaunt über die bevorzugte Behandlung, ich muss also nicht in eine der Baracken. Und als er hört, dass man mich im Franziskanerkloster in Hannover-Kleefeld erwartet und ich dort meinen ständigen Wohnsitz haben werde, versichert er mir, dass ich auf die Erledigung meines Antrag sicher nicht lange werde warten müssen. Dann ruft er eine der Rotkreuzschwestern herbei. Sie kommt, und ihr Gesicht strahlt auf, als sie hört, dass ich ein Franziskanerpater bin, er nennt ihr meinen Namen, während sie mir ihre Hand entgegenstreckt, mich jetzt auch herzlich willkommen heißt, dabei meine Hand drückt, dieser fast zärtliche Händedruck, und schließlich mich auffordert, ihr zu folgen. Ich nehme meinen Koffer und folge ihr. Die aufrechte Haltung, wie sie vor mir hergeht, ihr Schritt, beschwingt und doch entschlossen, sie ist jung, wohl Mitte zwanzig. Hin und wieder dreht sie mir ihr Gesicht zu, Sie sei auch von drüben, sagt sie, während wir zwischen den Baracken entlanggehen, - dieses „von drüben" , ich werde es in Zukunft noch oft genug zu hören bekommen - sie sei gleich nach dem Krieg mit ihrer Familie hier her gekommen, und sei nun froh, den Menschen, die das gleiche Los tragen, helfen zu können. Diese unverhoffte Freundlichkeit hier in der Fremde. Sie sei auch katholisch, fügt sie hinzu, und daher kenne sie den Herrn Pfarrer sehr gut, er ist ein netter Mensch. Und ich wüsste gern, wie sie mich wohl empfangen würde, wenn ich nicht Priester, nicht Franziskanerpater wäre. Und auch die Haushälterin des Pfarrers, sagt sie, kenne sie gut, diese werde uns jetzt wohl gleich empfangen.

Wir erreichen die Straße, die am Lager vorbeiführt, und hier, auf der anderen Straßenseite uns gegenüber, neben dem hochragenden Glockenturm, die Kirche. Es ist ein roter Backsteinbau, im Stil modern, einfach, schnörkellos, und links daran angebaut das Pfarrhaus.

Eine ältere Dame, offensichtlich die Haushälterin, öffnet uns die Tür, meine Begleiterin stellt mich vor und verabschiedet sich zugleich. Ich bedanke mich für ihre Freundlichkeit, dabei hoffe ich insgeheim, sie noch einmal wiederzusehen. Für die Haushälterin scheint diese Einquartierung nichts Außergewöhnliches zu sein. Sie führt mich in ein Gästezimmer, es ist ein heller geschmackvoll eingerichteter Raum. Das ist Ihr Zimmer, sagt sie, hoffentlich werden Sie sich hier wohlfühlen. Ich könne mich etwas frisch machen und auch etwas ausruhen, sie werde mich in etwa einer halben Stunde zum Mittagessen holen kommen, dabei werde mich dann auch der Herr Pfarrer begrüßen.

Der Herr Pfarrer, ein Mann in den besten Jahren, getragen von der Würde des Amtes, er kennt die Franziskaner in Hannover-Kleefeld, den Pater Provinzial kennt er persönlich, er fragt nach der augenblicklichen Lage der Kirche im kommunistischen Polen, erkundigt sich nach den Möglichkeiten der Seelsorge dort, dabei scheint er doch über die dortigen Verhältnisse gut informiert zu sein. Während der Mahlzeit berichte ich über die Situation der Franziskaner in Schlesien und über meine Tätigkeiten in den letzten Jahren. Dann nach dem Essen empfiehlt mir mein Gastgeber, dass ich den Nachmittag nutzen könne, um eventuell noch anstehende Behördengänge zu erledigen oder mich einfach im Ort umzuschauen, und bemerkt, dass wir uns zum Abendbrot doch sicherlich hier wieder treffen werden. Auch beim Abendessen kreist das Gespräch um die Probleme der Kirche und des Glaubens, um die Unterschiede zwischen den Glaubenserfahrungen im katholischen Polen und dem protestantisch geprägten Norden Deutschlands, um die Schwierigkeiten, die vor allem die katholischen Aussiedler mit der Diasporasituation in Norddeutschland haben, sowohl die Gläubigen als auch die Priester und Ordensleute, die aus den Ostgebieten hier herkommen. Er ist, wie ich höre, schon lange Jahre hier am Ort im Amt des Lagerpfarrers, und so kann ich davon ausgehen, dass er mit diesen Schwierigkeiten vertraut ist und sicher auch weiß, dass in den vergangenen Jahren immer wieder Ordensleute bald nach der Übersiedlung in die Bundesrepublik aus dem Orden ausgetreten sind und auch Priester ihr Amt aufgegeben haben, wie zum Beispiel einige meiner Mitbrüder aus dem Breslauer beziehungsweise Glatzer Studienseminar, die sich hier in diesem Lager, wenn auch nur für kurze Zeit, aufgehalten haben und so zwangsläufig auch mit ihm in Kontakt gekommen sein müssen.

Doch ich bin nicht mit der Absicht nach Deutschland gekommen, um hier aus dem Orden auszutreten. Dieser Gedanke, auch wenn er hin und wieder in den letzten Winkeln meines Bewusstseins schattenhaft sein Unwesen treibt, er hat bis dahin keinerlei konkretere Gestalt angenommen, und so sitze ich recht unbefangen meinem Gesprächspartner gegenüber, der seinerseits es auch in vornehmer Zurückhaltung vermeidet, dieses Problem offen anzusprechen oder gar persönlichere Fragen nach meinen Vorhaben und Wünschen für die Zukunft in der Bundesrepublik zu stellen. Nach dem Abendbrot vereinbaren wir den Termin für die Messfeier, die ich am nächsten Morgen in der Kirche halten soll, und verabschieden uns.

Am nächsten Morgen nach der Messe und dem Frühstück erhalte ich, vermittelt durch die Haushälterin, die Nachricht, dass mein Personalausweis in der Passstelle des Lagers bereitliegt und ich ihn abholen könne. Ich bin erstaunt über die zügige Erledigung meines Antrages und noch mehr erstaunt, als man mir dann in der Passstelle zusätzlich zum Personalausweis auch noch ein Begrüßungsgeld und die Fahrkarte nach Hannover in die Hand drückt und mir empfiehlt, ich möge mich sogleich in das Bekleidungslager des Roten Kreuzes begeben, wo man mir darüber hinaus noch einige für mich passende Bekleidungsstücke anbieten werde.

Das Lager des Roten Kreuzes ist in einer der vielen Baracken untergebracht, und als ich dort ankomme, glaube ich, in einem Bekleidungsgeschäft zu stehen, denn da hängen auf Ständern ganze Reihen von Herrenanzügen, Damenkleidern, Mänteln in verschiedenen Größen, in verschiedenen Ausführungen und in den Regalen stapelweise Unterwäsche, Pullover, Hemden. Ich darf mir zunächst einen Anzug aussuchen. Als Pater, sagt die Rotkreuzschwester, die mich bedient, werden Sie doch sicher einen schwarzen Anzug brauchen, hier bei uns tragen die Patres ähnlich wie die Priester in der Regel schwarze Anzüge. Der Anzug, den ich zur Zeit anhabe, ist dunkelbraun und sicher nicht von bester Qualität. Ich bekomme also einen hervorragenden neuen schwarzen Anzug, dazu ein weißes Hemd, ein Paar schwarze Schuhe, schwarze Strümpfe, Unterwäsche für den Sommer, für den Winter, und alles in der richtigen Größe. Und dann zu guter Letzt holt die großzügige Schwester auch noch einen Koffer aus einem Regal, und zwar auch in der richtigen Größe, verstaut darin die ausgesuchten Sachen und überreicht ihn mir mit einem freundlichen Lächeln. Wie schon in der Passbehörde so halte ich auch hier vergeblich Ausschau nach meiner Begleiterin vom vergangenen Tag. Ich hätte sie gern noch einmal gesehen, noch immer spüre ich den zärtlichen Druck ihrer Hand in meiner. Doch ich habe mir nicht einmal ihren Namen gemerkt, und so traue ich mich auch nicht, nach ihr zu fragen. Ich bedanke mich und verlasse die Rotkreuzstation.

Im Pfarrhaus angekommen, packe ich meine Sachen zusammen, denn in Kürze, wie ich mich bereits informiert habe, fährt ein Zug nach Hannover ab. Ich verabschiede mich vom Herrn Pfarrer, der mir Grüße für den Provinzial mit auf den Weg gibt, verabschiede mich von der Haushälterin und gehe, jetzt mit zwei Koffern bepackt, zur Bahnhaltestelle.

15

Ich bin in Deutschland, in der Bundesrepublik Deutschland, im „Reich", wie die Oberschlesier sagen, im Wirtschaftswunderland, in dem angeblich Milch und Honig fließen.
Und angekommen am Hauptbahnhof in Hannover trete ich feierlich durch das Portal auf den Bahnhofsplatz hinaus – ich habe meine Koffer in der Bahnhofshalle in einem Schließfach verstaut - , trete also freihändig feierlich auf den Bahnhofsplatz und - ich bin überrascht, denn ich werde begrüßt, begrüßt von einem riesigen Pferdehinterteil, von einem Pferdeschwanz, der sich mir buschig wehend entgegenstreckt, und von dem Reiter auf dem Pferde, der mir den Rücken zukehrt, dieser breite, kantige Rücken, und die Mütze auf dem Kopf, ein randloser Zylinder mit einem Federbusch darauf, Sobieski hatte so etwas getragen, Jan Sobieski, der Polenkönig, auf einem historischen Gemälde von Matejko, als er im Jahre 1683 vor Wien die Türken schlug. Doch es ist nicht Sobieski, natürlich nicht, was sollte der hier auf dem Bahnhofsplatz in Hannover, ich gehe einige Schritte voran, schaue mir Pferd und Reiter jetzt von der Seite an, es ist irgendein August – Ernst August, so steht es eingraviert auf dem hohen Marmorsockel - , der allen, die durch das Bahnhofsportal die Stadt betreten, seinen Rücken zukehrt oder, wenn man so will, allen voraus- und voranreitet geradewegs in die Prachtavenue hinein, die vom Bahnhofsplatz aus zwischen hohen Häuserfassaden irgendwohin führt.
Ich bin in Deutschland, in der Bundesrepublik Deutschland. Es ist der 4. Mai 1963, ein Uhr mittags, und die Sonne scheint auf den Bahnhofsplatz, auf dem ich stehe, begrüßt von einem mir nicht bekannten Ernst August, dessen Pferd jetzt zornig auf mich herabschaut, immerhin begrüßt, auch wenn sonst niemand von

mir Notiz nimmt, die vielen Menschen nicht, die an mir vorbeiströmen, ich stehe da und gucke.
Die vielen Menschen. Und wie sehen sie aus, diese bundesrepublikanischen Deutschen, die Niedersachsen, die Hannoveraner? Auf jeden Fall sind sie solide gekleidet, groß gewachsen, überwiegend blond, ihre Gesichter breit, offen,
Wir sind die Niedersachsen,
Sturmfest und Erd´ verwachsen,
das haben wir seinerzeit als Kinder gesungen,
Heil, Herzog Widukind Stamm.
Doch da sind auch erstaunlich viele dunkle Typen darunter, das müssen die Gastarbeiter sein, die Italiener, die Spanier, die man jetzt, wie ich gehört habe, hierher holt, damit sie die bundesrepublikanische Wirtschaft in Schwung halten, und auch Asiaten sind dabei, schlitzäugige Asiaten, und Neger, schwarz wie die Nacht, ein bunt schimmerndes Flair, das Flair der weiten Welt auf dem Bahnhofsplatz in Hannover. Ich stehe da und gucke.
Und da fährt auch schon die Straßenbahn vor, mit der ich nach Hannover-Kleefeld ins Kloster fahren könnte – im Lager Friedland haben sie über alles Bescheid gewusst, auch über die Nummer der Straßenbahnlinie, die vom Hauptbahnhof nach Kleefeld fährt - . Doch ich habe es nicht eilig, lasse sie ruhig abfahren. Meine lieben Mitbrüder wissen zwar, dass ich komme, ich habe mich noch von Schlesien aus schriftlich bei ihnen angemeldet, doch konnte ich selbstverständlich weder die Uhrzeit noch den Tag meiner Ankunft nennen. Nein, ich habe es nicht eilig und bin bereits entschlossen, erst zum Abendessen im Kloster zu erscheinen und den Nachmittag zu nutzen, um schon einmal, wenn auch nur für ein paar Stunden, in die Atmosphäre dieser Stadt einzutauchen, mich beeindrucken zu lassen von deren Tempo und der Dynamik, deren Puls zu spüren, den Puls einer

Großstadt des „Goldenen Westens", der „Freien Welt".
Und so lasse ich mich forttreiben vom Strom der Menschen in die Richtung, wohin der stolze Ernst August auf seinem wilden Rosse mich weist, geradeaus in die Straße hinein, in die breite Prachtstraße mit den riesigen Schaufenstern, eins neben dem anderen, darin protzig zur Schau gestellt das deutsche Wirtschaftswunder, die Errungenschaften, die Blüten des Wohlstands: Herrenbekleidung, Damenbekleidung, Damenunterwäsche, und wie reizend das alles dekoriert ist, nein, komponiert, diese Ausstellungen, es sind Kunstwerke, vor denen man verweilen könnte. Doch ich brauche keine Bekleidung, ich habe in meinem Koffer einen neuen Anzug, Schuhe, Wäsche. Schließlich bin ich nicht der eleganten Konfektionen wegen oder des Wohlstands wegen nach Deutschland gekommen.
Die Straße mündet in einen Platz, Am Kröpcke heißt er, so steht es jedenfalls auf dem Namensschild, ein Platz, von dem aus die Straßen in alle Richtungen weiterführen, und in allen Richtungen saubere, gepflegte Fassaden, gepflegte Bürgersteige. Wo sind die Trümmer geblieben, die Trümmer des Krieges? Schließlich hat man, das weiß ich wohl, während des Krieges wie alle größeren Städte Deutschlands auch Hannover bombardiert. Schon erstaunlich, wie schnell es gelungen ist, diese Zeichen der Schande zu beseitigen, zu entsorgen, zu übertünchen.
Vom Kröpcke aus in alle Richtungen, die Qual der Wahl, ich gehe halb links die breite Verkehrsstraße entlang, auf der anderen Straßenseite wiederum ein Platz, und in dessen Mitte ein pompöser Prachtbau im barocken Stil. Jetzt sehe ich das Straßenschild, Opernplatz steht da, also ist es die Oper. Dann bin ich am Ägitorplatz – Kröpcke, Ägi, was für Namen? Ich werde sie mir merken müssen - , und hier entdecke ich endlich, wonach ich bereits seit einiger Zeit Ausschau halte, eine Buchhandlung,

die „Buchhandlung am Ägi". Fasziniert, überwältigt stehe ich vor dem Schaufenster, vor der Masse von Büchern, Bücher in allen Größen, in allen Farben, doch ich sehe gleich, sie sind keineswegs wahllos dahingestellt, da gibt es eine Ordnung, sie sind nach Fachbereichen gruppiert, und ich brauche nicht lange zu suchen, das, was mich interessiert, befindet sich in zentraler Position, springt sofort in die Augen: die deutsche Literatur der Gegenwart. Einige Namen kenne ich, Gottfried Benn zum Beispiel, doch Max Frisch, Friedrich Dürrenmatt, Martin Walser, von diesen Schriftstellern habe ich nie etwas gehört, auch von Heinrich Böll oder Günther Grass nicht. Ich werde viel lesen müssen. Zwangsläufig greife ich nach meiner Brusttasche, nach der Brieftasche, in der das Begrüßungsgeld aus Friedland steckt, Bücher kosten Geld. Ich kann mir kaum vorstellen, dass ich in der Klosterbibliothek die Romane und Gedichte der gegenwärtigen Schriftsteller finden werde. Andrerseits kenne ich die Patres in Hannover-Kleefeld nicht, vor allem den Guardian nicht, weiß nicht, was der von der deutschen Gegenwartsliteratur hält, habe auch keine Ahnung, wie es um die Klosterkasse bestellt ist, wie hoch in etwa die Messstipendien, die wichtigste Einnahmequelle der Mönche, hier in der Bundesrepublik sind, wie großzügig die Wohltäter und Freunde des Klosters. Meine liebe Tante Lene kommt mir in den Sinn, ich werde sie möglichst bald besuchen und mich für die Einladung bedanken müssen. Doch als Wohltäterin kommt sie nicht in Frage, sie lebt ja selbst, wie ich weiß, weitgehend von Spenden. Bücher kosten Geld. In die Buchhandlung selbst wage ich mich nicht hinein. Schließlich habe ich nicht vor, gleich am Tag meiner Ankunft in Deutschland ein Buch zu kaufen. Also setze ich mich auf einen der Stühle des Straßenkaffees „Am Ägi", bestelle einen Kaffee und schaue mir die Menschen an, die Autos, die Straßenbahnen, verfolge den

Verkehr.

Großstadtflair am Ägitorplatz, am Kröpcke, am Steintor, und die riesige Kirche am Markt, doch dann gegen Abend fahre ich, wie geplant, mit der Straßenbahn hinaus nach Hannover-Kleefeld.

Das Franziskanerkloster, es liegt an der Kirchröder Straße, der Hauptverkehrsstraße, die durch Kleefeld hindurch nach Kirchrode führt. Die Klosterkirche, ein eher schlichter Bau in einer Art neuromanischem Stil, offensichtlich aus der Zwischenkriegszeit, ausgerichtet parallel zum Straßenverlauf, mit einem kleinen viereckigen Glockenturm auf dem Dach, das Klostergebäude dahinter in einem verhältnismäßig großen Garten, mit einem Querflügel mit der Kirche verbunden.

Ich schellte an der Pforte. Und bald erschien auch im Pfortenfenster der Kopf des Pförtnerbruders. Offensichtlich war er informiert und auf meine Ankunft vorbereitet, denn als ich mich vorstellte, begrüßte er mich wie einen alten Bekannten, allerdings mit einem, wie mir schien, etwas spitzen, hintergründigen Lächeln. Ich musste nun einmal damit rechnen, dass die Patres und Laienbrüder hier, bedingt durch die Erfahrungen mit den aus Schlesien angekommenen Mitbrüdern, womöglich auch mir mit gewissen Vorbehalten entgegentreten werden.

Er sei Bruder Ansgar, sagte er, als er mir die Pforte öffnete und mich hereinbat. Er teilte mir mit, dass der Guardian augenblicklich nicht im Hause sei, dass also er mir mein Zimmer zeigen werde und ich mich dann beim Pater Provinzial anmelden und vorstellen könne. Er führte mich die Treppe hinauf ins Obergeschoss und öffnete hier eine der vielen Türen: mein Zimmer, ein Tisch, ein Stuhl, Schrank und Bücherregal, die übliche spartanische Ausrüstung einer Klosterzelle, doch immerhin, da war auch ein Waschbecken an der Wand und darüber ein Wasserhahn. Ich stellte meine Koffer ab, und ohne mich weiter umzuschauen, folgte ich Bruder Ansgar, der mich gleich zu Pater Provinzial führte.

Pater Provinzial, ein noch junger Mann, sein Kopfhaar allerdings bereits stark gelichtet, mit einem offenen Gesicht und dunklen Augen unter einer hohen Stirn, er reichte mir die Hand, hieß mich willkommen und bot mir einen Stuhl gegenüber seinem Schreibtisch an. Ich schaute ihm dreist ins Gesicht, ich wollte gern wissen, wie ehrlich sein Willkommensgruß eigentlich gemeint war. Nein, damals vor Jahren, als ich mich an die Provinzleitung wandte und um die Einladung nach Deutschland bat, war er noch nicht im Amt. Und es war durchaus möglich, dass er von der Ablehnung, von der Ignorierung meiner Bitte durch seinen Vorgänger nichts wusste, davon gar nichts erfahren hatte. Andererseits war ihm auf jeden Fall bekannt, dass einige der jungen Patres, die aus Schlesien hier angekommen waren, bald darauf den Orden verlassen hatten. Ich schaute ihn forschend an, doch ich konnte keinerlei Misstrauen in seinem Gesicht erkennen. Im Gegenteil, seine Stimme klang freundlich und unbefangen, als er mich nach den Schwierigkeiten und Strapazen der Ausreise fragte. Ich berichtete über deren Verlauf, auch über den Aufenthalt in Friedland und übermittelte ihm unter anderem auch die Grüße des dortigen Pfarrers. Bald darauf ertönte auf dem Korridor der Gong, es war, wie ich mit einem Blick auf die Uhr schließen musste, der Ruf zur abendlichen Meditation. Pater Provinzial entschuldigte sich: Wir werden, sagte er, in den kommenden Tagen noch genügend Zeit haben, uns ausführlicher zu unterhalten. Er entließ mich mit dem Hinweis, dass wir uns gleich beim Abendessen im Refektorium wieder sehen werden. Ich ging in meine Zelle, begann die Koffer auszupacken, die Sachen, soweit wie möglich in den Schrank zu räumen, zog die

Kutte an und ging hinunter ins Erdgeschoss, wo ich das Refektorium vermutete. Bald kamen auch in geordneter Reihe die Mitbrüder auf dem Gang daher, ich schloss mich ihnen an, und so betraten wir gemeinsam das Refektorium, wo wir uns vor den Tischen aufstellten, um das Tischgebet zu sprechen. Danach, als wir uns gesetzt hatten, stellte mich Pater Provinzial der versammelten Klostergemeinschaft vor und begrüßte mich als ihr neues Mitglied. Es waren sechs oder sieben Patres da und zwei Laienbrüder. Unter den Patres sah ich zu meiner Überraschung zwei mir wohl bekannte Gesichter, es waren Karl und Joachim, meine Klosterweggefährten von den Anfängen an, Leidensgenossen bereits im Collegium Seraphicum in Neisse, dann während der Studienzeit in Breslau und Glatz. Ich wusste zwar, dass sie irgendwann nach Deutschland ausgereist waren, doch hatte ich mich für ihr weiteres Verbleiben wenig interessiert. Nun saßen wir wieder gemeinsam an einem Tisch. Sie hatten bereits erfahren, dass ich mich hier im Kloster angemeldet und meine Ankunft angekündigt hatte, und so waren sie nicht überrascht, mich zu sehen. Ich nutzte die Gelegenheit und fragte sie nach Ihren Eindrücken und Erfahrungen, die sie bis dahin hier in der Bundesrepublik gemacht hätten, nach ihren Aufgaben, ihrer Arbeit in der Seelsorge, nach der Atmosphäre hier im Haus. Und ich hörte, dass ihnen am Anfang die deutsche Sprache doch erhebliche Schwierigkeiten bereitet hätte, dass sich ihre Arbeit grundsätzlich auf Wochenendaushilfen in den umliegenden Pfarreien beschränke, und was die Atmosphäre hier im Haus betrifft - wirst schon sehen, sagten sie. Ja, ich hatte es bereits gesehen und sah und erlebte es auch gleich wieder nach dem Abendessen: zunächst stehend vor den Tischen das Tischgebet, dann schön zu zweit Psalmen murmelnd aus dem Refektorium die Gänge entlang ins Oratorium, und im Oratorium nach dem

Abendgebet das gemeinsame Chorgebet, die Matutin und die Laudes. Gleich am ersten Abend erlebte ich es: in diesem Hause herrschte strenge Observanz, hier regierte der Gong, der die Hausbewohner von früh bis spät vor sich hertrieb. Ich kannte dieses Leben, nur zu gut erinnerte ich mich an die Jahre meiner Ausbildung angefangen vom Neisser Kollegium bis hin zur Studienzeit in Breslau und Glatz. Andererseits war mir durchaus bewusst, dass seit Urzeiten ein geregelter von gemeinsamen Gebeten und Übungen geprägter Tagesablauf nun einmal zum Klosterleben gehörte. Doch ich hatte seit Jahren kein geregeltes Klosterleben mehr geführt und dachte mit Entsetzen daran, dass ich mich nun wieder werde einfügen müssen in dieses sich unerbittlich drehende Räderwerk der Haus- und Tagesordnung, Psalmen murmelnd die Gänge entlang vom Oratorium zum Refektorium und wieder zum Oratorium, und dies womöglich bis an das Ende meines Lebens.

Am folgenden Tag war Pater Guardian wieder im Hause. Er bat mich zu sich und wie bereits Pater Provinzial so ließ auch er sich über den Verlauf meiner Ausreise berichten. Dann bemerkte er mit einem gewissen Erstaunen, dass ich doch recht gut deutsch spreche, und meinte, dass er mich daher doch sicher ohne weitere Anlaufzeiten bald mit seelsorglichen Arbeiten werde beauftragen können. Natürlich schicken wir dich nicht gleich am nächsten Sonntag hier in Hannover auf die Kanzel, sagte er, aber im weiteren Umland gibt es viele kleinere Gemeinden, die sich freuen werden, wenn du ihnen am Sonntag die Messe liest und dazu auch paar erbaulich Worte sagst. Ich erklärte mich gern dazu bereit. Doch bat ich ihn, mir zuvor einige Tage Urlaub zu gewähren, um meine Tante zu besuchen, die in Westfalen wohne. Sie sei, so erklärte ich ihm, die Schwester meines Vaters, meine einzige näher Verwandte hier in der Bundesrepublik, und schließlich sei sie es gewesen, die mir die Einladung zugeschickt und so meine Ausreise ermöglicht habe. Es wäre daher doch sicher angebracht, wenn ich sie besuchte und mich dabei bei ihr für ihre Mühe persönlich bedankte. In diesem Zusammenhang erwähnte ich das Begrüßungsgeld, das ich in Friedland erhalten und noch bei mir hatte, und bat ihn, es für diese Reise verwenden zu dürfen. Er zeigte durchaus Verständnis für mein Vorhaben und war sowohl mit der Reise als auch mit der Verwendung des Geldes einverstanden.

Per Post meldete ich mich bei meiner Tante an und fuhr einige Tage darauf mit dem Zug von Hannover über Hamm und Lippstadt nach Geseke und von dort mit dem Bus in das kleine Dorf, in dem meine Tante lebte. Sie wohnte in einer Dachkammer zur Miete, und war, so schien es mir jetzt, als ich sie nach den vielen Jahren wiedersah, noch kleiner geworden, als ich sie in Erinnerung hatte: gebückt, nach vornüber gekrümmt fast bis zum Boden. Ach, ich bin ja so froh, sagte sie, gleich nachdem sie mich begrüßt hatte, und ich bin ja so stolz darauf, dass es mir gelungen ist, dir diese Einladung zu besorgen, das alles war ja für mich so aufregend, dabei schaute sie mich von unten herauf an, indem sie den Kopf etwas drehte, und ihre Augen glänzten. Na, dann komm doch herein, ich stand immer noch in der Tür, leg ab, den Koffer kannst du vorläufig hier zur Seite stellen und setz dich, sie schob mir einen Stuhl zu. Ich sah, dass auch mein Besuch sie jetzt wieder sehr aufregte. Du wirst sicher hungrig sein nach der Reise, ich habe schon etwas vorbereitet, dann kannst du dich gleich ein wenig stärken.
Tante Lene, sie hatte ihr Leben lang in Neisse gewohnt. Noch während des Krieges hatte sie uns hin und wieder in unserem Heimatort besucht. Einmal während der Schulferien hatte sie

mich nach Neisse mitgenommen. Ganze zwei Wochen lang hatte ich damals bei ihr verbracht. Nun überbrachte ich ihr die Grüße von meinen Eltern aus der Heimat, berichtete über meine Ausreise, über das Lager Friedland, die Patres in Hannover, während sie mich bediente.
Dann fragte sie mich, wie lange ich wohl bleiben dürfe. Sie habe mich bereits beim Pfarrer angemeldet, denn schließlich, sagte sie, müsse ich doch morgen früh die heilige Messe lesen, dabei habe der Herr Pfarrer von sich aus angeboten, dass ich für die Zeit meines Aufenthalts hier am Ort in der Pfarrei übernachten könne, schließlich weiß er, wie beengt ich wohne. Sie habe sich auch überlegt, was wir wohl unternehmen könnten, wenn ich vorhätte, länger zu bleiben. So könnten wir zum Beispiel nach Paderborn fahren, dort den Dom besichtigen und die Quelle der Pader, oder nach Soest, wo es auch einige schöne Kirchen gibt, oder wir könnten eine Wallfahrt nach Telgte unternehmen, zur Mutter Gottes nach Telgte, das alles könne man recht einfach mit dem Bus erreichen. Ich staunte über die Unternehmungslust meiner Tante, ich rechnete nach, sie war fünf Jahre älter als mein Vater, also war sie bald siebzig, und mit diesem Gebrechen, mit diesem verkrüppelten Rücken, ich war erstaunt. Doch für den heutigen Nachmittag, so fügte sie gleich entschieden hinzu, sind wir zunächst einmal bei guten Bekannten zum Kaffee eingeladen. Ich habe ihnen natürlich von dir erzählt, und da sind sie ja schon so neugierig darauf, dich kennen zu lernen.
Die guten Bekannten wohnten im Nachbardorf, daher machten wir uns auch bald auf den Weg.
Ich hatte die Kutte aus dem Koffer geholt und angezogen, und so gingen wir zunächst durch das Dorf, ein Franziskanerpater neben dieser kleinen gebrechlichen Person, für die Dorfbewohner sicherlich kein alltäglicher Anblick. Doch ich sah bald, dass

meine Tante hier nicht nur bekannt, sondern auch beliebt war. Unser Fräulein, so sprachen sie die Leute an, die uns grüßten und sie dabei beim Namen nannten. Ja, ja, die Leute kennen mich, sagte sie zu mir, als wir dann zum Dorf hinaus auf der Chaussee entlang gingen, ich trage nämlich hier und in den Nachbardörfern schon seit Jahren das Kirchenblatt aus, daher komme ich mit den Menschen immer wieder in Kontakt. Unser Fräulein, ich wusste wohl, dass sie nie verheiratet war, wusste aber auch, dass sie insgesamt kein leichtes Leben gehabt hatte, unsere Mutter hatte uns oft davon erzählt – Tante selbst hatte nie darüber gesprochen - , seit ihrem neunten Lebensjahr war sie Vollwaise, und während unseren Vater die Verwandten väterlicherseits zu sich genommen und aufgezogen hatten, hatte sie die Familie der Mutter, die für sie eigentlich verantwortlich war, in ein Waisenhaus gesteckt. Mit vierzehn Jahren dann ging sie, wie es damals üblich war, „in Stellung", als Dienstmädchen, als Kindermädchen und schlug sich so durchs Leben. Wann sich ihr Rücken zu krümmen begonnnen hatte, das wusste auch unsere Mutter nicht zu sagen. Auf jeden Fall erinnere ich mich an ein Foto, auf dem sie als Kind im Alter von acht oder neun Jahren abgebildet war, damals sah sie gesund aus, keinerlei Anzeichen irgendeines Gebrechens, ein ansehnliches, hübsches Mädchen.
Es war ein warmer Frühlingstag. Das Nachbardorf war etwa drei Kilometer weit entfernt. Mit Rücksicht auf meine Tante bemühte ich mich, besonders langsam zu gehen, da ich meinte, dass ein derartiger Fußmarsch für einen behinderten Menschen anstrengend sein müsse. Dann kamen die ersten Häuser in Sicht, und meine Tante versuchte mich auf den Besuch einzustimmen. Ja, ja, sagte sie, du wirst schon sehen, es sind nette, freundliche Menschen. Sie haben mir damals sehr geholfen, als ich hier angekommen bin, es war ja eine so schlimme Zeit.

Ich wusste, dass sie das Ende des Krieges in Neisse erlebt hatte, dann aber, wie alle zurückgebliebenen Deutschen, von den polnischen Behörden vertrieben wurde. Ja, es war eine schlimme Zeit. Und nun erzählte sie mir, wie sie hier im Frühjahr 1946 in Viehwaggons gepfercht und halb verhungert angekommen waren und wie die Bauern ihre Hunde auf sie gehetzt und sie von ihren Höfen gejagt hatten, bis dann die Polizei gekommen sei und den Bauern mit dem Gefängnis hatte drohen müssen, damit sie sie in ihre Häuser aufnahmen. Doch das ist schon lange her, sagte sie, das war halt der Krieg, und allen ging es damals nicht gut. Nein, sie fühle sich doch recht wohl hier, und sie habe auch viele nette Menschen kennen gelernt, die ihr immer geholfen haben.

Und dann besuchten wir ihre Bekannten, einige von diesen netten Menschen. Es waren auch Vertriebene, ein älteres Ehepaar und ihre bereits erwachsene Tochter, die sich freuten, mit einem soeben aus Schlesien gekommenen über ihre Heimat plaudern zu können.

Als wir wieder zu Hause waren, beklagte sich meine Tante, dass der Weg sie doch sehr angestrengt habe. Und da ich nun glaubte, dass ich offensichtlich doch noch zu schnell gegangen sei, meinte ich, mich dafür entschuldigen zu müssen. Aber nein, sagte sie, im Gegenteil, du bist zu langsam gegangen, gerade das hat mich ja so angestrengt. Ich staunte erneut.

Am folgenden Tag dann besuchten wir Paderborn, den Dom, die Paderquelle, und während der Wanderungen durch die Stadt konnte ich feststellen, dass meine liebe Tante – ich hatte sie von vornherein gebeten, sie möge doch so schnell gehen, wie sie es gewohnt sei, dass ich mich ihr schon anpassen werde - tatsächlich ein recht hohes Tempo auch über längere Strecken einhalten konnte, so dass ich Mühe hatte, ihr zu folgen.

Am dritten Tag jedoch verabschiedete ich mich. Ich war überzeugt, dass mein Besuch ihr bereits genügend Aufregung bereitet hatte. Ich bedankte mich für ihre Gastfreundschaft und versprach, von nun an öfter einmal wiederzukommen.
Tatsächlich besuchte ich sie danach wohl ein- oder zweimal im Jahr, bis sie schließlich im Alter von fünfundsiebzig Jahren starb. Sie sei eines Morgens nicht mehr aufgewacht, sagten mir ihre Wirtsleute, die mich gleich darauf benachrichtigt hatten. Da sie sich nicht wie sonst gemeldet hatte, waren sie in ihr Zimmer gegangen und hatten sie tot im Bett vorgefunden.

16

Mit einer Kranichfeder.
Von meinem Besuch in Westfalen zurück in Hannover hatte ich mir, bevor ich vom Bahnhof aus ins Kloster fuhr, in der „Buchhandlung am Ägi" für den Rest des Begrüßungsgeldes aus Friedland zwei Lyrikbändchen gekauft: *Deutsche Lyrik, Gedichte seit 1945*, herausgegeben von Horst Bingel, und *Mit einer Kranichfeder, Gedichte*, von einem oberschlesischen Dichter namens Heinz Piontek.

Es mussten zunächst einmal Gedichte sein. Noch immer glaubte ich an meine besondere dichterische Begabung, fühlte mich zum Dichter berufen und nicht etwa zum Schriftsteller. Schriftsteller, schon allein der Name klang mir viel zu prosaisch, klang nach Schreibstube, nach alltäglichem Kleinkram. Die Schriftsteller, so glaubte ich damals, beschrieben lediglich die Wirklichkeit, wie sie nun einmal ist, die Dichter dagegen, sicher, oft genug besangen auch sie nur deren Schönheit, doch die großen unter ihnen kratzten zugleich auch an ihrer Oberfläche, rüttelten an ihren Fundamenten, sie waren die Seher, die Propheten, verpflichtet nicht nur der Schönheit, sondern auch der Wahrheit, die die Risse und Wunden der Welt offen legten.

Es mussten also Gedichte sein, und zwar Gedichte zeitgenössischer deutscher Dichter. Schließlich war ich derentwegen nach Deutschland gekommen und war nun gespannt, zu erfahren und zu erleben, wie sie die Welt von heute sahen und deuteten, in welche Richtung sich die deutsche Dichtung zur Zeit entwickelte. Dass man die Probleme des technischen Zeitalters nicht mit der Feld-, Wald- und Wiesenpoesie Eichendorffs erfassen könne, das war mir wohl bewusst. Ich war überzeugt, dass die technischen Entwicklungen das Leben der Menschen vor allem in den

Großstädten veränderten und damit auch ein neues Lebensgefühl hervorbrachten, dem letztlich die Zukunft gehören werde. Und um dieses Gefühl zum Ausdruck zu bringen, brauchte es einer neuen Sprache, neuer sprachlicher Bilder. Ich selbst hatte ja in dieser Richtung bereits einige Versuche unternommen.
Was ich allerdings nicht wusste, war, dass es bereits am Anfang des zwanzigsten Jahrhunderts eine Generation von Dichtern gegeben hatte, die um diese neue Sprache gerungen hatten, die Dichter des Expressionismus. Leider kannte ich sie nicht und wenn, dann nur dem Namen nach.
Auch Heinz Piontek kannte ich nicht. Doch immerhin, er war mein Landsmann, ein Oberschlesier, lediglich einige Jahre älter als ich und hatte, wie ich dem Klappentext entnehmen konnte, bereits einige Literaturauszeichnungen erhalten. Also griff ich gespannt nach seinem Gedichtband, obwohl mich schon allein der Titel hätte warnen müssen: *Mit einer Kranichfeder.* Gedichte, geschrieben mit dem Federkiel, mit einer Kranichfeder? Wie ernst konnte das wohl gemeint sein? Und dann lese ich die Titel der einzelnen Gedichte: *Herbststrophen, Vor herbstlichen Hügeln, Winterrätsel, Schneenacht,* lese von *Äpfeln in Korb und Keller,* von der *Apfelpresse,* und ich bin entsetzt: das sind die wohlbekannten Versatzstücke aus der Requisitenkammer der Spätromantik oder aus dem Biedermeier, das sind Relikte des neunzehnten Jahrhunderts. Wo sind die Bilder des modernen Lebens, des technischen Fortschritts, die das heutige Leben bestimmen? In welcher Welt lebt dieser Dichter? Dem Klappentext entnahm ich, dass er während des Krieges Soldat bei der Wehrmacht war. Sollte der Krieg keinerlei Spuren in ihm hinterlassen haben? Immerhin stammten diese Gedichte aus dem Zeitraum von 1957–1962. Keine Erinnerungen an Kriegsgräuel, an Zerstörungen, Trümmer, an Auschwitz?

Äpfel in Korb und Keller. Und dennoch sind diese Gedichte – das erkannte ich sofort - weder biedermeierlich noch romantisch, sie beschreiben weder eine ländlich-häusliche Idylle, noch sind sie getragen von irgendeinem Gefühl, ob nun der Sehsucht oder der Leidenschaft. Es sind gedankliche Konstruktionen, Kopfgeburten, es sind Worträtsel, zum großen Teil derart verschlüsselt, dass ich keinen Sinn darin erkennen konnte. Zum Beispiel das Gedicht, dessen Titel zugleich auch Titel des Gedichtbandes ist:

> Mit einer Kranichfeder
>
> Dein harscher Ton.
>
> Am Kehllaut erkenn ich
> die Schönheit.
> Die Partisanin.
>
> Erhell mein
> hinterlistiges Herz.
>
> Schwarz auf weiß.

Sollte dies womöglich die Richtung sein, in die sich die deutsche Lyrik entwickelte?
Auch in dem Gedichtband *Deutsche Lyrik, Gedichte seit 1945* gab es genügend Texte, deren Sinn ich trotz ernsthafter Bemühungen nicht erfassen konnte. Am verständlichsten waren noch die Gedichte, die vom Krieg handelten: Klagelieder über die Zerstörungen, über Leid und Not, die der Krieg mit sich gebracht hatte, oder auch Anklagen gegen die Verursacher, die Täter. Doch für mich war der Krieg bereits in weite Fernen gerückt,

ich spürte weder das Verlangen noch sah ich irgendeine Notwendigkeit, mich damit zu befassen. Ich hatte diesen Krieg nicht angezettelt, ich war kein Nazi, auch mein Vater nicht, und meine Mutter schon gar nicht. Dafür hatten uns die Polen in Schlesien die Gräueltaten der Deutschen, begangen während des Krieges, jahrelang und deutlich genug vor Augen geführt. Doch ich war nicht bereit, nur weil ich ein Deutscher war, mich persönlich schuldig zu fühlen und mein Leben lang in Sack und Asche zu verbringen. Die Dichter, die in diesem Band zu Worte kamen, waren in der Regel älter als ich, wenn auch nur wenige Jahre, hatten dementsprechend den Krieg vielleicht bewusster erlebt und glaubten nun über die Klagen und Anklagen hinaus, auch vor dem Vergessen der Gräueltaten warnen und auf die Gefahr neuer Konflikte hinweisen zu müssen:

lies keine oden, mein sohn, lies die fahrpläne:
sie sind genauer....

so lautet zum Beispiel der Beginn eines Gedichts von Hans Magnus Enzensberger mit dem Titel: *Ins Lesebuch für die Oberstufe*. Keine Oden, also keinen Goethe, keinen Hölderlin, keinen Novalis, dafür die Fahrpläne. Als ob die Oden in ihren Aussagen nicht auch genau und die Fahrpläne in Bezug auf ihre Funktion hin immer zuverlässig wären. Nein, ich ließ mich nicht beirren. Ich glaubte nicht daran, dass der Faschismus in Europa jemals wieder sein Haupt werde erheben können. Andererseits war ich im Gegensatz zu allen gutgläubigen Aposteln der Friedensbewegungen überzeugt, dass man die Kommunisten in der Sowjetunion nur mit militärischer Macht vor weiteren Aggressionen abschrecken könne, dass der Westen also gerüstet sein müsse und dass Europa, wenn auch gespalten, nur auf diese Weise in einer relativen Sicherheit werde leben können.

Was mir weit wichtiger schien als die Ängste vor Faschisten und Kommunisten und mich weit mehr faszinierte, war nun einmal der rasante Fortschritt der Technik, waren die technischen Entwicklungen, die es den Menschen erlaubten, sich mehr und mehr aus den traditionellen Bindungen an Natur und Gesellschaft zu lösen und die ihnen neue, ungeahnte Möglichkeiten in der Gestaltung ihres Lebens boten. Dabei ging es nun nicht mehr nur darum, ihnen mit Hilfe der Maschinen die Arbeit um das tägliche Brot zu erleichtern, sondern um weit mehr, es ging – und davon war ich überzeugt – um die Herrschaft über Raum und Zeit, um das berauschende Gefühl, Macht zu haben, Grenzen zu sprengen, Grenzen, die uns das Leben auf dieser Erde setzt, oder diese zumindest möglichst zu erweitern. Bereits im Oktober 1957 hatten die Russen den ersten Sputnik auf eine Erdumlaufbahn geschossen, ein Vehikel, das zunächst einmal nur Piepsignale zur Erde sandte, die wir ungläubig an den Rundfunkgeräten verfolgt hatten, doch bald transportierten sie auch Hunde in den Weltraum, die Laika, dann die Strelka und die Belka, und schließlich im April 1961 den ersten Menschen, Gagarin. Und während vor allem die Amerikaner erschreckt in die Lüfte schauten und darauf warteten, ob dieser Gagarin ihnen eine Bombe auf den Kopf werfen werde, faszinierte mich der Gedanke, dass die Menschheit nun zum ersten Mal im Verlauf ihrer Evolution einen entscheidenden Schritt voran wagte. Wie einst die Reptilien ihre Nasen schnuppernd aus dem Wasser steckten, um dann ihren Lebensraum zu verlassen und sich den neuen Bedingungen eines Lebens auf dem Lande anzupassen, so schickten sich nun die Menschen an, aus ihrem Biotop Erde auszubrechen und sich in den Weiten des Weltraums neue Siedlungsräume zu suchen. Welch ein Triumph des menschlichen Geistes! Und der Preis dafür? Die Kälte in den unendlichen Weiten des Alls, die Ein-

samkeit, die Heimatlosigkeit. Was trieb die Menschen in dieses wahnwitzige Abenteuer, was war der Mensch, dass er diesen Schritt wagte und offensichtlich auch bereit war, jeden Preis dafür zu zahlen?
Vergeblich suchte ich bei den zeitgenössischen Dichtern nach Hinweisen auf dieses, wie ich meinte, menschheitsbewegende Thema. Sollten womöglich die Worträtsel, Wortspiele, die Sprachakrobatik in ihren Gedichten die Antwort auf diese Fragen sein? Und wo blieb die Leidenschaft, das Engagement, mit dem man, wie ich glaubte, ein derartiges Thema behandeln müsste? Mit einer Kranichfeder in den Weltraum! In Oberschlesien sagte man dazu: auf der Kartoffelhacke zum Mond.
Ich war dreist genug, um die gesamte in diesem Bändchen versammelte Dichterzunft einfach zu ignorieren. Heute weiß ich, dass darunter auch große Namen waren wie zum Beispiel Ingeborg Bachmann und auch gute Gedichte wie die später berühmt gewordene Todesfuge von Paul Celan. Doch damals nahm ich sie nicht wahr. Überzeugt von mir selbst und getragen von meinem poetischen Sendungsbewusstsein versuchte ich auf meine Weise in Worte zu fassen, was mich bewegte, im Glauben, dass allein große Gefühle und erregende Visionen genügen, um gute Gedichte zu schreiben. Hier ein Beispiel aus dieser Zeit:

Danke schön
  - der Verkäuferin in der Buchhandlung „Am Ägi" in
    Hannover
Drei Bücher
ausgesucht aus vielen Fächern
- doch, bitte, suchen Sie sie nicht
in den Fächern ihres Gedächtnisses
zu viele Kunden kamen und gingen schon seit jenem Tag –

drei Bücher
in meiner, in Ihrer Hand
dann auf dem Ladentisch zurechtgerückt, verpackt
und dann
zurechtgerückt
um Augen, Nase, Mund
und zu mir hin
was man sonst Lächeln nennt
ein Hängeschild
wenn im Laden Ausverkauf
mit der Aufschrift: Bitte recht freundlich.
Trotzdem:
Danke schön.

Was bleibt uns
wenn in Alfateilchen, Gammaquanten
Herzwärme verflog im Weltraum
wenn wir die Pille Unsinn
täglich
schon gewöhnt zu schlucken?
was bleibt uns
als dieses zurechtgerückte, fabrizierte Lächeln
ein Plastiklächeln.

Weinen um Sternennächte
wenn Neonlicht in buntgefärbten Röhren
                am Himmel glüht?
um Wälderrauschen
wenn mit neuen Klänge uns betören
arbeitende Motoren?
Plastiklächeln

hartgebrannt
in Gaskammern
im Aufblitzen gespalteten Atoms
es überdauert Budapest* und Skopje**
ein schmaler Rand
auf dem zusammengedrängt
uns einzig noch das Bleiben möglich scheint.
Danke schön.

---

* Anspielung auf die Niederschlagung des ungarischen Volksaufstandes durch die Sowjetarmee im Herbst 1956.
** Anspielung auf das Erdbeben im Juli 1963, das die Stadt völlig zerstörte und über tausend Menschenopfer forderte.

Doch um Gedichte zu schreiben und mich eingehender mit der deutschen Literatur zu befassen, blieb mir damals wenig Zeit zur Verfügung.
Wie angekündigt hatte mich mein Guardian bald nach der Rückkehr von meinem Besuch in Westfalen zu meinem ersten Seelsorgeeinsatz ins Terrain geschickt, eine Wochenendaushilfe, zu der wie üblich auch die Sonntagspredigt gehörte. Die musste ich allerdings erst einmal ausarbeiten. Hatte ich in den letzten Jahren in Schlesien die in polnischer Sprache gehaltenen Predigten in der Regel frei vorgetragen, so hielt ich es für ratsam, diese nun bis ins Detail auszuformulieren, schriftlich zu fixieren und auswendig zu lernen, um sie sicher auf der Kanzel vortragen zu können. Das kostete Zeit. Doch auf diese Weise blieb sie wie auch die weiteren Predigten, die ich im Verlauf des Sommers an verschiedenen Orten in Niedersachsen gehalten hatte, als Handschrift erhalten.
Die vielen zwischen den Zeilen und an den Seitenrändern an-

gebrachten Korrekturen, Einschübe und Streichungen lassen erkennen, das ich an diesen Texten fleißig gearbeitet und gefeilt haben musste. Dennoch zeigen sich vor allem in der Ausdrucksweise noch genügend Unsicherheiten.

Und worüber habe ich damals gepredigt, in Steinhude oder Algermissen oder Berenbostel, an Orten, die ich zuvor nie gesehen hatte, was habe ich meinen Zuhörern, die wie üblich zur Sonntagsmesse in ihre Kirche gekommen waren, gesagt, diesen frommen Christenmenschen, die ich nicht kannte?

„Hütet euch vor den falschen Propheten!", so lautet zum Beispiel das Thema einer dieser Predigten, ein Thema, das ich offensichtlich aus dem betreffenden Sonntagsevangelium übernommen habe. Und da spreche ich zunächst einmal von den wahren Propheten, von deren Rolle als die Stimme Gottes im Volke Israel, dann von den falschen, von denen Jesus spricht und damit offensichtlich die Pharisäer meint, um schließlich nach den wahren und falschen Propheten in unserer Zeit zu fragen. Und ich räume ein, dass es nicht immer leicht ist, die einen von den anderen zu unterscheiden, dass die falschen oft im Schafspelz daherkommen. Wer sind nun die falschen Propheten in unserer Zeit? Die Verleger der Illustrierten zum Beispiel, die uns in ihren Magazinen eine heile Welt vorgaukeln oder die Filmproduzenten und Regisseure, die uns mit ihren Filmen in Scheinwelten entführen und verführen? Doch es gibt auch gute Filme, und es gibt gute Artikel in den Zeitschriften. An ihren Früchten werdet ihr sie erkennen, so lautet der Rat, den Jesus seinen Zuhörern im Evangelium gibt, man erntet nicht Feigen von Disteln. Doch Früchte – so wage ich einzuwenden - reifen oft nicht schnell genug, um sie zu identifizieren. Nein es ist nicht leicht, die falschen Propheten und ihre irreführenden Botschaften rechtzeitig als solche zu erkennen. In unserer Welt, so stelle ich grundsätzlich fest, in unserem Leben sind das Gute und das Böse oft miteinander vermischt, die heilsbringenden und die irreführenden Botschaften oft nicht ohne weiteres zu unterscheiden. Und dennoch, dies ist unsere Aufgabe, in der Flut der Reklame das Gute und Nützliche zu entdecken, aus der Wirrnis der Propaganda die Wahrheit herauszufiltern, sie zu erkennen und ihr zum Siege zu verhelfen...

In einer anderen Predigt erzähle ich meinen Zuhörern - wiederum folgend dem Sonntagsevangelium - die Skandalgeschichte vom gerissenen Verwalter, der das Gut seines Herrn verschleudert hat und nun zur Rechenschaft gezogen wird. Wissend, dass er sein Amt verlieren werde, bestellt er seine Pächter zu sich und erlässt ihnen weitgehend ihre Schulden, in der Hoffnung, dass, wenn er, seines Amtes enthoben, mittellos sein wird, diese ihn dann unterstützen werden. Und während der Herr in der Geschichte den Verwalter trotz seiner Unehrlichkeit lobt, dass er klug gehandelt habe, fügt Jesus, der diese Geschichte seinen Zuhörern erzählt, hinzu: „Auch ich sage euch, macht euch Freunde mit Hilfe des ungerechten Mammons, damit ihr in die ewigen Wohnungen aufgenommen werdet, wenn es mit euch zu Ende geht."
Und nun fordere ich meine Zuhörer auf, einmal genau hinzuhören, was hier Jesus eigentlich sagt. Er spricht vom ungerechten Mammon, mit dem man sich Freunde schaffen soll. Und er sagt es nicht nur den Zuhörern seiner Zeit, er sagt es auch uns, heute, auch wir sollen uns Freunde schaffen mit unserem ungerechten Mammon. Das heißt also, und so müssen wir wohl die Worte Jesu deuten, dass unser Besitz, dass alles, was wir unser eigen nennen, unrechtes Gut sei. Meine lieben Zuhörer, so fahre ich fort, ich kann mir gut vorstellen, dass sie jetzt gegen eine solche Behauptung protestieren wollen: Herr Pater, unser Besitz ist

keineswegs unrechtes Gut, wir haben dafür hart gearbeitet, wir haben gespart, unrechter Besitz, das klingt ja nach einer kommunistischen Parole, das haben ihnen wohl die Kommunisten beigebracht, ihre Sprache, ihr Akzent verrät ja, dass sie aus dem Osten kommen. Ich gebe zu, dass ich tatsächlich aus dem Osten komme, dass ich erst vor kurzer Zeit aus Schlesien in die Bundesrepublik übergesiedelt bin, dass aber trotzdem dieser Satz nicht von den Kommunisten, sondern von Jesus stammt und die Kommunisten ihn, wenn überhaupt, dann von Jesus übernommen haben.

Doch wie, so frage ich, sollen wir dann diese Aussage verstehen? Als Antwort weise ich noch einmal auf den Anfang der Geschichte hin. Da ist von einem Herrn die Rede, und wir können ruhig annehmen, so sage ich, dass damit Gott gemeint ist, Gott, der Herr, der sein Gut, das heißt die Erde mit all ihren Gütern und Reichtümern, uns überlassen hat, damit wir sie verwalten. Und wir, die Verwalter, verwalten sie schlecht, wir verschleudern, veruntreuen die Reichtümer der Erde. Aber, so werden sie einwenden, da gibt es ja noch die Pächter, also können mit dem Verwalter nicht wir alle gemeint sein. Sicher, doch die Pächter wissen genau, dass der Verwalter krumme Geschäfte macht und dennoch sind sie bereit, mit ihm gemeinsame Sache zu machen und das unrechte Gut zu teilen. Wir alle also, ob Verwalter oder Pächter, gleich in welcher Position wir auf dem Gut des Herrn arbeiten, ob als Direktoren, Manager, Abteilungsleiter oder als gewöhnliche Arbeiter, wir alle veruntreuen die Güter des Herrn. Doch in dieser Geschichte geht es letztendlich nicht um die Untreue. Und es lobte der Herr den ungetreuen Verwalter, dass er klug gehandelt habe, so endet die Geschichte. Wenn wir also - und das will uns wohl die Geschichte sagen - schon mal untreu sind, so sollen wir doch wenigstens klug sein und uns mit den wenn auch unrechtmäßig erworbenen Gütern Freunde schaffen, uns gegenseitig unterstützen und helfen. Und das meint sicherlich auch Jesus, der ja diese Geschichte uns, seinen Zuhörern, erzählt: es kommt nicht darauf an, auf welche Weise wir unseren Besitz erworben haben, ob wir ihn uns erarbeitet, ihn geerbt oder im Lotto gewonnen haben, schafft euch damit Freunde für die Zeit der Not, benutzt das, was ihr besitzt sinnvoll, indem ihr euch gegenseitig unterstützt und helft...

Ob ich mit diesen Predigten meine Zuhörer überzeugt oder zumindest auf irgendeine Weise angeregt und beeindruckt habe, weiß ich nicht. Soweit ich mich erinnere, habe ich mich damals darum auch wenig gekümmert. Zu sehr war ich von mir selbst als dem „wahren Propheten" überzeugt, überzeugt von der Gültigkeit meiner Worte, überzeugt von der Bibel als der Grundlage des christlichen Glaubens, vom christlichen Glauben als dem einzigen Weg zum Heil.

Um so verblüffender ist es festzustellen, dass ich zur gleichen Zeit, als ich diese Predigten schrieb und hielt, auch Gedichte wie zum Beispiel das oben abgedruckte verfassen konnte, Gedichte, die offensichtlich nicht mehr vom christlichen Glauben an einen gütigen und gnädigen Gott oder von irgendeiner Hoffnung getragen sind. Offensichtlich gab es damals in meinem Kopf zwei Abteilungen, die getrennt und unabhängig voneinander agierten, ihren eigenen Gesetzen folgten. Doch wie es mir möglich war, von der einen in die andere zu wechseln oder diese schizophrene Spannung, diesen religiös-metaphysischen Spagat durchzuhalten, weiß ich heute nicht mehr.

Die seelsorglichen Wochenendausflüge in die niedersächsische Provinz, so anstrengend sie auch manchmal waren, so boten sie doch eine Abwechslung im monotonen Klosteralltag.

Es musste Mitte Juli gewesen sein, an irgendeinem Wochentag Mitte Juli. Wir hatten uns wie üblich am Nachmittag im Refektorium zum Kaffeetrinken getroffen, einige Mitbrüder, dabei diesmal ausnahmsweise auch Pater Provinzial, und unterhielten uns wie so oft über Schlesien, über die Glatzer Berge. Irgendwie kamen wir auch auf Waldenburg zu sprechen, und ich erwähnte eher beiläufig, dass ich dort vor einem Jahr am Korrespondenz-Gymnasium als Externer das staatliche Abitur gemacht hatte. Pater Provinzial horchte auf und fragte erstaunt, was mich wohl dazu angetrieben hatte, schließlich hatte ich das Studium schon längst hinter mir und stand schon seit Jahren im Beruf. Und ich antwortete wahrheitsgetreu, dass ich zu dieser Zeit die Hoffnung noch nicht aufgegeben hatte, irgendwann einmal ein ordentliches Universitätsstudium aufnehmen zu können, wie es einigen Mitbrüdern, die gemeinsam mit mir studiert hatten, vergönnt war. Und dazu brauchte ich nun einmal ein staatlich anerkanntes Abitur. „So, so", sagte Pater Provinzial, und dann, als wäre es die selbstverständlichste Sache auf der Welt, fragte er mich, ob ich noch weiterhin Lust hätte zu studieren? Dieser nette Provinzial, ich hätte ihm um den Hals fallen können. Nein, er wusste es nicht, woher auch, er wusste nicht, wie sehr ich mich bis dahin um ein Studium bemüht hatte, wie wichtig es für mich war. Schließlich, so meinte er, könnte die Provinz für Ottbergen Lehrkräfte mit einem abgeschlossenen Universitätsstudium durchaus gebrauchen. Ich kannte Ottbergen, ein Kloster nicht weit von Hannover entfernt, ich hatte vor kurzem die Gelegenheit, das Haus zu sehen. Darin war das Gymnasium der Provinz untergebracht, ein Gymnasium mit Internat, um Nachwuchs für den Orden und die eigene Provinz heranzubilden, Nachwuchs vor allem aus den aus Schlesien vertriebenen Familien.
„Und was", so höre ich nun die Frage, „möchtest du denn studie-

ren?" Nein, auch das konnte der nette Provinzial nicht wissen, dass ich vor allem der deutschen Sprache wegen in die Bundesrepublik gekommen war. „So, so, Germanistik", und nun schien er doch nicht nur etwas erstaunt, sondern auch etwas besorgt dreinzuschauen. „Na ja, werden mal sehen".
Es war mir klar, dass er eine derartige Entscheidung nicht am Kaffeetisch treffen werde, und ich wusste auch, dass er sie nicht allein treffen konnte, sondern dafür die Zustimmung des Provinzrates brauchte. Andrerseits, wenn er mir tatsächlich die Erlaubnis für ein Studium geben sollte, käme als Beginn sowieso erst das Wintersemester in Frage, das Mitte Oktober begann. Es gab also Zeit genug, einmal für den Provinzial und seinen Rat, um die Entscheidung gründlich zu überdenken, und dann auch für mich, um mich bis dahin in Geduld zu üben, mich vorzubereiten und auf meine Vorgesetzten wie auch auf alle lieben Mitbrüdern einen möglichst guten Eindruck zu machen. Dass man mich nun beobachten werde und ich mich bewähren musste, das war mir klar. Also nahm ich fleißig an allen möglichen Übungen teil, erschien immer pünktlich zu allen Veranstaltungen, vor allem zum Morgengebet und war freundlich zu jedermann, bis dann...
Tatsächlich, Anfang Oktober rief mich der Provinzial zu sich und teilte mir mit, dass der Provinzrat beschlossen habe, mich zum Studium an die Universität Münster zu schicken, dass er mich bereits im Franziskanerkloster in Münster angemeldet habe und ich dort während des Studiums werde wohnen können. Ich sollte also meine sieben Sachen packen und einfach losfahren. Er wünsche mir alles Gute und vor allem Erfolg beim Studium.

17

In Münster regnet es, oder es läuten die Glocken, und wenn es regnet und die Glocken läuten, dann ist Sonntag.
Und du kennst die Steigerung von schwarz: schwarz, Paderborn, Münster.
Mit diesen und ähnlichen Sprüchen hatten mich die Mitbrüder im Kloster in Münster begrüßt. Die Mitbrüder: nicht alle waren Westfalen, wie man hätte vermuten können. Etliche stammten aus anderen Gegenden Deutschlands, aus den anderen Franziskanerprovinzen, auch ein Spanier war darunter. Sie wohnten hier im Kloster, um an der Universität ihr Studium fortzusetzen, um zu promovieren oder, wie ich es nun auch vorhatte, das Staatsexamen für das Lehramt abzulegen. Und die spotteten über die schwarzklerikale Westfalenmetropole, mit den vielen Kirchen, in der tatsächlich, wie ich bald feststellen konnte, zu allen Tageszeiten die Glocken läuteten. Doch dass es hier häufiger als sonst wo regnete - Münster, das Regenloch, wie sie es nannten - , das konnte ich auch nach Jahren meines Aufenthalts in dieser Stadt nicht bestätigen. Und wenn du – so ein weiterer Spruch, mit dem die Schwaben oder die Kölner mich glaubten belehren zu müssen – wenn du mit einem Westfalen warm werden willst, musst du zunächst einmal mit ihm ein Fass Salz leeren. Die Westfalen, der Guardian zum Beispiel oder der Vikar und noch eine ganze Reihe älterer und jüngerer Herrn. Wie üblich trafen sie sich an den Sonn- und Feiertagen, aber auch sonst im Laufe der Woche, wenn sich irgendeine Gelegenheit bot, am Abend im Rekreationssaal. Und dann saßen sie um den großen runden Tisch in der Ecke des Saales, nuckelten, in Rauchwolken gehüllt, an den dicken mit roten Bauchbinden geschmückten Zigarren, vor sich auf dem Tisch den Bierkrug und neben dem Krug das Schnaps-

glas. Rauchst du? Nein, danke. Willst du ein Bier? Nein, danke. Wat für ein Komiker! Ich hatte mich zu ihnen an den Tisch gesetzt und lauschte den Witzen, die sie sich gegenseitig wie Pingpongbälle durch die Rauchschwaden zuwarfen, Witze, Anekdoten, über die man, so glaubte ich, höchstens schmunzeln durfte, nicht lachen, auf keinen Fall laut lachen. Diese Westfalen, sie waren mir auf Anhieb sympathisch. Leben und leben lassen, das schien ihre Devise zu sein. Und sie ließen mich leben. Auch wenn ich nicht rauchte und weder Bier noch Schnaps trank, ließen sie mich einfach auf meinem Platz sitzen und nahmen nun weiterhin keine Notiz mehr von mir, als wäre ich nicht anwesend. Und mir war es recht. Schließlich war ich nicht der Westfalen wegen nach Münster gekommen, war, bei aller Sympathie, nicht unbedingt daran interessiert, ihre Aufmerksamkeit zu erlangen, schon gar nicht, Fässer Salz mit ihnen zu leeren, um irgendwann einmal mit ihnen warm zu werden. Das bevorstehende Studium war es, das Studium an der Universität, das all meine Aufmerksamkeit fesselte, meine Phantasie beflügelte und mich über die Zigarrenrauchwolken, über die Bier- und Schnapsgläser hinweg in lichtere Regionen davontrug.

Ich erinnere mich noch genau, mit welcher Begeisterung ich an den folgenden Tagen durch die Straßen der Stadt ging. Das Semester begann erst in der zweiten Oktoberhälfte, ich hatte also genügend Zeit, mich umzusehen, die Stadt näher kennen zu lernen und die in den verschiedenen Teilen der Stadt liegenden Universitätsgebäude aufzusuchen. Und da stehe ich, den Stadtplan in der Hand, auf dem Prinzipalmarkt, verrenke mir den Hals, um zur Turmspitze der Lambertikirche hinaufzuschauen, stehe gegenüber der hochragenden gotischen Fassade des Rathauses, und ich weiß, dass man hier nach dem Dreißigjährigen Krieg den berühmten Westfälischen Frieden unterzeichnet hat, bereits während des Geschichtsunterrichts im Gymnasiums habe ich davon gehört, die Arkaden unten und darüber in der ganzen Breite der Front die riesigen Fenster, deren Spitzbögen sich schwungvoll gegen die Last der Geschichte zu stemmen scheinen, obwohl der obere Teil der Fassade gleich einer Theaterkulisse in den Oktoberhimmel ragt. Und auch dem Rathaus gegenüber am Prinzipalmarkt entlang Arkaden, steinerne Arkaden, doch die Bögen hier eher geduckt, in sich gekrümmt, und darunter die Münsteraner, die Westfalen, die mir entgegenkommen, an mir vorbeiziehen, mich überholen, und ich weiß, sie werden mich hier leben lassen, in ihrer Stadt, in ihrem Lande, ich werde hier leben können, studieren können.

Es ist ein Wochentag, ein Vormittag eines gewöhnlichen Wochentages, so sind vor allem die Frauen unterwegs, und ich schaue in die offenen, breitflächigen Gesichter, die Gesichter der Westfälinnen mit den sanften Augen, ihr Blick, wie durch einen dünnen Schleier hindurch.

Vom Prinzipalmarkt zum Domplatz sind es nur wenige Schritte. Der Dom, weiter zurückgesetzt am Rande des Platzes, wuchtig, beängstigend, das Bollwerk der Christenheit, Münster, die Hochburg des Katholizismus im protestantischen Norden Deutschlands, schwarz, Paderborn, Münster. In der Eingangshalle des Doms eine Fotogalerie: Münster nach dem Bombenangriff während des Krieges, der Dom in Trümmern. Und wieder staune ich, wie schon so oft in den Städten der Bundesrepublik, die ich bis dahin gesehen habe, staune, wie schnell man es doch geschafft hat, die Trümmer des Krieges zu beseitigen und die uralten Gemäuer wieder herzurichten. Draußen an der Westseite des Platzes direkt dem Dom gegenüber das Seminar der katholischen Theologie, ein rotes Backsteingebäude im neugotischen

Stil. Ist es möglich, dass es den Bombenhagel heil überstanden hat, oder hat man es auch in diesem Stil tatsächlich wieder aufgebaut? Daneben eines der Hauptgebäude der Universität, das Fürstenberghaus, mit den Fakultäten der Geisteswissenschaften, der Philosophie, der Geschichtswissenschaften, der Germanistik. Doch die Verwaltung der Universität - darüber haben mich bereits meine Mitbrüder hinreichend informiert - befindet sich nicht hier, sondern außerhalb der Altstadt im Schloss am Hindenburgplatz.

Das Schloss, ein dreiflügeliger spätbarocker Backsteinbau in einer weitläufigen Parkanlage, es ist die ehemalige Residenz des Fürstbischofs von Münster, wie eine neben dem Eingang angebrachte Tafel informiert. Zur Zeit sind hier nur wenige Menschen zu sehen, schließlich hat das Semester noch nicht angefangen. Doch das Sekretariat ist geöffnet, die Büros belegt, und so erkundige ich mich nach den Bedingungen für die Immatrikulation, nach den notwendigen Unterlagen. Und ich höre, dass ich mich erst ab dem Semesterbeginn werde immatrikulieren können, höre, dass die Aufnahmegebühr 30, - DM beträgt, die Sozialgebühren pro Semester 38, - DM, und dass darüber hinaus pro Semester weitere Gebühren hinzukommen, die abhängig von den belegten Vorlesungen und Übungen mitunter eine Höhe von 120 –130 DM erreichen können. Ich habe keine Ahnung, ob diese Beträge nun hoch oder gering oder angemessen sind, es braucht mich ja auch nicht zu kümmern, schließlich trägt der Orden, und zwar die Provinz in Hannover, die Kosten für meine Ausbildung. Das Studienbuch der Universität jedoch und ein Vorlesungsverzeichnis kann ich hier im Schloss im Sekretariat kaufen und gleich mit nach Hause nehmen, um mir die entsprechenden Fächer, Vorlesungen und Übungen auszusuchen und mich darauf vorzubereiten.

Und ich bereitete mich vor. Zwar hatte man mir bei der Wahl der Fächer freie Hand gelassen, doch für mich gab es keinen Zweifel, dass ich auf jeden Fall Deutsch studieren werde, auch wenn meine Brüder im Kloster, als sie dies hörten, recht erstaunt waren und glaubten, mich davor warnen zu müssen, wussten sie doch bereits über meine zum Teil polnische Vergangenheit und über den bisherigen Verlauf meiner Ausbildung Bescheid. Ich selbst hatte sie darüber informiert. Aber ich ließ mich nicht abschrecken, ich glaubte es besser zu wissen und war mir sicher, dass ich trotz der fraglichen Voraussetzungen auch dieses Abenteuer bestehen werde.

Da das Studium für das Lehramt an Gymnasien den Abschluss zweier in den Gymnasien vertretener Fächer voraussetzt, wählte ich als zweites Fach katholische Religion, in der Hoffnung, die Kenntnisse aus meinem bereits absolvierten Theologiestudium mit einbringen und mir auf diese Weise das Studium erleichtern zu können. Dass dies jedoch ein Irrtum war, sollte sich schon im Verlauf der ersten Semester herausstellen. Eine weitere Entlastung erhoffte ich mir von der Tatsache, dass ich gemäß der Studien- und Prüfungsordnung dank des bereits abgeschlossenen Philosophie- und Theologiestudiums vom Philosophicum, einer Zwischenprüfung verbunden mit der Anfertigung einer schriftlichen Arbeit, befreit wäre. Die dadurch gewonnene Zeit sollte auf jeden Fall dem Deutschstudium zugute kommen.

Ich nutzte also die noch verbleibenden Tage, verbrachte viel Zeit im Germanistikseminar und im Seminar der katholischen Theologie und informierte mich bei den betreffenden Assistenten über die Vorlesungen und Proseminare, die ich belegen wollte. So erfuhr ich die Anzahl der Pro- und Hauptseminare insgesamt, die ich als Lehramtskandidat für die Zulassung zur

Prüfung erfolgreich abschließen müsse, ferner dass es eine Reihe von Pflichtbelegungen gab, zum Beispiel zwei Seminare in Sprecherziehung und Vortragskunst, ein Pro- und ein Hauptseminar in Pädagogik oder im Fach Deutsch in der älteren Abteilung jeweils ein Proseminar in Gotisch, in Althochdeutsch und Mittelhochdeutsch.

Bei der Wahl der Professoren glaubten mir meine Mitbrüder, die bereits mehrere Semester hinter sich hatten und den Betrieb an der Uni kannten, gute Ratschläge erteilen zu müssen, indem sie einige der Professoren verspotteten, andere lobten. Doch ich wollte mir ein eigenes Urteil bilden und orientierte mich zunächst einmal an den angebotenen Themen und an den kurzen Einführungen dazu, die man in den Schaukästen und an den Wandtafeln in den Seminarräumen einsehen konnte.

Wie ich bald feststellte, nahmen die an der Universität studierenden Mitbrüder nur eingeschränkt am Klosterleben teil. Von der Pflicht zum Chorgebet waren sie grundsätzlich befreit, und zu seelsorglichen Tätigkeiten wurden sie lediglich in Ausnahmefällen herangezogen. Ich konnte also davon ausgehen, dass ich unter den gleichen Bedingungen hier im Kloster werde leben und studieren können, und so sah ich meiner nunmehr zweiten Studentenzeit recht zuversichtlich entgegen.

Das Kloster, das Franziskanerkloster in Münster, es liegt am Hörsterplatz, nicht weit von der Altstadt entfernt, ein zweistöckiges im Quadrat aus braunrötlichem Backstein erbautes Gebäude, das mit einer der Fronten direkt an den Hörsterplatz angrenzt. Die Kirche steht links davon, mit der Giebelwand zum Platz hin ausgerichtet, doch etwas weiter zurückgesetzt und durch einen kleineren Seitenflügel mit dem Kloster verbunden. Drei nebeneinander liegende, mit Rundbögen versehene Portale führen vom Vorplatz aus in die Kirche hinein, darüber strahlt eine aus dem gleichen Backstein geformte riesige Rosette, die den ganzen oberen Teil der Wand einnimmt. Auf dem etwas abgeflachten Dach der Glockenturm, hoch, schlank, spitz, mit Grünspan überzogenem Kupferblech bedeckt.

Die gesamte Anlage war, als ich in Münster ankam, noch neu, erst einige Jahre davor hatte man sie erbaut und darin die ordenseigene Hochschule für Philosophie und Theologie eingerichtet. Etwa zwanzig Fratres - oder waren es noch wesentlich mehr? - studierten hier und bereiteten sich auf das Priesteramt, auf das Leben als Priester im Orden vor. Darunter waren auch vier, die wie ich der schlesischen Franziskanerprovinz angehörten. Man hatte sie zum Studium hierher geschickt, weil die schlesische Restprovinz in Hannover nicht über die nötigen finanziellen und personellen Mittel verfügte, um eine eigene Hochschule zu unterhalten. Diese vier Fratres hatten schnell in Erfahrung gebracht, dass ich „einer der ihrigen" war. Merkwürdigerweise entsteht im Franziskanerorden über die Klostergemeinschaften hinaus vor allem unter den Mitgliedern einer Ordensprovinz ein besonderes Gefühl der Zusammengehörigkeit. Während in den einzelnen Klöstern die Belegschaften recht oft wechseln, bleibt die Zahl der Mitglieder einer Provinz über Jahre hinweg relativ konstant und von der Größe her überschaubar. Dadurch erwächst zwangsläufig das Gefühl einer schicksalhaften Verbundenheit, ähnlich der einer Großfamilie. Für die vier Fratres gehörte ich also zur Familie, woraus sich bald eine gewisse Vertrautheit im Umgang miteinander ergab. Hinzu kam, dass drei von ihnen aus Schlesien, beziehungsweise aus schlesischen Familien stammten und sich von da aus weitere gemeinsame Interessen entwickelten: Schlesien gegen den Rest der Welt. Diese engere Verbundenheit hielt an, auch als ich nicht mehr im Kloster wohnte und wir uns nur noch selten, zum Beispiel zu Skatnachmittagen, in meinem neuen Domizil trafen.

Doch zunächst einmal interessierte mich ausschließlich mein Studium. Das Semester hatte begonnen, ich hatte mich immatrikuliert, die Vorlesungen und Seminare belegt, die Aufnahme- und Sozialgebühren entrichtet und ging nun mit stolzgeschwellter Brust – ich Student einer deutschen Universität, der altehrwürdigen Westfälischen Wilhelms-Universität in Münster – jeden Morgen quer über den Hörsterplatz, die Hörsterstraße entlang, dann den Alten Fischmarkt hinauf, überquerte bei der Lambertikirche den Prinzipalmarkt, gelangte durch die Passage unter den Arkaden auf den Domplatz und von hier in das Fürstenberghaus, wo die meisten der Vorlesungen und Übungen, die ich mir ausgesucht hatte, stattfanden. Da saß ich nun im Hörsaal, mal in dem großen, H1, mal in einem der kleineren, erwartungsvoll - dabei hatte ich schon oft genug in den verschiedensten Hörsälen gesessen -, um den nunmehr von höchster Instanz autorisierten Offenbarungen der Wissenschaften zu lauschen. Und, wie angekündigt, im H1 die Vorlesung: *Der Weg zur klassisch-romantischen Dichtung* von Professor Preisendanz. Der Saal ist bis zum letzten Platz besetzt, wie viele Plätze sind es hier wohl, vier- oder fünfhundert, offensichtlich gibt es zu viele Germanistikstudentinnen und -studenten, Deutschland, das Volk der Dichter, die letzten, die hereinkommen, gehen gleich wieder, sie haben keine Lust, sich auf den Fußboden zu setzen, neben den Sitzreihen auf den Stufen wäre noch Platz. Professor Preisendanz, jetzt vorn am Pult: *einen größeren find'st du nit,* er meint den Saal, *nit,* sagt er, offensichtlich kommt er aus Schwaben, wie der Dichter, dessen Vers er gerade persifliert, er fühlt sich mit verantwortlich für diese misslichen Umstände, glaubt,

sich entschuldigen zu müssen.
Ich bin rechtzeitig gekommen, sitze in der letzten Reihe, die Wand im Rücken, vor mir die Reihen abfallend zum Pult hin, ich überblicke den Saal, die vielen Köpfe, alles junge Menschen, darunter die Erstsemester, sie müssen im Durchschnitt zehn Jahre jünger sein als ich, unruhig rutschen sie auf den Plätzen hin und her, schauen sich nach allen Seiten neugierig um, ein Meer von Haartrachten, Haarfarben, und darauf wie Bojen die schwarzweißen Nonnenhauben, zu zweit, zu dritt leuchten sie an verschiedenen Stellen im Saal, aber auch Mönche sind da in schwarzen oder braunen Habiten, zwei Kapuziner zum Beispiel, leicht zu erkennen an den flach auf den Schultern liegenden Kapuzen. Die schwarze Uni im schwarzen Münster.
Ich hatte vom ersten Tag an, wenn ich in die Stadt ging, die Kutte im Kloster gelassen. Ich war nämlich der Meinung, dass die Mönchskutte ein liturgisches Gewand sei, das man zu liturgischen Handlungen in der Kirche oder im Kloster tragen sollte, nicht aber auf der Straße im Alltag in der Stadt oder an der Universität. Ich wusste zwar, dass die meisten meiner Mitbrüder diese Meinung nicht teilten. Für sie war es selbstverständlich, dass ein Mönch immer und überall sein Mönchsgewand tragen, sich dadurch in der Öffentlichkeit als solcher zu erkennen geben und zu seinem Ordensstand bekennen sollte, vor allem in einer Umgebung oder in einer Stadt wie Münster, in der die Menschen, vom katholischen Glauben geprägt, die Mönche und Nonnen achten und verehren und, wenn sie ihnen auf der Straße begegnen, freundlich grüßen. Doch ich wollte nicht, dass man mich achtet oder gar verehrt, nur weil ich eine Kutte trage. Andererseits wollte ich meine Mitbrüder auch nicht zu sehr provozieren. Und so ließ ich zwar meine Kutte im Kloster, war allerdings auch nicht ganz zivil gekleidet. Ich trug einen schwar-

zen Anzug, dazu ein weißes Hemd mit einem vorn unter den Umschlagkragen geschobenen schwarzen Einsatz, war also als Priester, für Eingeweihte sogar als Mönch erkennbar, denn die Diözesanpriester trugen zum schwarzen Anzug das sogenannte Kollarhemd mit einem weißen rundumlaufenden Stehkragen. Die Freiheit, mich nach meiner Überzeugung zu kleiden, hatte ich mir von Anfang an herausgenommen, und die liberalen Westfalen ließen mich gewähren.

Und so saß ich also im Halbzivil im H1 und lauschte den Ausführungen von Professor Preisendanz über den Weg zur klassisch-romantischen Dichtung. Ich hatte mich auf diese Vorlesung vorbereitet, hatte mich in all den Jahren zuvor bereits intensiv mit der deutschen Literaturgeschichte befasst und so war mir das, was ich nun hörte, nicht neu. Dennoch schien es mir wichtig, die Professoren auch persönlich kennen zu lernen und mich mit deren besonderer Art, Themen zu behandeln und Schwerpunkte zu setzen, vertraut zu machen, denn schließlich musste ich bei einigen von ihnen irgendwann einmal das Examen ablegen. Doch wichtiger als die Vorlesungen waren auf jeden Fall die Seminare. Wie schon erwähnt, musste man, um zum Examen zugelassen zu werden, an ungefähr einem Dutzend Seminaren teilgenommen haben und den erfolgreichen Abschluss eines jeden Seminars durch ein Attest nachweisen können. Während die Anwesenheit bei Vorlesungen nicht überprüft wurde, bekam man dieses Attest – die Studenten nannten es einfach „Schein" - nur, wenn man tatsächlich bei den Sitzungen anwesend war und die Mitarbeit entweder durch ein persönlich ausgearbeitetes Referat oder eine Klausur am Schluss unter Beweis stellte. Dass demzufolge das Studium vieler Studenten, die zügig das Examen erreichen wollten, zu einer Jagd nach „Scheinen" ausartete, war unausweichlich.

Auch ich war, allein schon wegen meines fortgeschrittenen Alters, daran interessiert, das Studium möglichst bald abzuschließen und hatte gleich im ersten Semester im Rahmen der Germanistik neben zwei Vorlesungen, der von Professor Preisendanz und einer weiteren von Professor Just, zwei Proseminare belegt: *Einführung ins Mittelhochdeutsche,* und *Geschichte der deutschen Elegie,* wobei ich mir vornahm, für das letztere ein Referat auszuarbeiten. Für das Fach katholische Religion belegte ich drei Vorlesungen: *Einführung in das Alte Testament - die Propheten,* bei Professor Eising, *Das Evangelium nach Johannes Kap. 1-8,* bei Professor Gnilka und *Fundamentaltheologie II,* bei Professor Metz. Ich hatte also einiges zu tun und machte mich mutig an meine neuen Aufgaben heran.

18

Es musste im Februar gewesen sein, Ende Februar, als mich eines Abends Pater Guardian zu sich rief und mir mitteilte, dass bei den Klarissenschwestern an der Scharnhorststraße die Stelle eines Hauskaplans frei geworden sei, und mich fragte, ob ich vielleicht Interesse hätte, diese zu übernehmen. Ich hätte dort an sich nicht viel zu tun, meinte er, ich müsste nur täglich früh morgens den Schwestern die Messe lesen und an Sonn- und Feiertagen am Nachmittag eventuell eine Andacht halten. Die Predigt während der Sonntagsmesse würde ein Pater aus unserem Kloster übernehmen und auch, wenn ich mal verreisen wollte, würde man mich hier vom Kloster aus vertreten. Ich wäre dort gut versorgt, die Schwestern würden sich um mich kümmern, und sonst könnte ich mich ganz auf mein Studium konzentrieren. „Vielleicht gehst du einfach mal hin", sagte er, „schaust dich dort um, unterhältst dich mit den Schwestern und sagst mir dann Bescheid, ob es dir dort gefallen würde". Ich fragte mich, warum Pater Guardian ausgerechnet mir dieses Angebot machte, schließlich waren wir acht Patres, die an der Universität studierten, von denen, soweit ich das beurteilen konnte, ein jeder diese Aufgabe hätte übernehmen können. Dass ich bereits einmal Hauskaplan gewesen bin und von daher vielleicht ein Interesse an dieser Stelle haben könnte, das konnte er nicht wissen. Die Stelle eines Hauskaplans, und ich erinnerte mich an Ratibor, an das Notburgaheim in Ratibor, an die vielen alten, gebrechlichen, sterbenden Menschen. Doch diesmal sollte es ja kein Siechenheim sein, sondern ein Nonnenkloster. Also ging ich hin, gleich am folgenden Tag.
Vom Hörsterplatz aus zur Scharnhorststraße war es ein Fußweg von etwa einer halben Stunde, wenn man auf der Promenade

entlangging, unter den Linden der Promenade, die um die Altstadt herumführte, am noch stellenweise erhaltenen Stadtgraben entlang, dem Kanonengraben, wie man ihn hier nannte, mit den riesigen Rhododendren an den Böschungen und den schnatternden Enten auf dem Wasser und auf den angrenzenden Wiesen, bis zur Weseler Straße hin, die hier die Promenade kreuzte - dahinter der Aasee, langgestreckt bis zum Horizont hin - und wenn man jetzt die Weseler Straße ein Stückchen stadtauswärts ging, dann stieß man auf die Scharnhorststraße, die von rechts in die Weseler Straße mündete.

Das Klarissenkloster befand sich gleich an der Ecke Weseler / Scharnhorststraße, ein schon älterer Backsteinbau, offensichtlich noch aus dem neunzehnten Jahrhundert, die Klosterkirche mit der Apsis zur Weseler Straße hin ausgerichtet, im hinteren Teil daran angebaut einige Räumlichkeiten des Klosters, die direkt an die Scharnhorststraße angrenzten.

So stand es da, damals im Februar 1964, als ich dort zum ersten Mal vorbeikam, um es mir anzusehen, stand so in all den Jahren, in denen ich dort wohnte, und schließlich, als ich Münster verließ, blieb es so in meiner Erinnerung.

Und ich traute meinen Augen nicht, glaubte zunächst, mich im Ort verirrt zu haben, als ich bei meinem letzten Besuch in Münster nach vielen Jahren wieder einmal zur Scharnhorststraße hinausging und nach dem Kloster Ausschau hielt. Es war nicht mehr da. Ein riesiges viergeschossiges Büro- und Wohngebäude stand jetzt an der Stelle. Im Januar 2001, so erzählte man mir, hatten die Klarissenschwestern aus Mangel an Nachwuchs und aus Überalterung der wenigen, die noch da waren, das Kloster aufgegeben. Bald danach hatte man es samt Kirche abgerissen und das Grundstück neu bebaut. Doch hatten die Klarissenschwestern in der Zwischenzeit auf Wunsch des Bischofs am Domplatz direkt neben dem Dom in den Nebenräumen des Bischofspalais ein neues Kloster gegründet, das als das attraktivere Angebot für eventuelle Kandidatinnen keineswegs über Mangel an Nachwuchs zu klagen hatte und dort bis auf den heutigen Tag existiert.

Warum hatte ich mich damals wohl - und soweit ich mich erinnere, ohne längere Bedenkzeiten - entschlossen, diese Stelle anzunehmen? Offensichtlich war die Verlockung, wieder einmal mein eigener Herr zu sein, zu groß, der Wunsch, mich der Kontrolle irgendwelcher Vorgesetzten zu entziehen und dem Zwang der Haus- und Tagesordnung des Klosterlebens zu entkommen. Dabei waren gerade im Kloster in Münster die Vorgesetzten in der Wahrnehmung ihrer Aufsichtspflicht sehr großzügig, und von der Teilnahme am klösterlichen Leben war ich schließlich weitgehend befreit. Vielleicht war es auch die doch recht enge Klosterzelle am Hörsterplatz, die ich nun gegen ein etwas größeres Appartement mit Wohnraum, Schlafzimmer und Bad eintauschen konnte, das sich im oberen Geschoss des Wirtschaftsgebäudes befand, mit einem separaten Eingang von der Scharnhorststraße aus. Und schließlich: ich hatte bereits bei der Begrüßung während des Vorstellungsgesprächs bemerkt, dass ich hier durchaus willkommen wäre, dass mich die Schwestern nur allzu gern unter ihre Fittiche nehmen würden, diesen doch so schmächtigen und etwas blassen jungen Pater, der in ihnen, den schon etwas betagten Klosterfrauen, offensichtlich – und diese Erfahrung war mir nicht neu – die unterdrückten oder verdrängten mütterlichen Gefühle wieder zum Leben erweckte. Selbstverständlich wehrte sich mein Stolz stets gegen eine allzu wohlwollende Umsorgung, die oft mit einer Bevormundung einherzugehen pflegte. Doch war ich andererseits Realist genug, um nicht auch die Vorteile, die sich für mich aus der neuen Situation ergeben würden, zu sehen und nutzen zu wollen. So hatten die Schwestern unter anderem angedeutet, dass sie mir, wenn notwendig, auch finanziell werden unter die Arme greifen können. Zwar seien sie arm, sagten sie, nennen sich schließlich die „Armen Klarissen", lebten ausschließlich von Spenden, doch gäbe es genügend Wohltäter und Wohltäterrinnen, die für die Bedürfnisse des Klosters stets ein offenes Ohr und ein freigiebiges Herz hätten. Und tatsächlich, bald nachdem ich bei ihnen eingezogen war, stellte sich heraus, dass sie durchaus in der Lage waren, mich auch finanziell zu unterstützen, indem sie mir besonders günstige Messstipendien beschafften, so dass ich auch in dieser Hinsicht weitgehend unabhängig war und immer ein nicht zu knappes Taschengeld zur Verfügung hatte, von dem ich sogar einen Teil für eventuelle Urlaubsreisen zurücklegen konnte.

Ich war also umgezogen vom Hörsterplatz in die Scharnhorststraße zu den Klarissenschwestern, war nunmehr mein eigener Herr, war frei, frei, weitgehend unabhängig und einsam. Vor allem in den ersten Wochen und Monaten litt ich sehr unter dieser Einsamkeit, eine für mich unerwartete und kaum erklärliche Erfahrung. So ging ich an Sonn- und Feiertagen, manchmal auch während der Woche, wenn ich annehmen konnte, dass sich die Brüder aus irgendeinem Anlass im Rekreationssaal treffen werden, am Abend zum Hörsterplatz, setzte mich zu ihnen, hörte mir ihre Witze an, um dann spät in der Nacht wieder in das Klarissenkloster zurückzukehren.

Doch ich litt nicht lange, es waren, wie gesagt, nur einige Wochen, bis ich mich an das Single-Dasein und die Einsamkeit in der sicherlich jetzt bequemeren Wohnung gewöhnt hatte. Schließlich ging ich täglich zur Universität, begegnete hier den vielen jungen Menschen, die, wie mir schien, recht unbekümmert in den Tag hinein lebten, tauchte ein in den Strom der Kommilitoninnen und Kommilitonen, der sich auf dem Campus, in den Hallen und Gängen hin und her wälzte, schwamm mit und lernte bald den einen oder anderen von ihnen auch näher kennen. Vor allem unter den Teilnehmern der einzelnen Seminare in den überschaubareren Gruppen war es verhältnismäßig leicht, neue Bekanntschaften zu knüpfen.

Wer von uns die Initiative ergriffen oder den Anstoß gegeben hatte, weiß ich nicht mehr. Auf jeden Fall hatten wir uns gleich im ersten Semester zusammengefunden: eine kleinere Gruppe von drei Studentinnen und drei Studenten. Wir hatten die gleichen Proseminare der Germanistik belegt und dementsprechend auch die gleichen oder ähnliche Aufgaben zu lösen, und so blieben wir nach den Sitzungen oft noch eine Zeit lang zusammen, setzten uns in irgendeine Ecke im Seminarraum und diskutierten, selbstverständlich nicht nur über das Studium und die Hausaufgaben. Manchmal trafen wir uns auch in einem der Studentenwohnheime, in denen einige aus unserem Kreis wohnten, oder ich lud die ganze Gruppe zu mir in meine Wohnung ein. Ob es wohl ein Zufall war? Zu unserer Überraschung stellten wir nämlich fest, dass fünf von uns aus dem Osten stammten, aus Familien, die zu den Flüchtlingen oder Heimatvertriebenen gehörten: Gerhard war gebürtiger Ratiborer, Volker stammte irgendwo aus Niederschlesien, Hanni aus Ostpreußen und Elke, ob sie selbst in Oberschlesien geboren wurde, weiß ich nicht, jedenfalls stammte ihre Mutter daher. Nur Margrit kam aus Essen. Auch wenn ich mich bei unseren Begegnungen um ein kamerad-

schaftliches Miteinander bemühte, so nahm ich in der Gruppe doch eine Sonderstellung ein. Ich war nun einmal etwa zehn Jahre älter als die anderen und vor allem: ich war der „Herr Pater", als solchen hatten sie mich von Anfang an anhand der Kleidung identifiziert und auch kennen gelernt. „Herr Pater", so sprachen sie mich an und so akzeptierten sie mich in ihrer Mitte, auch Volker zum Beispiel, der ein Freigeist war und von Kirche und Religion nicht viel hielt. Volker gehörte zur Jugendgruppe irgendeiner Landsmannschaft, und so erfuhr ich zu meinem Erstaunen, dass man in diesen Kreisen tatsächlich Landkarten für die Wiederbesiedlung Schlesiens, Pommerns und Ostpreußens entwarf. Man war durchaus zutreffend über die schwach oder gar noch nicht besiedelten Ortschaften in den deutschen Ostgebieten informiert, Ortschaften, aus denen man die Deutschen vertrieben hatte, und hier glaubte man Anhalts- oder Ausgangspunkte für die Neuauflage eines „Dranges nach Osten" entdeckt zu haben, ein Unterfangen, über dessen Naivität ich mich nur amüsieren konnte. Auch Gerhard war politisch engagiert. Doch war er als Oberschlesier ein strammer Katholik voller Hochachtung für die Kirche und ihre Priester, und so empfand er die Bekanntschaft und den engeren Umgang mit einem Franziskanerpater, noch dazu einem gebürtigen Oberschlesier, als eine besondere Ehre. Er musste gleich zu Beginn des Studiums der Jungen Union beigetreten sein, denn als eines Tages Rainer Barzel, damals Mitglied des Bundesvorstandes der CDU, von der Jungen Union zu einem Vortrag eingeladen, im H1 der Uni erschien, war es Gerhard, der zu unserem Erstaunen diesen bereits berühmten Politiker durch den Hörsaal zum Podium geleitete.
Doch es war nicht die Politik, zumindest nicht vorrangig, die uns während unserer Begegnungen beschäftigte. Es war tatsächlich unser Studium, die Aufgaben und Themen des Studiums, oder

– da ich nun einmal als Theologe in der Runde saß – auch Themen aus dem Bereich der Theologie. Schließlich tagte zu dieser Zeit in Rom das Konzil, das Vaticanum II, das durch die angestrebten Reformen der katholischen Kirche ein lebhaftes Echo in breiten Teilen der Gesellschaft fand. Oder es waren Themen aus dem Bereich der Naturwissenschaften, die sich damals in einem ungeheuren Aufschwung befanden und das Bild von der Welt veränderten.

Doch ob wir während unserer Diskussionsrunden nur diskutierten oder manchmal auch unsere Diskussionsergebnisse auf eine feuchtfröhliche Weise besiegelten, weiß ich nicht mehr. Auf jeden Fall erinnere ich mich, dass wir eines nachts, nein, es war bereits drei Uhr morgens, die Grevener Straße stadteinwärts zogen und sangen: „O, du schöner Westerwald". Volker, der draußen in Kinderhaus wohnte - vielleicht war es aber auch Gerhard - , hatte uns zu sich eingeladen, und wir hatten uns bei ihm offensichtlich wohl gefühlt. Der Westerwald nachts auf der Grevener Straße in Münster, ein Pfadfinderabenteuer, eine Störung der öffentlichen Ordnung, ein Protest der Jugend gegen eine ruhebedürftige spießbürgerliche Gesellschaft. Und ich machte mit, sang mit. Ich fühlte mich wohl in der Runde dieser jungen Menschen, es schmeichelte mir, dass sie mich als ihresgleichen akzeptierten, und vor allem schmeichelte es meiner Eitelkeit, dass die Studentinnen der Gruppe, Hanni, Margrit und Elke, mir recht unverhohlen ihre Sympathien entgegenbrachten.

Hanni zum Beispiel, mit ihren braunen Kulleraugen und den dunklen Locken, die sich schwungvoll über ihrer hohen Stirn türmten. Eines Tages lud sie mich zu sich ein. Sie habe, so sagte sie mir, ein Referat anzufertigen und komme damit nicht klar, sei jedoch sicher, dass ich ihr dabei helfen könne, und fragte mich mit einem zweifellos verführerischen Augenaufschlag, ob

ich wohl dazu bereit wäre. Hanni wohnte im städtischen Studentenwohnheim an der Steinfurter Straße. Unsere Gruppe hatten sich hier schon einmal in den Gemeinschaftsräumen unten im Erdgeschoss getroffen. Doch diesmal bat mich Hanni hinauf in ihr Zimmer. Da unten, sagte sie, sei es zu ungemütlich, im Zimmer könne sie mir wenigstens einen Tee anbieten.
Ihr Zimmer, ein einfaches Wohnheimzimmer, spartanisch möbliert: Schreibtisch und Stuhl in der Mitte, dahinter in der Stirnwand das Fenster, links vom Schreibtisch an der Wand eine ausklappbare Couch, rechts, der Couch gegenüber, ein schmaler Kleiderschrank, daneben eine Art Sideboard und darauf eine Kanne mit einem Tauchsieder darin und zwei Gläser, in denen bereits Teetütchen hingen. Diese Einladung war also, wie ich sah, von langer Hand geplant, kein spontaner Einfall, keine Handlung im Affekt, keine mildernden Umstände also dafür, Hanni, die vorausschauende, die fürsorgliche Gastgeberin. Ich solle mich doch setzen, sagt sie, gewiss, es ist nur ein Stuhl da, der vor dem Schreibtisch, ich kehre ihr also den Rücken zu: Sie mögen doch Musik, höre ich plötzlich hinter mir, und dann hallen auch schon die Klänge eines Streichorchesters durch das Zimmer, Beethoven, Beethovens Romanze in G-Dur. Der Plattenspieler steht offensichtlich von der Couch verdeckt auf dem Fußboden. Beethoven, diesmal nicht der Prometheus, der die Himmel zum Einsturz bringen will, sondern Orpheus, Orpheus aus der Unterwelt, aus den Tiefen hinter der Couch her, ganz leise, ganz behutsam kommen Töne herauf, und doch bestimmt, eine Romanze ohne romantische Ausschweifungen, ohne chromatische Verrenkungen.
Dann sitzt Hanni mir gegenüber auf der Couch, ich habe meinen Stuhl zurechtgerückt. Auf einem Hocker zwischen uns der Tee, ein Teelicht, ein Teller mit Plätzchen. Ich frage nach dem An-

lass dieser Inszenierung, ob sie vielleicht Geburtstag habe, nein, nein, sagt sie und lacht dabei etwas schelmisch. Also frage ich nach dem Thema des Referats, schließlich sollte ich ihr bei der Arbeit helfen. Leider kann ich auf Anhieb nicht allzu viel dazu sagen, man müsste Sekundärliteratur wälzen, vielleicht sollten wir wenigstens eine Gliederung versuchen, den Stoff irgendwie eingrenzen. Ich rede, und Hanni lässt mich reden, doch ich merke, dass sie kaum zuhört, dennoch schaut sie mich unentwegt an, im Hintergrund noch immer Beethoven, jetzt bereits die zweite Romanze, die in F-Dur, sie schaut mich an, doch nicht verträumt, nein, keineswegs, ihre dunklen Augen sind hell wach, direkt auf mich gerichtet, fordernd ...

Gewiss, ich hätte mich zu ihr setzen können, setzen sollen, sie umarmen sollen, doch es fiel mir nicht ein, nichts fiel mir ein in dieser verfänglichen Situation, festgenagelt saß ich auf meinem Stuhl und redete, redete über das Referat, über die Gliederung des Stoffes.

Draußen war es mittlerweile dunkel geworden. Für mich höchste Zeit zu gehen. Ich bedankte mich für den Tee, die Plätzchen, versprach mich nach der Sekundärliteratur umzuschauen und stand auf. Auch Hanni stand auf, stand jetzt, während ich zur Tür ging, angelehnt an den Türrahmen, als wollte sie mir den Weg versperren. Für einen Moment standen wir uns gegenüber, ganz nahe, ich spürte ihren Atem, sah das Feuer in ihren Augen, diesen verführerischen Glanz. Doch auch jetzt fiel mir nichts ein, wortlos gaben wir uns die Hand, und ich verließ das Zimmer.

In der darauf folgenden Zeit sahen wir uns wieder wie üblich während der Vorlesungen, im Seminar oder trafen uns in unserer Diskussionsrunde. Doch vermieden wir es, uns zu zweit zu begegnen. Und es waren nur wenige Wochen vergangen, als ich von Margrit hörte – Margrit und Hanni waren eng miteinander befreundet – dass Hanni jetzt einen Freund habe, und tatsächlich sah ich sie von nun an öfter auf dem Campus Hand in Hand in der Gesellschaft eines Studenten, mit dem sie, zu unserem Bedauern, dann nach dem vierten Semester nach München ging, um dort weiter zu studieren.

Für Margrit war es wesentlich schwieriger, bei sich Besucher zu empfangen. Sie wohnte in der Nähe der Martinikirche in einem von Nonnen geleiteten und bewachten Studentinnenheim. Wenn man sie besuchen wollte – und ich hatte sie tatsächlich einmal besucht - , durfte man sich mit ihr nur im sogenannten Besucherzimmer treffen, einem Zimmer, wie die Besucherzellen im Gefängnis, ein Tisch und zwei Stühle, das war das gesamte Mobiliar.
Wie groß Margrits Sympathien für mich waren? Sie hatte sich, wie sie selbst zugab, in das hartrollende R meiner Aussprache vernarrt, und so necke ich sie manchmal, rollte ihr absichtlich etwas vor. Dann beklagte sie sich, dass ich sie nicht ernst genug nehme, dass ich mich über sie lustig mache, dass ich mit ihren Gefühlen spiele: Sie wissen gar nicht, sagte sie dann, was Sie da anrichten.

Dann war da noch Elke, die dritte in unserer Runde, sie war schlank, groß, etwa einen halben Kopf größer als ich, und hatte sanfte Rehaugen. Sie wohnte draußen in Angelmodde bei ihrer Mutter. Was sie für mich empfand, war schwer zu erraten. Sie war eher zurückhaltend. Während der Diskussionen äußerte sie sich selten, blieb dabei immer sachlich, ruhig. Auf jeden Fall lud auch sie mich eines Tages zu sich nach Hause ein. Kommen sie mal vorbei, sagte sie, meine Mutter wird sich freuen, sie kennen zu lernen, ich habe ihr schon einiges von Ihnen erzählt. Ich hatte damals ein Fahrrad zur Verfügung, mit dem ich oft weite Touren ins Münsterland unternahm, und so fuhr ich auch eines Tages nach Angelmodde hinaus. Elkes Mutter begrüßte mich recht herzlich, wir unterhielten uns über Oberschlesien, über Gleiwitz, die Stadt, aus der sie stammte. Dann aber saßen wir doch zu zweit, Elke und ich, in Elkes Zimmer, saßen am Arbeitstisch, der in der Mitte des Zimmers stand, uns gegenüber, vor mir ein Glas Tee und ein Teller mit Plätzchen. Und ich erinnere mich, wie verblüfft, ja geradezu entsetzt ich war, als Elke plötzlich von irgendwoher, offensichtlich aus einem Korb, der neben ihrem Stuhl stand, ein Strickzeug hervorholte und zu stricken begann. Nein, Elke, die elegante, hochgewachsene, schlanke Elke, Elke mit den sanften Rehaugen, und dann das Strickzeug, dieses hausmütterliche, großmütterliche Instrumentarium in ihren Händen, das passte nicht zusammen, zumindest nicht in meinem Kopf. Strickende Frauen, und die Stricknadeln, die sich rasch aufblitzend in ihren Händen bewegten, mal längs, mal im Quadrat angeordnet, darunter der Schal, der Strumpf oder, was immer daraus auch werden sollte, der immer länger wurde - Bilder aus meiner Kindheit, die ich glaubte hinter mir gelassen zu haben, aus einer Zeit, nach der ich mich keinesfalls zurücksehnte.

Ich wusste natürlich, dass man während des Strickens auch noch sprechen und sich unterhalten kann, Mutter hatte es schließlich immer getan, und so unterhielten wir uns, Elke und ich, während sie strickte und unterhalb ihrer Stricknadeln etwas heranwuchs, was immer es war oder werden sollte, und zusehends länger und länger wurde. Auch wusste ich, dass man, wenn man strickt, nicht unbedingt immer auf die Nadeln schauen muss, dass man ab und zu auch einfach aufschauen kann, und so bekam ich tatsächlich auch Elkes schöne Augen ab und zu zu sehen, wenn auch nur für kurze Augenblicke.

Als ich ging, verabschiedete ich mich selbstverständlich auch von der Mutter, die mich beschwor, doch möglichst bald wiederzukommen.
Soweit ich mich erinnere, war ich noch ein oder zweimal in Angelmodde. Elke dagegen sah ich häufiger an der Universität, und unsere Bekanntschaft hielt an, auch nachdem sich unsere Gesprächsrunde im vierten oder fünften Semester aufgelöst hatte. Gerhard und Volker hatten sich, ihren Interessen folgend, anderen für sie wichtigeren Gruppen angeschlossen, Hanni war mit ihrem Freund nach München gegangen, und ohne ihre Freundin Hanni hatte auch Margrit an unseren Begegnungen kein Interesse mehr.

19

Trotz der schönen Augen meiner Kommilitoninnen und trotz vielfältiger Ablenkungen, die das Studentenleben mit sich brachte, verlor ich mein Ziel, nämlich das Studium möglichst zügig voranzutreiben, nicht aus den Augen.
Ich hatte mein erstes Semester abgeschlossen und hielt als Ergebnis meiner Anstrengungen immerhin zwei „Scheine" in den Händen. „Mit Erfolg" stand darauf. Das war auf der üblichen Notenskala allerdings nur ein „befriedigend". Als Bewertung meiner Leistungen im Bereich der mittelhochdeutschen Grammatik - dafür stand der eine „Schein" - störte mich diese Note wenig. Umso mehr störte sie mich auf dem zweiten „Schein", denn es war die Bewertung meiner Arbeit über Hölderlin. Im Rahmen des Proseminars „Die Geschichte der deutschen Elegie" - angeboten von Professor Just - hatte ich mich für die Ausarbeitung eines Referats entschieden, und zwar über Hölderlins große Elegie „Brot und Wein". Ich kannte Hölderlin, hatte mich seit Jahren für diesen Dichter begeistert, glaubte ihn zu verstehen, hatte Guardinis umfangreiches Werk über ihn gelesen, und so war ich überzeugt, eine gute wenn nicht sogar sehr gute Arbeit abgeliefert zu haben. Dieses „mit Erfolg" war für mich also kein Erfolg, es war eine Enttäuschung, und das sagte ich auch dem Assistenten, der meine Arbeit bewertet hatte. Es waren nämlich in der Regel die Assistenten, die die Proseminare durchführten und auch bewerteten, auch wenn die Abschlussbescheinigungen dann von den Professoren unterzeichnet wurden. Der Assistent, wohl kaum älter als ich, ja, er bedaure, sagte er, er bedaure sehr, dass er mir keine bessere Note habe geben können, allerdings gemessen an den Durchschnittsergebnissen der Arbeit ist dies sicher eine gute Note. Er habe leider feststellen

müssen, dass mir offensichtlich Grundkenntnisse der Textanalyse fehlen.
Grundkenntnisse, Grundlagen, die Tonleitern, mein Herr, und ich erinnerte mich an Kattowitz, an Professor Gawlas in Kattowitz. Es ging auch hier wieder einmal um die Grundlagen, diesmal um Grundkenntnisse der Textanalyse. Und Guardini? Schließlich hatte ich mich in meiner Arbeit weitgehend auf dessen Erkenntnisse gestützt, ihn auch zitiert. Doch der Assistent hatte für Guardini nur ein müdes Lächeln übrig. Guardini, das ist ein Schöngeist, aber kein Wissenschaftler, sagte er und glaubte damit meinen Einwand erledigt zu haben. Dabei hätte ich ihm an die Gurgel springen können.
Es bedurfte noch einer Reihe von Semestern, bis ich begriff, was er mit den Grundkenntnissen der Textanalyse meinte, was man darunter zu verstehen hatte und worum es überhaupt in der Literaturwissenschaft also auch in der Germanistik ging.
Wie bereits erwähnt, hatten in den sechziger Jahren vor allem die Naturwissenschaften einen ungeheuren Aufschwung genommen. Der Krieg war lange vorbei, die Verwüstungen und Gräueltaten vergessen, die Schuld verdrängt, die Trümmer weggeräumt. Und mit den Trümmern hatte man zugleich auch allen ideologischen Ballast zur Seite geschoben, Großmachtträumereien, Allmachtphantasien, und sich für das Fassbare, Machbare, Konkrete entschieden, für die Technik und die ihr zugrunde liegenden Wissenschaften, mit deren Hilfe man nun glaubte, eine neue, bessere Welt schaffen zu können. Doch nicht die Wissenschaften an sich waren gemeint, sondern die Naturwissenschaften, denn nur diese konnten mit exakten Methoden, mit im Experiment gewonnenen und jederzeit überprüfbaren Ergebnissen aufwarten. Und die Geisteswissenschaften? Die Literaturwissenschaft? Wenn diese den Anspruch, Wissenschaften zu

sein, aufrecht erhalten wollten, so mussten auch sie mit eindeutig beschreibbaren Methoden und vor allem mit überprüfbaren Ergebnissen aufwarten können.

Und was war zum Beispiel bei einem Gedicht überprüfbar, was konnte bei der Deutung eines Gedichts als überprüfbares Ergebnis gelten? Die Zahl der Strophen zum Beispiel war überprüfbar, die Zahl der Verse, deren Aufbau, der Titel, wenn es einen gab, das Thema vielleicht noch und dessen Entfaltung in den Strophen und Versen. Und so zählte man, bestimmte das Versmaß, den Takt, beschrieb den Rhythmus, erstellte die Gliederung. Letztendlich sprach man nicht mehr von einem Gedicht, sondern von einem Text, das Gedicht war von nun an ein Text, ein aus Wörtern und Regeln erstelltes System der Kommunikation, das, um es zu verstehen, analysiert werden müsse, und das hieß nichts anderes, als dass man es in seine Bestandteile zerlegen müsse, wie die Mechanik einer Uhr zum Beispiel, um dann die Funktion jedes einzelnen Teils, jedes Rädchens und Schräubchens bestimmen zu können. Also konzentrierte man sich auf die Teile oder, besser gesagt, verbohrte sich im Namen der Wissenschaftlichkeit immer tiefer in sie hinein, sprach von den Elementen, die es zu isolieren und erfassen galt. Was man jedoch bei diesen wenn auch noch so tiefschürfenden Analysen nicht zu fassen bekam, war die Schönheit, die in jedem guten Gedicht verborgene magische Kraft, die in einem glücklichen Moment den Leser treffen, ihn beglücken, erschüttern oder auch zerstören kann.

Schönheit, das ist etwas für Ästheten, für Schwärmer, für Schöngeister, aber nicht für Wissenschaftler. Guardini, ein Schöngeist. Es dauerte, wie schon gesagt, einige Zeit, bis ich begriffen hatte, worauf es bei einer Textanalyse ankam. Doch bereits im dritten Semesters erhielt ich für ein Referat über das barocke Drama

Cardenio und Celinde von Andreas Gryphius die Note „mit gutem Erfolg". Ähnlich fielen dann auch die Bewertungen meiner weiteren Arbeiten aus.

Wissenschaftliches Arbeiten, die Handhabung exakter Methoden, die Überprüfbarkeit der Ergebnisse, das war etwas, was mich durchaus faszinierte. Dennoch, mich lediglich als Wissenschaftler zu begreifen – eventuell im Rahmen oder neben einer pädagogischen Tätigkeit am Gymnasium – kam für mich, zumindest zu diesem Zeitpunkt, nicht in Frage. Noch immer glaubte ich an meine dichterische Begabung und hoffte, demnächst im Chor der deutschen Dichter meine unverwechselbare Stimme zur Geltung bringen zu können. Doch zugleich musste ich feststellen, dass die wissenschaftliche Auseinandersetzung mit der deutschen Literatur und Dichtung meine eigene dichterische Produktivität eher behinderte als förderte. Dennoch schrieb ich Gedichte, wenn auch nicht viele.

Auf Norderney
im August 1964

Wetterfahne eingezogen
Brandung zurückgerollt
Welt
zusammengeschrumpft
zum Embryo
im Strandkorb.

Krächz Möwe:
requiescat
der Übermensch ist tot.

Und wer soll leben?

Sandschaufler
Tomatenesser
Hurraschreier
„im Gleichschritt marsch"
...
Und wieder eine Missgeburt.
Wann wird der Mensch geboren?

Tatsächlich war ich im August 1964 auf Norderney. Ich hatte mich während der Semesterferien verpflichtet gefühlt, wenigstens für ein paar Tage meine Mitbrüder in Hannover zu besuchen. Schließlich gehörte ich weiterhin zu ihrer Provinz, zu ihrem Familienclan und wollte nach dem Studium auch wieder dorthin zurück. Also verbrachte ich einige Tage in ihrer Gesellschaft, plante allerdings für die Rückreise einen kleineren Umweg ein und verbrachte so einige Tage auf Norderney, wo ich im Strandkorb saß und das Treiben der Menschen am Strand beobachtete.

Im folgenden Sommer dann erlaubte ich mir für die Rückreise von Hannover nach Münster einen etwas größeren Umweg:

Gabicce Mare, im September 1965

   1
In Salzlauge gespült
gebleicht
Sand und Wände
und dein Gesicht
und meines.
Darüber
offen
waschblau gefärbt
und leer
das Himmelsauge
und deine Augen
und meine.

   2
Deine Pupillen sind schwarz
die am Himmel orangen
dann rotviolett
zwischen Lidern aus Dunst
die sich schließen
und an den Strand tritt
entblößt
die Nacht.

   3
Fischerboote
dringen vor in verschleierte Zonen
versuchen ihr Glück.
Ihre Schatten betasten den Horizont.

Sturmflut bringt
und wirft auf den Strand
Ölklümpchen aus ihren Tanks.
Wir tragen sie mit uns fort
an nackten Sohlen
Flecke
schwarz auf weiß.

4
Wem galten Warnruf
Hilferuf
die im Lärm der Brandung untergingen?
das Echo, horch
es irrt verzweifelt
in der Dunkelheit der Nacht.
Ach komm, sagst du
komm.

5
Segel
hinausgespannt
mit scharfen Winkeln
verkeilt
im salzigen Grünblau
das herrollt, geht und wiederkommt
- doch schön, sagst du -
das herschimmert
vom Horizont
zum Wimpernrand der Augen
deiner
und meiner.

Neckermann machte es möglich. Neckermann, er hatte Anfang der sechziger Jahre die Reisewelle ins Rollen gebracht, die Reisewelle nach der Fresswelle. *Kennst du das Land, wo die Zitronen blühen, ... dahin, dahin...* nach Italien, in das Sehnsuchtsland der Deutschen, Pauschalreisen zu einem durchaus erschwinglichen Preis.

Ich stieg am Abend in Münster in den Zug, im Liegewagen im Sonderzug, die Liegen mit weißen Laken frisch bespannt, die Nacht hindurch, am Morgen dann das Frühstück auf dem Tablett serviert, und dazu die blau schimmernde Adria in der Ferne. Die erste Haltestelle Rimini, dann Riccione, dann Cattolica und zuletzt Gabicce, Gabicce Mare.

Sie war in Frankfurt zugestiegen. Ich kannte sie von Schlesien her, hatte mir lediglich ihren Namen gemerkt und wusste, dass sie Ende der fünfziger Jahre in die Bundesrepublik ausgereist war. Doch das genügte, eine Anfrage beim Suchdienst des Deutschen Roten Kreuzes, und ich hatte ihre Anschrift in der Bundesrepublik, wusste, dass sie bei ihrer Mutter wohnte, dass sie noch ledig war. Und tatsächlich, sie hatte sich an den Franziskanerpater erinnert, an die flüchtigen Begegnungen seinerzeit in Schlesien. Sie war ein Jahr zuvor mit Neckermann in Italien gewesen, war allein gereist und meinte, dass es zu zweit doch angenehmer wäre. Ja, sie sei gern bereit, mir, dem weltfremden, unerfahrenen Mönch, wie sie etwas spöttisch bemerkte, behilflich zu sein, mich in der Welt zurechtzufinden.

Neckermann machte es möglich. Zwei Wochen lang Tür an Tür im selben Hotel. Zwei Wochen lang unter dem weiten Himmel am Strand und abends in der Taverne am Hafen und das Schauspiel des Sonnenuntergangs vom Gabicce Monte aus. Zwei Wochen lang, während die Sonne unsere Haut bräunte, und ihre Hände, die über meinen Rücken glitten, das Sonnenöl verteilten, verrieben, und dann auf ihrem Rücken meine Hände, die sich vorantasteten, auf den Armen, Beinen – du wirst zur Beichte gehen müssen, sagte sie - , als die sich vorantasteten, sich unter ihrem Badeanzug verirrten. Zur Beichte, ich war bereit, in die Hölle zu gehen, für alle Ewigkeit die Höllenqualen zu ertragen, wenn sie nur gewollt hätte, wenn sie mir wenigstens auf halbem Wege entgegengekommen wäre. Dabei war sie nicht fromm, hielt nicht viel von Kirche, Priestern, Zölibat. Doch - seltsam genug - ich blieb für sie nun einmal der Franziskanerpater, den sie seinerzeit in Schlesien kennen gelernt hatte und den sie trotz allem glaubte, achten und respektieren zu müssen. Vielleicht war es aber auch ihr sechster oder siebter Sinn, der sie ahnen ließ, dass meine Wünsche und Begehrlichkeiten nicht ihr selbst galten, sondern dem Bild, das ich mir von ihr gemacht hatte und in all den Jahren in meinem Kopf mit mir herumtrug, eine Phantombild, vor dem ich auf den Knien lag und von dem ich nicht lassen wollte, nicht lassen konnte, auch später nicht, als wir, zurück in Deutschland, uns wieder trafen, bis wir uns trennten, für immer, und nur noch Erinnerungen blieben, Erinnerungen und Gedichte.

        Für M...
Den Augen süß
warum
verbotene Frucht
und fällt nicht in den Schoß
vom Baum des Selbstbetrugs.
Noch nicht gereift
als unter kleingespreiztem Dach
sie schaukelte
dem Munde nahe

im Septemberregen?
Vielleicht
verhüllt
wenn
in Novemberschleier
der verirrte Wunsch
wenn
abgepflückt -

im Wintermorgen
dann
das Blatt
winkt
vom Erkenntnisbaume
einsam.

Mit diesen Gedichten hatte ich mich – und dessen war ich mir wohl bewusst - von Eichendorff, auch von Hölderlin schon weit entfernt. Ich hatte inzwischen die deutschen Expressionisten, Benn, Heym, Trakl, Stadler, näher kennen gelernt und glaubte, in deren Dichtung die Ausdrucksweise und die Bilder gefunden zu haben, mit denen ich die Wirklichkeit, in der ich mich bewegte, nun angemessener darstellen konnte.

Am Marienplatz* in Münster
bei Nacht

Lautlos Elefantenschritt
der Buddhaenkel Trauermarsch
gestampft in abendländischen Asphalt.
Berge schwarzen Dschungelfleischs
die Leuchtreklamen löschen
Dhakaschattennegerangst
der Peitschhieb
Beifallklatsch der Christkinder
zum grauen Tango der Manegenshow
zum Exodus
in das gelobte Land
der Rüsselschwanz-
der ewigen Wiederkehr.
Blaulichtauge blinkt.

---

*) Der Verkehr auf dem Marienplatz in Münster ist als Kreisverkehr gestaltet. Ein weiterer Hinweis: Es handelt sich um eine zufällige Begegnung mit einer Zirkuskarawane, die man offensichtlich, um den Verkehr auf den Hauptstraßen nicht zu behindern, bei Nacht unter Polizeischutz auf Seitenstraßen durch die Stadt geleitet hatte.

Für E.*

O, schmerzgezackter Rand
das Blühen des Blechs
und lippenrot vernarbte Erinnerung
blüht
fraglos
im Konservendosentod
reift
aus verschlossnem Schoß
glücklichere
die Plastikfrucht

---

*) Eine zufällige Bekanntschaft und ein überraschender Besuch in meiner Wohnung an der Scharnhorststraße. Sie, eine Theologiestudentin, wollte mit dem erfahreneren Theologen über theologische Probleme diskutieren. Dabei hatte sie ein aufregendes Rouge auf ihre Lippen aufgelegt.
Offensichtlich hatte dies mich mehr interessiert als die theologischen Probleme. Auf jeden Fall brachte sie bei ihrem nächsten Besuch ihren Freund mit, ihren Hans, eine Begegnung, die immerhin den Anfang einer langjährigen Freundschaft bildete.

Doch es waren nicht nur die aufregenden Urlaubserlebnisse oder irgendwelche sonderbaren Ereignisse, die mich zum Schreiben von Gedichten inspirierten. Das aufregendste Ereignis in dieser Zeit waren für mich noch immer die neuen Entdeckungen und Erkenntnisse der Wissenschaften, die Entwicklungen der Technik, deren unaufhaltsames Eindringen in alle Lebensbereiche der Menschen und die daraus resultierenden Veränderungen. Doch trotz aller Faszination, den damals um sich greifenden Optimis-

mus, den Glauben an ein goldenes Zeitalter, das man mit Hilfe der Technik nun herbeiführen werde, teilte ich nicht. So entstand eine ganze Reihe von Gedichten zu diesem Thema, in denen ich meine Skepsis gegenüber einem allzu naiven Fortschrittsglauben zum Ausdruck brachte.
Hier einige Beispiele:

    Es kommt die Zeit

    Iss Wurst
    denn es kommt die Zeit
    und du wirst Kosmosstaub
        in Pillen gepresst
            zum Frühstück schlucken.
    Sprich
    denn es kommt die Zeit
    und du wirst dich mit Funk- und
        Leuchtsignalen mit
        deinesgleichen verständigen.
    Steige zu deinem Mädchen ins Bett
    denn es kommt die Zeit
    und du wirst dir in Serien am Fließband
        Nachkommen produzieren.
    Stirb
    denn es kommt die Zeit
    und du wirst ewig leben.

Nokturn

Der Düsenjäger paukt
    ans schwarze Himmelsfell
die Hymne der Nacht.
Dein Schicksal kreist blau
    um den Mercedesstern*.
Du kannst getrost eingehen
    in die Abgründe des Bierglases
in die mystischen Tiefen der Schleimhäute –
Wenn du aufwachst
wird der Himmel grau sein.

---

*) Es war ein riesiger Mercedesstern auf einem Hochhaus, um den eine blau leuchtende Neonröhre kreiste. Ich sah ihn, wenn ich nachts vom Hörsterplatz zu Scharnhorststraße ging.

Ecce homo

Sie montierten ihm:
das Gehirn aus Kunstfasern
ein Plastikherz und Plastiknieren
Magen, Därme, Blase aus Nylontüten
dann pumpten sie ihm in die Adern
    Aral Super.
Da zwinkerte er mit dem Glasauge:
ich werde ewig leben.

20

Jugendträume, diese bunt schillernden Seifenblasen, die in den Sphären der Phantasie einherschweben, um dann irgendwann, irgendwo zu zerplatzen.
Noch schwebte mein letzter Jugendtraum recht zuversichtlich über den Gefilden der deutschen Dichtkunst, noch glaubte ich an mich, an meine künstlerische Begabung, und so war es selbstverständlich, dass ich die Gedichte, die ich verfasste, auch veröffentlichen wollte.
Ich hatte einige Zeitschriften und Verlage ermittelt, die sich vorrangig um die Werke zeitgenössischer Schriftsteller und Dichter bemühten, und so bot ich denen der Reihe nach meine Gedichte zur Veröffentlichung an.
„ Ich habe die Arbeiten mit Interesse gelesen, konnte mich aber zu einer Veröffentlichung in der NR nicht entschließen. Ich bitte um ihr Verständnis...", so die Antwort des Lektors der Neue Rundschau.
„Viele Stellen gefielen uns, wir konnten uns aber bei keinem Gedicht zur Veröffentlichung entschließen.", so die Antwort der Lektorin der Lyrischen Hefte in Heidelberg.
„Wir haben uns Ihre Gedichte inzwischen angesehen und sie gegeneinander abgewogen. Manches darunter ist recht ansprechend, so zum Beispiel die knappe erste Strophe von „Misdroy". Etwas störend wirken in manchen Fällen die Gedichtschlüsse, die entweder larmoyant geraten –„Das Alpenveilchen", „Rosen" oder zu pathetisch. Eine Veröffentlichung der Gedichte lässt sich leider nicht realisieren.", so die Antwort des Lektorats des Insel-Verlages.
Schließlich versuchte ich beim S. Mohn-Verlag in Gütersloh die Gedichte als Einzelbändchen herauszubringen. Die Antwort:

„ *...Ihre Gedichte. Sie sind nicht besser und nicht schlechter als viele andere, die uns erreichen; man könnte aus ihnen das eine oder andere für eine Veröffentlichung heraussuchen, aber damit dann keinen Gedichtband füllen....*"

Ich war enttäuscht. Hatte ich erwartet, dass mir die Verlagslektoren meine Gedichte aus den Händen reißen werden? dass man mich hier in der Bundesrepublik mit offenen Armen empfangen werde, um mir den Lorbeerkranz des Petrarca auf die Stirn zu drücken? Bunt schillernder Seifenblasenjugendtraum.
Und dennoch, mit jeder Absage, die ich bekam, wuchs meine Enttäuschung, aber auch meine Wut, Wut selbstverständlich auf die Lektoren und Verleger, die glaubten, das Monopol für die Beurteilung von Gedichten zu besitzen, sich anmaßten, meine Gedichte zu bewerten. Was schrieb doch der eine: *die Gedichtschlüsse,* sie seien *entweder larmoyant geraten ... oder zu pathetisch.*
Sicher, in einer Zeit, in der man mit Stolz auf den Wiederaufbau des Landes zurückschaute, in der Tüchtigkeit, Leistung und Erfolg zählten, war Larmoyanz nicht gefragt, auch Pathos nicht, das schon gar nicht. Erinnerte man sich doch nur zu gut an die Nazipropaganda, an das pathetische Gebrüll eines Hitler oder Goebbels, von dem man sich hatte mitreißen lassen, dem man auf den Leim gegangen war. Aber auch mit expressionistischen Schreckensvisionen oder Weltuntergangsszenarien wollte man offensichtlich nicht mehr konfrontiert werden, das glaubte man endgültig hinter sich zu haben. Nüchternheit, Sachlichkeit, Rationalität, das waren die Losungsworte, die sich die geschlagene Kriegsgeneration auf dem Marsch in die neue Zeit auf ihre Fahnen geschrieben hatte, Losungsworte, denen sich vor allem die „Fahnenträger", die Künstleravantgarde verpflichtet fühlte.

Und so erfanden sie die sogenannte konkrete oder experimentelle Kunst, eine Kunst, die im Betrachter nicht irgendwelche Gefühle hervorrufen, ihm nicht Erlebnisse, Ideen oder sonst irgend etwas vermitteln will, sondern in der es darum geht, die behandelten Dinge selbst nüchtern und sachlich als solche wahrzunehmen. Während man in der traditionellen Kunst die Dinge als Mittel benutzte, um den Betrachter über sie hinaus auf etwas Höheres zu verweisen, in Platos Reich der Ideen zum Beispiel oder ins Himmelreich zum lieben Gott, dem Schöpfer aller Dinge, versuchte man nun den Betrachter dazu zu verleiten, den Dingen selbst die ganze Aufmerksamkeit zu schenken, sie in ihrer Einzigartigkeit zu begreifen - eine Rose ist eine Rose und sonst nichts, kein Symbol für Herz-Schmerz, kein Wegweiser zu den transzendenten Gefilden der Schönheit - . *Brüder, bleibt der Erde treu,* hatte bereits Nietzsches Zarathustra seinen Zuhörern gepredigt. Nun predigten es die Gurus der konkreten Kunst.
Um dies zu erreichen, um die Betrachter aus ihren durch die Tradition vorgeprägten Seh- und Hörgewohnheiten zu reißen, rückte man nun das verwendete Material, den Stein, das Holz, die Farben, die Töne, die Sprache, in den Mittelpunkt der künstlerischen Arbeit und experimentierte damit: die Maler, indem sie zum Beispiel die Farbe von den Gegenständen lösten und dem erstaunten Betrachter zum Beispiel ein einfarbig angestrichenes Quadrat als Bild anboten, die Komponisten, indem sie das traditionelle Dur-Moll-System auflösten und mit freigewählten Tonreihen operierten, und schließlich die Sprachkünstler, indem sie die Sprache auf ihre Elemente zurückführten, auf die Wörter, Silben, Buchstaben, Satzzeichen, diese aus den üblichen Zusammenhängen lösten, und sie neu und unerwartet zusammensetzten. *Ein Gedicht wird gemacht,* hatte Gottfried Benn bereits zu Beginn der fünfziger Jahre als Programm der Dichtkunst formu-

liert. Die Künstler experimentierten also ähnlich wie die Wissenschaftler in ihren Labors: kippten zusammen, rührten, schüttelten und warteten gespannt, was dabei herauskam. Und was kam heraus? Offensichtlich nicht mehr als sinnentleerte Kuriositäten. Es fiel mir schwer, diese Art von Kunst ernst zu nehmen. Dennoch schienen diese Bemühungen nicht ganz ohne Sinn zu sein, denn das Experimentieren war zugleich auch ein Spiel, experimentierend spielte man mit dem Material, und spielend befreite man dessen Elemente aus den ihnen vorgegebenen Systemzwängen. Dabei hoffte man, dass auch der Betrachter sich auf dieses Spiel einlassen werde, dass er mitspielen und sich dadurch spielend aus all seinen Zwängen befreien werde, frei, im Sinne Schillers, der behauptete, dass der Mensch erst dann ganz Mensch ist, ganz bei sich selbst ist, wenn er spielt. Offensichtlich war ich noch nicht ganz bei mir selbst, noch nicht ganz Mensch, um mich auf derartige Spiele einzulassen.

Es war die Avantgarde, eine Minderheit also, die diese abenteuerlichen Spiele inszenierte. Die Mehrheit, das brave Bildungsbürgertum, in den traditionellen Vorstellungen verhaftet, schaute teils belustigt, teils erschreckt diesem Treiben zu und zog sich mit Goethes und Eichendorffs Werken unter dem Arm in die sicheren, gemütlichen Plüschecken aus Kaiser Wilhelms Zeiten zurück, in die Plüschecken mit dem röhrenden Hirsch im breiten Goldrahmen darüber.
Dennoch war es die Avantgarde, die das Erscheinungsbild der damaligen Zeit prägte und die öffentliche Meinung in Sachen Kunst und Kultur dominierte. Und so feierte man die sechziger Jahre als ein neues Zeitalter der Aufklärung, in dem Sachlichkeit und Nüchternheit das Leben bestimmten und in dem die Vernunft regierte, die Vernunft und der Wassermann:

Harmonie und Recht und Klarheit
Sympathie und Licht und Wahrheit
niemand will die Freiheit knebeln
niemand mehr den Geist umnebeln
Mystik wird uns Einsicht schenken
und der Mensch lernt wieder denken
dank dem Wassermann

Als diese Hymne auf die Vernunft im Musical Hair zum ersten Mal im Jahr 1967 auf dem Broadway erklang, war das Zeitalter, das sie charakterisieren sollte, in der Bundesrepublik Deutschland schon fast vorüber. Ein neues, anderes kündigte sich an, dessen Vorboten bereits zu Beginn der sechziger Jahre unterwegs waren. Sie kamen von England her auf das Festland, pilzköpfig, jee, jee, jee, und versetzten hier mit ihrem Gitarrengeklimper eine ganze junge Generation in Ekstase. Und sie kamen über den großen Teich von San Franzisko her, friedselig begeistert, berauscht, und zogen in wehenden Gewändern, beschuht mit Jesuslatschen durch die Straßen Europas. Doch man nahm sie nicht ernst. Für die aufgeklärte Öffentlichkeit galten die einen wie die anderen als die Pausenclowns, die in der Nüchternheit des Alltags für Heiterkeit sorgten.

Schon weit gefährlicher waren die Krawallmacher, die Radaubrüder, die vom SDS zum Beispiel, die sich in den Städten auf den Straßen und Plätzen zusammenrotteten, lauthals gegen die repressive Staatsgewalt und gesellschaftliche Ordnung protestierten und die gutbürgerliche Ruhe störten.

Irgendwann im Sommer 1966 erschienen sie auch auf dem Campus der Universität in Münster, zogen durch die Gänge und skandierten in Sprechchören: Unter den Talaren Muff aus tausend Jahren, veranstalteten Sit-ins im H1, versperrten dem Professor den Zugang zum Pult und forderten Teach-ins statt Vorlesungen. Doch die Uni in Münster war nicht die Freie Universität Berlin. SDS raus, SDS raus, hallte es bald lautstark durch den Saal, bis die Junge Union, durch den Protest der Zuhörer ermuntert, aufmarschierte, und die SDS-Leute aus dem Saal drängte.

Wo stand ich in den Wirren dieser Tage? Wie beurteilte ich die Ereignisse? Ich hatte den Krieg überlebt, die Front, die Russen, das kommunistische Regime in Polen. Was waren schon im Vergleich damit die Happenings, diese Indianerspiele verwöhnter Bürgerkinder. Auch für mich waren die Beatles und die Hippies zunächst einmal Pausenclowns und der SDS Krawallmacher, und so skandierte auch ich im H1: SDS raus. Doch bereits im folgenden Jahr, als die Polizei in Berlin Benno Ohnesorg erschoss, marschierte ich in dem vom Asta organisierten Protestmarsch durch die Straßen der Stadt Münster, zwar nicht in der ersten Reihe, auch nicht in der zweiten, und ich trug auch keine Fackel, wie die meisten der Teilnehmer, doch immerhin, ich marschierte mit, irgendwo am Schluss des Zuges, protestierte mit, entsetzt über die Aggressionen und Mordgelüste, die in der ach so gutbürgerlichen Gesellschaft unter einer hauchdünnen Schicht von Konventionen schlummerten, sich stauten und plötzlich losbrachen, und war überzeugt, dass man Farbe bekennen, dass man sich engagieren müsse.

Das Zeitalter des Wassermann, kaum war es angebrochen, neigte es sich auch schon wieder seinem Ende zu, und am Sternenhimmel der Bundesrepublik übernahm die Herrschaft - wieder einmal - der Kriegsgott Mars. Eine kleine Gruppe von Fanatikern erklärte der bundesrepublikanischen Gesellschaft, ihrem repressiven, kapitalistisch ausbeuterischem Gesellschaftssystem den Krieg, den totalen Krieg. Und diese Gesellschaft, aufgeschreckt in ihren Plüschecken, schoss zurück, *ab drei Uhr morgens wird zurückgeschossen,* hysterisch, aus allen Polizeipistolen und Polizeischnellfeuerwaffen, die ihr zur Verfügung standen.

Und die Kunst? Wo blieb sie, was machten die Künstler in diesen aufgeregten Tagen? Während die Beatles abtauchten, unter Wasser, we all live in a yellow submarin, Händchen haltend, und die Hippies auf den Feldern von Woodstock oder an den Stränden von Goa für den Frieden tanzten, rockten, soulten, bluesten, kifften, experimentierten einige der Avantgardekünstler weiterhin, spielend, überzeugt, nur so die geistige Freiheit der Republik retten zu können. Die anderen dagegen benutzten die Kunst entweder als Narkotikum, um nach Schuberts Rezept in „bessere Welten" zu fliehen, oder als Waffe, indem sie die Farben, die Töne, die Worte zu Geschossen formten, um auf diese Weise dem revolutionären Treiben zum Sieg zu verhelfen.
Und wo blieb meine Kunst? Zunächst einmal hatte ich weiterhin vergeblich versucht, mit Hilfe der Zeitschriften und Verlage meine Gedichte zu veröffentlichen, bis ich mich – es war irgendwann in den Wintermonaten 1966/67 – endgültig dazu entschloss, diese Versuche einzustellen und auch das Schreiben von Gedichten aufgab. Die Absagen der Verlage hatten mein Selbstvertrauen, den Glauben an mich als Künstler ernsthaft erschüttert. Wie damals in Kattowitz, als ich mich gezwungen sah, den Klavierunterricht bei Professor Gawlas aufzugeben, musste ich mir auch jetzt eingestehen, dass meine künstlerischen Fähigkeiten offensichtlich nicht ausreichten, um mich in der Kunstszene durchzusetzen und meine Jugendträume zu verwirklichen. Ein Genie setzt sich durch, das war damals meine Devise, wie groß die Hindernisse, wie widrig die Umstände auch sein mögen. Ich hatte mich nicht durchsetzen können, und so gab es nur die eine Schlussfolgerung: ich war kein Genie. Waren also der geniale

Dichter genauso wie der geniale Pianist oder der Komponist einfach Traumbilder, wie sie nur allzu oft in den Köpfen heranwachsender Jugendlicher umherirren, schillernde Seifenblasen, die eher oder später an den harten Kanten der Wirklichkeit zerplatzen? Doch ich war kein Jugendlicher mehr, ich hatte mein ganzes bisheriges Leben auf diese Träume hin ausgerichtet.
Auch wenn ich kein Genie war und mich auf Anhieb nicht hatte durchsetzen können, ich hätte trotzdem weiter Gedichte schreiben und weiterhin geduldig nach einem Verlag Ausschau halten können, der bereit gewesen wäre, meine Gedichte an die Öffentlichkeit zu bringen. Neben den Vertretern der konkreten oder experimentellen Poesie gab es zu dieser Zeit genügend Dichter, die die unterschiedlichsten Stilrichtungen vertraten und deren Gedichte dennoch gedruckt und in den Zeitschriften diskutiert wurden. Warum hatte ich kapituliert, warum hatte ich den Kampf um die Verwirklichung meines Traums aufgegeben? Die Absagen der Verlage, obwohl sie den Glauben an meine Begabung erschüttert hatten, waren nicht der einzige und sicherlich auch nicht der entscheidende Grund.
Im Verlauf meines Studiums gewann ich mehr und mehr die Überzeugung, dass die Poesie, insbesondere die Lyrik, so wie ich sie verstand, keine Zukunft hatte. Auch wenn das Zeitalter der Vernunft, der Wahrheit und Klarheit nur von kurzer Dauer war, wenn die revolutionärromantischen Ideen der 68er-Generation in den siebziger Jahren das kulturelle Leben der Republik zu beherrschen schienen, die Technisierung des Lebens schritt unaufhaltsam voran. Unbeeindruckt von den Eskapaden der Beatles, Hippies, der SDS- und RAF-Revoluzzer drangen die Erkenntnisse der Naturwissenschaften und die daraus folgenden Entwicklungen der Technik immer tiefer in die alltäglichen Lebensbereiche ein und bestimmten nicht nur das Handeln, son-

dern mehr und mehr auch das Denken der Menschen, veränderten ihren Blick auf die Welt, ihr Lebensgefühl, schließlich auch mein Denken, mein Lebensgefühl. Nüchternheit, Sachlichkeit, Genauigkeit, das waren nun die Werte, von denen man glaubte, dass sie das Leben voranbringen, die Tugenden, die man pflegte. Doch diese Tugenden ließen zugleich auch die Quellen der Fantasie versiegen, sie legten die Sümpfe trocken, aus denen unsere Träume und Visionen aufsteigen und aus denen auch die Dotterblume der Dichtung sprießt.

Was sollte in dieser Welt noch der Dichter, der Seher, der Prophet, der, der Wahrheit verpflichtet, an den Fundamenten der Wirklichkeit rüttelt, an deren Oberfläche kratzt und die Risse und Wunden der Welt offen legt. Längst hatten sich seiner Aufgaben die Wissenschaften angenommen, allerdings rüttelten sie nicht an den Fundamenten, sondern untersuchten sie, prüften und analysierten deren Beschaffenheit, und auch die Risse und Wunden legten sie nicht nur offen, sondern suchten zugleich nach Wegen, um sie zu schließen.

Sicher hatte in dieser Welt die Poesie noch eine Zukunft, allerdings als Mittel für ganz bestimmte Zwecke, wie schon erwähnt, als Narkotikum, um sich aus dieser Welt zu stehlen, oder als Waffe im revolutionären Kampf oder – und dies in zunehmendem Maße - als Verführungsmittel in der Branche der Werbung. Und es ist schon erstaunlich, mit welcher Raffinesse die Fachleute der Werbung bis auf den heutigen Tag die stilistischen Mittel der Dichtung, dic klanglichen wie die rhythmischen, die Reime, Bilder, Sprüche, einsetzen, um ihre Produkte dem Käufer aufzuschwatzen.

Mit diesen Leuten wollte und konnte ich nicht konkurrieren. Weder Schlagertexte noch Kampflieder noch Werbespots war ich bereit zu schreiben. Und so verabschiedete ich mich auch von dem letzten meiner Jugendträume und konzentrierte mich um so intensiver auf die Wissenschaften, auf mein Germanistik- und Theologiestudium.

21

Wie bereits erwähnt, hatte ich gleich vom ersten Semester an neben dem Studium der Germanistik auch Vorlesungen und Seminare im Fach katholische Religionslehre belegt. Schließlich brauchte ich, um mich für das Staatsexamen zu qualifizieren, auch in diesem Fach eine Reihe von „Scheinen", die ich mir erst einmal erarbeiten musste.
Mein erstes Theologiestudium in Breslau und Glatz lag zwar schon Jahre zurück, dennoch erinnerte ich mich noch recht gut daran, vor allem an meine Unzufriedenheit mit dem, was man uns damals an theologischem Wissen vermittelte, an die veralteten Lehrbücher, an die in der mittelalterlichen Scholastik verhaftete Dogmatik und Moraltheologie und auch an meine Bemühungen, mich mit Hilfe von Büchern modernerer Theologen, die ich mir auf mehr oder weniger illegale Weise beschaffte, weiterzubilden. Auch wenn damals die Kontakte mit den Ländern der freien westlichen Welt erschwert waren, so wusste ich doch, dass sich dort wie alle anderen Wissenschaften auch die Theologie weiterentwickelte, dass man unter dem Einfluss der Geschichtswissenschaften und der Archäologie bereits neue Erkenntnisse vor allem in den Bereichen der Bibelforschung, der Entstehung des christlichen Glaubens und der Kirche gewonnen hatte, Erkenntnisse, die – auch das wusste ich - nicht uneingeschränkt die Zustimmung des Lehramtes der katholischen Kirche fanden.

Um so erstaunter war ich über die Freimütigkeit, mit der man hier in Münster an der Katholisch-Theologischen Fakultät diese neuen Forschungsergebnisse vortrug und diskutierte.
So nahm man zum Beispiel als selbstverständlich an, dass nicht alles, was in der Bibel steht, einfach Wort Gottes sei, dass man

nicht alles, was hier gesagt wird, wörtlich nehmen müsse, dass die Texte der Evangelien wie der Bibel insgesamt primär keine geschichtlichen Berichte seien, sondern Glaubensverkündigungen, die, um sie zu verstehen, zunächst einmal nach ihrem „Sitz im Leben" befragt werden müssen, dass heißt, dass man zunächst einmal klären müsse, wer die Adressaten der Texte sind, in welcher Situation sie gesprochen wurden, aus welchem Anlass, mit welcher Absicht? So war ich überrascht zu hören, dass zum Beispiel die einzelnen Evangelien unterschiedliche Adressaten haben, dass sich das Matthäusevangelium, wie man aus einigen Hinweisen im Text erkennen könne, an Judenchristen wendet, das Markus- und das Lukasevangelium dagegen an Heidenchristen. „Judenchristen", „Heidenchristen", „Sitz im Leben", das waren für mich neue Begriffe, die ich mir erst einmal aneignen musste. Neu war für mich auch zu hören, dass die vier Evangelien zu unterschiedlichen Zeiten verfasst wurden, dass die Verfasser des Matthäus- und des Lukasevangeliums das Markusevangelium vorliegen und in großen Teilen in ihr eigenes Werk übernommen hatten, dass jeder der Evangelisten ein besonderes Jesusbild zeichnet, ferner, dass es innerhalb der einzelnen Evangelien literarische Kleinformen gibt: Gleichnisse, Parabeln, Sprüche, Erzählungen, Formen, wie sie auch sonst in der weltlichen Literatur vorkommen und die man folglich mit den Methoden der Literaturwissenschaft erschließen müsse. Auch außerhalb der Bibel, so hörte ich, gibt es zum Beispiel Erzählungen über Wunder und Wundertäter.
Glaubte ich damals noch an die Wundertaten Jesu, dass er zum Beispiel auf dem Wasser des See Genezareth herumspazierte oder Tote wieder lebendig machte, wie die Evangelien berichten? Sicherlich nicht. Dennoch fand ich es geradezu aufregend, mit welchem Einfallsreichtum die Theologen diese Texte

deuteten: es sind nun einmal keine Tatsachenberichte, sondern Erzählungen, so behaupteten sie, und wie sonst bei Erzählungen geht es auch hier nicht um die Fakten an sich, sondern um die Bedeutung der Fakten, es geht um deren besondere Art der Darstellung, die man zunächst einmal mit Hilfe einer Analyse des Textes erfassen muss, um so auf die Intention des Erzählers schließen zu können, und nur auf die kommt es an. So ist zum Beispiel der auf dem Wasser wandelnde Jesus ein Bild für das, was man Glauben nennt, ein Leben ohne festen Grund unter den Füßen, oder die Erzählung von Jesus, der Tote auferweckt, eine Glaubensbezeugung, und zwar darüber, dass in Jesus die Kraft Gottes wirkt, die Kraft des Herrn über Leben und Tod.
Dieser Umgang mit den Bibeltexten, diese Deutungsversuche, sie waren für mich neu, waren aufregend, zugleich aber auch auf eine merkwürdige Art befreiend, denn sie zeigten, dass man sich nicht vom Verstand verabschieden muss, wenn man an die Bibel glauben will, dass man sich mit etwas Fantasie und selbstverständlich auch mit einer Menge historischen Wissens den Zugang zu der Glaubenswelt der Bibel erschließen und diese durchaus auch als sinnvoll erfahren kann.
Und wie gestaltete sich das Verhältnis zum Lehramt der Kirche? Wie verhielt man sich dazu? Man kümmerte sich einfach nicht darum. Hatte doch das Konzil, das immer noch tagte, bereits verkündet, dass der Heilige Geist nicht nur in Rom in den Mauern der Kurie waltet und wirkt, sondern in der ganzen Kirche, und dass die ganze Kirche am Prozess der Wahrheitsfindung teilnimmt, also auch - und dies in besonderer Weise - die Theologen.

Und es waren namhafte Theologen, die damals in Münster an der Universität lehrten und die die Katholisch-Theologische Fakultät weit über Münster hinaus berühmt machten: der Fundamentaltheologe Johannes Baptist Metz, der Dogmatiker Walter Kasper und allen voran der Professor für Dogmengeschichte, Josef Ratzinger. Dieser hatte sich als Konzilstheologe, als Berater von Kardinal Frings beim zweiten Vatikanischen Konzil, bereits einen Namen gemacht. Er war es – und das hatte sich bald herumgesprochen - , der dem Kardinal die Reden schrieb, mit denen dieser zu Beginn des Konzils die versammelten Kardinäle beeindruckte. Zum Sommersemester 1963 hatte man ihn nach Münster auf einen Lehrstuhl für katholische Theologie berufen. Als ich im Oktober nach Münster kam und mit dem Studium begann, hatte man mich bald auf ihn aufmerksam gemacht, er, seine Person wie seine Lehrtätigkeit, waren ein beliebtes Thema unter den Studentinnen und Studenten am Campus. Und dann sahen wir ihn und staunten, als dieser berühmte Mann auf einem einfachen Fahrrad an die Uni am Domplatz vorgefahren kam, die Aktentasche auf dem Gepäckhalter eingeklemmt, standen da, guckten verlegen, als er sein Rad mit der größten Selbstverständlich in den Fahrradständer vor dem Eingang zum Fürstenberghaus neben die Fahrräder der Studenten abstellte. Er war groß, schlank, noch erstaunlich jung, er konnte nicht wesentlich älter sein als ich, seine Haltung etwas steif, sein Lächeln eher zurückhaltend, reserviert, und wenn wir ihn grüßten, erwiderte er unseren Gruß mit einem kaum erkennbaren Kopfnicken.

Es war für mich selbstverständlich, dass ich gleich im zweiten Semester seine Vorlesung besuchte. „Schöpfungslehre und theologische Anthropologie" so lautete das Thema, so hatte er sie im Vorlesungsverzeichnis angekündigt.

Und dann steht er vor uns im H1 vorne am Pult. Der Saal brechend voll - selbstverständlich sind das nicht alles Theologiestudentinnen und -studenten, so viele gibt es selbst im schwarzen

Münster nicht - ‚und in die gespannte Stille hinein seine Stimme, diese Stimme, nein, sie passt nicht zu diesem Menschen, oder doch? geradezu farblos, flach, gequetscht, sie kommt nicht aus der Tiefe der Brust, das ist nicht der Brustton der Überzeugung, sie vibriert irgendwo in den Nasenhöhlen, in den Kopfregionen. Wir sitzen da und lauschen, lauschen geradezu andächtig den Worten dieses großen Theologen. Josef Ratzinger, ein Schöngeist? Auf jeden Fall versteht er es, uns mit vielen schönen tiefsinnigen Worten gefangen zu nehmen. Er spricht von der *Ungeborgenheit des eigenen Glaubens*, von der *bedrängenden Macht des Unglaubens inmitten des eigenen Glaubenwollens*, *von den Augenblicken der Anfechtung* der *Brüchigkeit des Ganzen*, vom *jähem Absturz in die bodenlose Tiefe des Nichts*.[1] Josef Ratzinger, der Poet unter den Theologen. Selbstverständlich ist auch für ihn – er spricht jetzt von der Schöpfung - die Bibel kein Lehrbuch der Naturwissenschaften, sondern ein religiöses Buch, das in Bildern spricht, in zeitgebundenen Bildern, die es zu deuten gilt. Und nur das, was durch diese Bilder hindurchleuchtet, ist das wahrhaft Bleibende, das Eigentliche, das Gemeinte. Schließlich ist er ein aufgeschlossener, moderner Theologe, der auch in den Naturwissenschaften bewandert ist, der die Theorie vom Urknall kennt. Doch es gibt, so behauptet er einfach, keinen Widerspruch zwischen den Erkenntnissen der Naturwissenschaften und den Aussagen der Bibel. Es sind zwei verschiedene Sichtweisen auf die gleiche Sache. Was immer die Naturwissenschaften an Erkenntnissen über die Entstehung der Welt hervorgebracht haben und noch hervorbringen werden, für den Glauben der Bibel gilt: *...alles kommt nur aus einer Macht heraus, aus Gottes ewiger Vernunft, die im Wort Schöpfungskraft wurde. Dies alles kommt aus Gottes Wort, dem gleichen Wort, dem wir im Geschehen des Glaubens begegnen. Und so wurde* *den Menschen, indem sie erfuhren, dass die Welt aus dem Worte ist, ... die Welt frei gemacht für die Vernunft, die sich zu Gott hin erhebt, und der Mensch wurde geöffnet, furchtlos diesem Gott zu begegnen.*

Wir lauschen, sind benommen, geblendet von der Eleganz dieser Formulierungen und merken dabei nicht, wie wir den Boden unter unseren Füßen verlieren, wie wir abdriften in die so geistreichen und doch so wirklichkeitsfernen, blutleeren, abstrakten Regionen der Glaubenswelt des Josef Ratzinger, dem es offensichtlich mühelos gelingt, mit dem Charme betörender Worte die Schwierigkeiten, die der biblische Glaube einem denkenden Mensch nun einmal bereitet, zu verschleiern. *Die ganze Welt des Lebendigen*, so hören wir, *ist Frucht der Liebe*, nicht blinder Zufall hat sie hervorgebracht, sondern *Freiheit und Liebe*. Dass in dieser Welt des Lebendigen auch das Gesetz des Dschungels, des Fressen-und-gefressen-werdens herrscht, dass darin der Kampf ums Überleben mit aller Härte geführt wird und oft genug auch verloren geht, dass die ungebändigten Kräfte der Natur oft genug ganze Populationen dieses Lebendigen blindlings zerstören, danach, nach dem Sinn einer derartig sich gebärdenden Liebesfrucht, fragt er nicht, glaubt offensichtlich auch nicht fragen zu müssen. Allerdings fragen auch wir nicht danach, auch ich nicht.

War auch meine Glaubenswelt damals so wirklichkeitsfern, so abstrakt? In der Tat hatte ich kaum Möglichkeiten, das wirkliche Leben näher kennen zu lernen. Ich hatte ein Dach über dem Kopf, eine komfortable Wohnung, hatte einen immer gedeckten Tisch, auch wenn die westfälische Küche der Nonnen wenig Abwechslung bot, war im Rahmen des Ordens gegen Krankheiten versichert, abgesichert fürs Alter. Einen Kampf ums Überleben in irgendeinem Dschungel hatte ich nicht führen müssen.

Aber da war noch die Literatur, mit der ich mich schließlich weit mehr als mit der Theologie beschäftigte. Hatte diese mir nicht schon immer das wirkliche Leben in all seinen Schattierungen eindringlich genug vor Augen geführt?

Meine Glaubenswelt, dieses geheimnisumwitterte, nicht fassbare Relikt aus den Tagen meiner Kindheit, noch immer ragte es im Hintergrund aus der Tiefe meines Bewusstseins herauf, ein Schattenriss, unerreichbar für alle Erkenntnisse und Einsichten der Vernunft, für alle Lebensweisheiten der Literatur. Und so glaubte ich nur allzu gern an Ratzingers Behauptung, dass es keinen Widerspruch gibt zwischen den Erkenntnissen der Naturwissenschaften und den der Glaubenswahrheiten Bibel, und bestaunte weiterhin seine kunstvollen Interpretationen der Bibeltexte.
Josef Ratzinger, der Schöngeist, der wortgewandte Interpretationskünstler.
In den folgenden Semestern besuchte ich noch zwei weitere seiner Vorlesungen, und zwar über Ecclesiologie und Eschatologie. Doch dann im Sommer 1966 bekam er einen Ruf an die Universität Tübingen und verließ Münster. Ich hatte mich bereits darauf eingestellt, bei ihm unter Umständen das Examen abzulegen. Nun sah ich mich gezwungen, umzudisponieren. Wenn es um die Bibelwissenschaften ging, so hatte ich mich schon zuvor für Professor Gnilka entschieden, bei dem ich bereits ein Hauptseminar über die Theologie des Evangelisten Johannes mit gutem Erfolg abgeschlossen hatte. Nun wählte ich an Stelle von Professor Ratzinger als Vertreter der systematischen Theologie Professor Walter Kasper, hörte seine Vorlesungen, besuchte einige seiner Seminare. Und tatsächlich legte ich dann im Sommersemester 1969 bei diesen beiden Herren das Staatsexamen

in katholischer Religion ab.

---

1) Da die Manuskripte der Vorlesungen nur in Fragmenten vorhanden sind, habe ich als Beispiele für Ratzingers Ausdrucksweise die in diesem Kapitel angeführten Zitate aus folgenden Büchern entnommen: Joseph Ratzinger, Einführung in das Christentum, Kösel-Verlag, 1968, S.35f; und Joseph Ratzinger, Im Anfang schuf Gott, Johannes-Verlag, 1996, S.17-18;58.

22

Ein Tag im März 1967, ein Tag, scheinbar wie alle anderen, und doch -
ich habe die Messe gelesen, gefrühstückt, habe mir die Studienmappe unter den Arm geklemmt und bin aus dem Haus gegangen. Die Weseler Straße, wie sonst auch, die Autos, links der Aasee lang hingestreckt, ein Frühlingshauch über dem Wasser – und plötzlich, ein Sturm, von irgendwoher, der mir durch die Glieder fährt, ein Beben, ein Wetterleuchten am hellen Tag, und zugleich das überwältigende Gefühl, nein, die Gewissheit: ich bin frei.
Überrascht stehe ich da, und ich weiß, die übermächtige Kontrollinstanz in meinem Kopf, die seit den Kindertagen in den letzten Winkeln meines Bewusstseins thronende heilige Mutter Kirche ist nicht mehr, sie ist verschwunden, hat sich in nichts aufgelöst.
Ich stehe da - bin tatsächlich stehen geblieben - , neben mir die Autos, der Verkehr auf der Weseler Straße, scheinbar wie sonst auch, der Aasee, und doch, alles ist anders, die Welt um mich herum, wie verwandelt, flimmert im klaren Licht des Morgens, in der kühlen Luft der sich weitenden Freiheit, die ich nun in mich hineinsauge.
Ich stehe da und staune.
Die Mutter Kirche, dieses Phantom in meinem Kopf. Einst hatte sie mit ihrem mystischen Glanz die Tage meiner Kindheit überstrahlt, hatte mich mit ihrem farbenprächtigen barocken Pomp in ihren Bann gezogen, dann, als ich heranwuchs, war sie es, die mir den Sinn des Lebens aufzeigte, den Weg zu Gott wies. Sie war die Hüterin des Glaubens, die Hüterin und Garantin der Wahrheit, für die ich mich begeisterte und für die ich kämpfen

wollte. So stellte ich mich in ihren Dienst und blieb ihr treu, auch als ich mit den Jahren immer deutlicher die dunklen Flecke auf ihrem Gewand entdeckte, als ich erfuhr, wie sie im Lauf ihrer Geschichte immer wieder versuchte, ihre Wahrheit mit Feuer und Schwert durchzusetzen, als ich erkannte, dass es ihr weniger um die Wahrheit ging als um den Erhalt ihrer Macht, dass sie das gläubige Christenvolk in Unwissenheit und Unmündigkeit hielt, um es leichter beherrschen zu können.

Ich blieb an ihrem Rockzipfel hängen, auch dann noch, als ich erkannte, dass man Wahrheiten nicht endgültig definieren könne, dass es folglich kein für alle Zeiten und alle Welt verbindliches Dogmensystem geben könne, sondern dass man sich um die Wahrheit immer wieder neu bemühen müsse, sie in jeder Situation von neuem suchen, finden, ja, neu erfinden müsse.

Ich blieb mit mythischmystischen Nabelschnüren an sie gebunden. Die Angst, durch die Trennung von ihr im ewigen Höllenfeuer brennen zu müssen, war stärker als alle Einsichten der Vernunft.

Die Mutter Kirche, dieses jahrtausende alte Gemäuer, wie ein Kartenhaus ist sie nun in sich zusammengefallen. Doch da liegen keine Trümmer umher, die ich wegräumen müsste, sie hat sich in nichts aufgelöst, ist aus meinem Kopf verschwunden, und mit ihr der gesamte metaphysische Überbau mit Himmel und Hölle, mit Gott Vater, Gott Sohn und Gott heiliger Geist, mit den Chören der Engel und den Scharen der Heiligen. Und da klafft keine Lücke, gähnt keine Leere, es ist mein Leben, das sich nun in alle Richtungen ausweitet und die Räume meines Inneren ausfüllt. Und ich weiß, ich kann dieses Leben selbst verantworten, ich brauche dazu keinen himmlischen Beistand, ich kann auf eigenen Füßen stehen.

Der Sturm, das Beben, das Wetterleuchten, waren es Sekunden oder Minuten? Wie lange hatte ich da gestanden an der Weseler Straße, am Aasee?

Irgendwann meldete sich inmitten aller Begeisterung doch wieder die Vernunft. Schließlich konnte ich nicht für alle Zeiten am Straßenrand stehen bleiben. Ich war frei, doch was konnte, was wollte ich nun mit dieser Freiheit anfangen, welche Möglichkeiten hatte ich überhaupt, das neugewonnene, mir neugeschenkte Leben irgendwie zu organisieren. Die Entscheidung, vor der ich plötzlich stand, traf mich völlig unvorbereitet. Nach dem Stand der Dinge hätte ich vom Aasee aus direkt zum Hörsterplatz gehen und dort im Kloster vor dem Guardian meinen Austritt aus dem Orden erklären müssen. Doch was dann? Wo und wovon sollte ich leben? Mein Taschengeld hätte vielleicht für zwei oder drei Übernachtungen im Hotel ausgereicht. Ich hätte mir eine Arbeit suchen müssen, doch welche? Mein Studium war noch lange nicht abgeschlossen. Abgesehen davon hatte ich als zweites Fach katholische Religion gewählt. Und wie sucht man, wie findet man eine Arbeit, ich hatte keine Ahnung, angeblich gab es Arbeitsämter, doch wo. Ich hatte gehört, dass einige Studenten „Bafög" bekommen und davon leben und studieren können. Doch was war dieses „Bafög" eigentlich, war es möglich, dass auch ich es bekommen könnte, wo sollte ich mich darüber informieren?

Mit einem Male wurde mir bewusst, wie unerfahren, wie fremd ich doch war in der Welt, in der ich seit Jahren lebte.

Nein, am Straßenrand konnte ich nicht stehen bleiben. Also ging ich weiter, ging, da mir nichts Besseres einfiel, zur Uni, setzte mich in einen der Hörsäle, und während vom Pult aus die Vorlesungen durch den Raum schwirrten, grübelte ich und hoffte auf einen Einfall, der mir aus der verzwickten Lage heraushelfen könnte.

Es war bereits Mittagszeit, ich bekam Hunger und wusste immer noch nicht, wie es weitergehen sollte. Schließlich saß ich doch wieder am Mittagstisch im Pfortenzimmer des Klarissenklosters an der Scharnhorststraße, und die Schwestern bedienten mich fürsorglich wie sonst. Nein, sie merkten nicht, mit welcher Mühe ich diesmal das Mittagessen herunterwürgte. Doch ich sah keine andere Möglichkeit, ich musste wenigstens noch für einige Tage hier wohnen bleiben. Das hieß allerdings auch, dass ich dann am nächsten Morgen werde die Messe lesen müssen. Und wie sollte ich dies mit meiner neugewonnenen Überzeugung vereinbaren? Seit dem Ereignis am heutigen Morgen hatte die Kirche für mich keine Bedeutung mehr, stellte keine Autorität mehr dar, ihre Dogmen waren für mich nicht mehr verbindlich, und somit hatte auch mein Amt als Priester und mein Status als Mönch jeden Sinn verloren. Was wollte ich dann noch am Altar? Andererseits hatte ich einige der Glaubenswahrheiten schon längst nicht mehr in dem vom Lehramt der Kirche geforderten Sinne akzeptiert, so zum Beispiel die Jungfrauengeburt oder die Auferstehung des Fleisches, und dennoch hatte ich mein Priesteramt ausgeübt. Auch dass in der Messe während der Wandlung eine Art physisches Wunder geschieht, dass sich das Brot tatsächlich in Fleisch und der Wein in Blut verwandelt, wie es die Kirche lehrt, hatte ich schon lange nicht mehr geglaubt, und dennoch hatte ich sie jeden Morgen zelebriert, und zwar nach meinem Verständnis, als eine symbolische Handlung, in der das Brechen des Brotes ein Zeichen des Teilens, der Nächstenliebe, der Versöhnung darstellt im Gedächtnis an den Tod Jesu. Warum sollte ich sie in diesem Sinne nicht noch einige Tage weiter zelebrieren? Hinzu kam, dass entsprechend der Glaubenslehre der Kirche die Sakramente also auch die Messe, ex opere operato

wirken, das heißt, dass ihre Gültigkeit und Wirksamkeit nicht vom Glauben desjenigen abhängt, der sie spendet. Ähnlich wie ein Getaufter für immer ein Getaufter bleibt, ob er nun an die Taufe glaubt oder nicht, so bleibt im Glaubensverständnis der Kirche auch ein Priester immer ein Priester unabhängig von seinen Überzeugungen oder seinem Lebenswandel und seine priesterlichen Handlungen bleiben gültig. So hätten also, wenn ich bliebe und die Rolle als Hauskaplan zunächst einmal weiterspielte, die Klarissenschwestern und die übrigen Kirchenbesucher, die ja an die Lehre der Kirche glaubten, keinen Schaden, sie hätten eine gültige Messe und ich hätte wenigstens für die nächsten Tage eine Bleibe, ein Auskommen.
Ich blieb.
Doch die nächsten Tage vergingen, und ich hatte noch immer keinen Ausweg aus meiner prekären Lage gefunden, obwohl ich mich ernsthaft darum bemühte. So unternahm ich zum Beispiel eine Fahrt nach Köln. Wer mir dazu geraten hatte oder wie ich auf diese Idee gekommen war, weiß ich heute nicht mehr. Auf jeden Fall fuhr ich nach Köln zum Westdeutschen Rundfunk in der Hoffnung, dort möglicherweise eine Anstellung zu finden. Und tatsächlich bekam ich die Gelegenheit, mit dem Leiter der Kulturabteilung zu sprechen. Als akademisch Gebildetem, so erklärte mir dieser freundliche Mensch, käme für mich nur der Posten eines Abteilungsleiters in Frage, und den habe nun einmal er inne. Doch als freier Mitarbeiter könne ich mich ohne weiteres betätigen. Schreiben Sie Artikel, sagte er, verfassen Sie Kommentare, führen Sie Interviews und schicken Sie uns das zu, und wenn es was taugt, werden wir es auch veröffentlichen. Dafür zahlen wir dann, und wir zahlen nicht schlecht.
Ich hatte bis dahin noch nie einen Artikel für eine Zeitung geschrieben. Und wie viele Artikel, das heißt, wie viele „taugli-

che" Artikel hätte ich pro Monat oder gar pro Woche schreiben müssen, um davon leben zu können?

Andererseits hatte ich durchaus schon konkretere Vorstellungen davon, wie ich leben wollte, oder zumindest, wie ich nicht leben wollte. Eine Arbeit in der Fabrik am Fließband oder als Handlanger am Bau, die ich sicher schnell hätte bekommen können, kamen für mich nicht in Frage, diese Möglichkeiten zog ich nicht einmal in Betracht. Selbst die Tätigkeit als Angestellter in irgendeinem Büro hätte meinen Ansprüchen nicht genügt, einmal abgesehen davon, dass man auch dafür eine bestimmte Ausbildung benötigte. Doch was konnte ich mit meiner theologischen Ausbildung sonst anfangen, wenn eine Tätigkeit im Rahmen der Kirche nicht mehr in Frage kam?

Waren es nun die mangelhaften Kenntnisse der Wirklichkeit, in der ich lebte, oder der Mangel an Phantasie oder auch einfach der Mangel an Mut, auf jeden Fall sah ich damals für mich nur einen Ausweg: die Schule. Um ein Leben führen zu können, das in etwa meinen Vorstellungen genügte, musste ich das Studium abschließen, das Staatsexamen ablegen und den Schuldienst antreten. Und warum auch nicht? Was sprach eigentlich dagegen? Schließlich war die pädagogische Arbeit mit Kindern und Jugendlichen eine durchaus sinnvolle Aufgabe. Auch wenn ich die Kirche mitsamt ihrem Heilsanspruch und ihren Dogmen ablehnte, so war ich doch überzeugt, dass Bildung notwendig ist, dass man der heranwachsenden Generation gerade in einer Zeit, in der Einfluss der Kirche auf das gesellschaftliche Leben schwand, eine der humanistischen Tradition und den Idealen der Aufklärung verpflichtete Bildung vermitteln müsse, und dafür bot mir das Klassenzimmer eine durchaus wirkungsvollere Plattform als die Kanzel.

Zwar musste ich auch in diesem Falle mit Schwierigkeiten rechnen, da mein zweites Studienfach nun einmal katholische Religion war. Sicher, ich hätte dieses Fach aufgeben können und mit dem Studium eines anderen beginnen, doch das hätte die Studienzeit erheblich verlängert, vor allem weil ich dann womöglich das Philosophicum, von dem ich auf Grund meines ersten Theologiestudiums befreit war, hätte nachholen müssen. So entschied ich mich für eine andere Lösung: wenn ich erst einmal das Staatsexamen ablegt hatte, konnte ich mich aus Gewissensgründen weigern, Religion zu unterrichten, und nur mit einem Fach die Tätigkeit an der Schule aufnehmen. Angesichts des Lehrermangels an Gymnasien in den 60-er Jahren war diese Überlegung keineswegs unrealistisch.

So konzentrierte ich meine Kräfte darauf, das Studium, und zwar mit den bereits gewählten Fächern, in möglichst kurzer Zeit abzuschließen. Bis dahin allerdings hieß es, trotz innerer Widerstände die Rolle des Hauskaplans bei den Klarissenschwestern weiter zu spielen.

Im Sommersemester 1969 legte ich dann das Staatsexamen ab. Zur vollständigen Ausbildung für das Lehramt gehörte jedoch noch ein zweijähriges Praktikum, das sogenannte Referendariat, das seinerzeit wegen des bereits erwähnten Lehrermangels um ein halbes Jahr gekürzt wurde. Zuständig für diese Ausbildung war das Schulkollegium in Münster, das die Anwärter für das Lehramt auf die verschiedenen im Land vorhandenen Seminare verteilte. Mich schickte man an das Lehrerseminar in Bochum und wies mir als Ausbildungsstätte das Staatliche Gymnasium zu.

Nun gab es auch in Bochum ein Franziskanerkloster, in dem ich während dieser Zeit eigentlich hätte wohnen müssen. Doch die Räumlichkeiten im Kloster waren beengt, und so vermittelten mir die Patres ein privates Zimmer bei einer dem Kloster nahe stehenden Dame, einer Witwe, die sich von nun an um mich kümmerte. Da ich darüber hinaus als Referendar schon ein wenn auch bescheidenes Gehalt bekam, war ich vom Kloster und vom Orden weitgehend unabhängig. So nutzte ich die Zeit, um mich langsam an das zivile Leben zu gewöhnen.

Die Ausbildungszeit dauerte bis Ende Januar 1971. Das zweite die Ausbildung abschließende Staatsexamen jedoch fand bereits im November 1970 statt. Gleich nachdem ich es bestanden hatte, verfasste ich ein Schreiben an meinen Provinzial in Hannover, in dem ich ihm meinen Austritt aus dem Orden mitteilte. Zwar stellte die Kirche für mich keinerlei Autorität mehr dar, dennoch zog ich es vor, den Austritt formalrechtlich zu vollziehen, und bat den Provinzial, in Rom beim Papst für mich sowohl die Entbindung von den Ordensgelübden als auch die Rückversetzung in den Laienstand zu beantragen.

Bereits im Mai 1971 erhielt ich von der Glaubenskongregation in Rom einen Bescheid mit der positiven Antwort auf meinen Antrag.

Zu dieser Zeit befand ich mich wieder in Münster. Obwohl man uns nach Abschluss der Referendarzeit von Seiten des Schulkollegiums bedrängte, sofort, also vom 01. Februar an, den Schuldienst anzutreten, beschloss ich, um mich von den Strapazen des Studiums zu erholen, zunächst eine Pause von einem halben Jahr einzulegen, und gab dies auch dem Schulkollegium bekannt. Ich hatte während der Referendarzeit etwas Geld gespart, und so mietete ich mir in Münster ein Zimmer, verpflegte mich preiswert in der Mensa der Universität und ließ es mir gut gehen.

Dann aber nach Ablauf der Zeit beantragte ich doch die Aufnahme in den Schuldienst, teilte der Behörde jedoch mit, dass ich aus Gewissensgründen nicht bereit bin, das Fach Katholische Religion zu unterrichten. Dafür erklärte ich mich bereit, eine Zusatzprüfung im Fach Polnisch abzulegen und diese Sprache auch zu unterrichten. Ich hatte nämlich erfahren, dass es an einigen Gymnasien in Nordrhein-Westfalen Sonderklassen für Spätaussiedler gab, an denen Polnisch unterrichtet wurde. Für eine Zusatzprüfung – auch das war mir bekannt - war ein Studiennachweis nicht erforderlich, es galt lediglich einen Professor zu finden, der bereit war, die Prüfung abzunehmen. Ich hatte bereits an der Uni mit dem Professor für Slawistik Kontakt aufgenommen und konnte davon ausgehen, dass es diesbezüglich keine Schwierigkeiten geben werde.

Obwohl diese Zusatzprüfung erst für den Herbst angesetzt wurde, bekam ich alsbald vom Schulkollegium die Nachricht, dass ich zum 01. 08. 1971 in den Schuldienst übernommen werde und mit dem neuen Schuljahr meinen Dienst am Gymnasium in Rüthen anzutreten habe.

Rüthen war, wie ich mich nun erkundigte, ein kleines Städtchen am Rande des Sauerlandes mit einem der wenigen Gymnasien, an dem Polnisch unterrichtet wurde. Es besaß nämlich ein Internat für Spätaussiedler, denen man in der Oberstufe als zweite Fremdsprache Polnisch anbot, eine Sprache, die die meisten von ihnen gut beherrschen und die sie dann gewinnbringend im Abitur einsetzen konnten.

In diesem Rüthen also begann nun eine neue Etappe meines Lebens, meine Laufbahn als Lehrer.

*Wähntest du etwa,
Ich sollte das Leben hassen,
In die Wüste fliehen,
Weil nicht alle Knabenmorgen-
Blütenträume reiften?*
(Goethe, Prometheus)

Lehrer im Schuldienst, das war sicherlich nicht der Beruf meiner Jugendträume. Dennoch war ich nicht unzufrieden mit dem, was ich erreicht hatte. Ich hatte einen Beruf, dessen Tätigkeit ich durchaus als sinnvoll empfand, hatte ein Auskommen, verdiente gut und vor allem, ich konnte mich weiterhin mit der deutschen Sprache befassen. Dass mich zu guter Letzt auch noch die polnische Sprache einholte und mir nun gute Dienste erwies, erschien mir wie ein ironisches Augenzwinkern des Schicksals.

Abgesang

Ein Märchen

Was wäre die Welt ohne Märchen, was wäre ein Menschenleben, dem nicht ein Märchen seinen heimlichen Glanz verlieh?
Und seinem Leben, welches Märchen hatte seinem Leben diesen Märchenglanz verliehen? War er der Hans im Glück, wobei er nicht nur einen, sondern gleich mehrere Goldklumpen auf seinen Schultern zu tragen hatte, die er, um besser voranzukommen, einen nach dem anderen von sich warf, bis er am Ende mit einem Stückchen Kreide in der Hand dastand, mit einem Stückchen Kreide vor einer Tafel. Doch so ganz glücklich sah er dabei nicht aus.
Oder war er doch der Königssohn, den die Hexe verzaubert hatte? Denn als er vor der Tafel stand, schaute er oft genug um sich, als suche er jemanden, die eine, die Einzige, die Prinzessin, die ihn erlösen könnte. Und womöglich saß er nachts im Brunnen und wartete darauf, dass ihm eine goldene Kugel vor die Füße fiel?
Doch dies ist eine lange Geschichte: wie er die Kugel aus dem Brunnen heraufbrachte, der Prinzessin übergab und ihr das Versprechen entlockte, wie er sich schließlich in den Königspalast hinaufwagte, plitsch, platsch, wo sie beim Abendessen im Saal saßen und er hereinkam, plitsch, platsch, und wie die Prinzessin dann diese garstige Kröte mit spitzen Fingern nahm und gegen die Wand klatschte - , eine lange Geschichte, für die ich, um sie aufzuschreiben, sicherlich nicht mehr die Kraft und auch nicht mehr die Zeit haben werde.
Doch sollten sich meine Leserinnen und Leser deswegen nicht besonders grämen, denn, so spannend die Geschichte auch war,

am Ende, nachdem es geklatscht hatte, stand da unter der Wand keineswegs ein Königsohn, sondern auch weiterhin der Herr Lehrer mit dem Stückchen Kreide in der Hand, der jedoch jetzt recht zufrieden dreinschaute. Denn die Prinzessin – Königsohn hin oder her – war ihm schließlich doch um den Hals gefallen, und sie lebten - wie es nun einmal unter Menschen üblich ist - mal glücklich mal auch weniger glücklich zusammen, und da sie nicht gestorben sind, leben sie so auch noch heute.

Ein Nachwort

Einige meiner Leserinnen und Leser werden über die Ausführungen zum Thema Kirche und Religion im letzten Kapitel des Buches möglicherweise erstaunt sein, da ihnen bekannt ist, dass ich im Rahmen meiner Schultätigkeit auf jeden Fall auch katholische Religion unterrichtet habe. Tatsächlich habe ich im Verlauf einiger Jahre im Schuldienst meine Haltung gegenüber Religion und Glaube teilweise revidiert. Ich kam mehr und mehr zur Einsicht, dass eine Ausbildung ohne Kenntnisse der von der Religion behandelten Fragen Stückwerk bleiben muss, dass man ausgehend allein von den Ideen des Humanismus und der Aufklärung die geschichtlichen und kulturellen Entwicklungen Europas, selbst große Teile der deutschen Literatur nicht hinreichend verstehen könne ohne fundierte Kenntnisse des christlichen Glaubens, der Kirche und der Bibel, vor allem der Bibel. Zwar war sie für mich nicht das Wort Gottes schlechthin, wie die Kirche behauptete, sie enthielt keineswegs einfach die Wahrheit, doch sie enthielt nach meinem Verständnis die Erfahrungen, die die Menschheit im Laufe ihrer Geschichte auf der Suche nach der Wahrheit gemacht hat, Erfahrungen, die wichtig genug waren, um sie an die junge Generation weiterzugeben.
Während der Referendarzeit hatte ich die Möglichkeit, mich davon zu überzeugen, dass die Religionslehrer, zumindest was die Region Nordrhein-Westfalen betraf, in der Gestaltung des Unterrichts, in der Auswahl und Handhabung der Themen weitgehend freie Hand hatten. Die Aufsichtsbehörde des Bischofs trat grundsätzlich nicht in Erscheinung.
Daher entschloss ich mich, als ich nach einigen Jahren von Rüthen nach Gelsenkirchen wechselte, wieder Religion zu unterrichten und behielt dieses Fach auch bei einem weiteren Wechsel

nach Schwerte bis zu meiner Pensionierung.

Der Autor und sein Buch

Gottfried Porada, geboren 1933 in Gogolin, einer Ortschaft im deutschen Teil Oberschlesiens. Hier verbringt er seine Kindheit, hier überlebt er den Krieg, den Einmarsch der Sowjetarmee und die Übernahme der Verwaltung durch die Polen.
Da seine Mutter sich entscheidet, in der Heimat zu bleiben, lernt er Polnisch, besucht das private polnische Gymnasium der Franziskaner in Neisse und tritt in deren Orden ein. Nach Beendigung des Philosophie- und Theologiestudiums in Breslau und Glatz lässt er sich zum Priester weihen und arbeitet anschließen an verschiednen Orten Schlesiens in der Seelsorge.
1963 übersiedelt er in die Bundesrepublik Deutschland, nimmt in Münster ein weiteres Studium für das Lehramt am Gymnasium auf und legt das Staatsexamen ab. Danach verlässt er den Orden, lässt sich laisieren und tritt in den Schuldienst des Landes Nordrhein-Westfalen ein, unterrichtet hier an den Gymnasien in Rüthen, Gelsenkirchen-Buer und Schwerte, heiratet und bekommt einen Sohn. Nach seiner Pensionierung 1996 übersiedelt er gemeinsam mit der Familie nach Bayreuth, wo er zur Zeit wohnt.

Bis dahin hat er im Selbstverlag folgende Bücher veröffentlicht:

Frieden und Krieg
Meine Kindheit in Oberschlesien (2002),
ISBN: 3-00-008966-7, 320 Seiten, Paperback, 14, - Euro

Zu Höherem berufen
Mein Weg in den Orden der Franziskaner in Schlesien (2005)
ISBN: 3-00-016696-3, 262 Seiten, Paperback, 10, - Euro

Die Wahrheit der Windmühlen
Auf dem Weg zu mir selbst (2009)
ISBN: 978-3-00-028189-1, 295 Seiten, Paperback, 12, - Euro

Die Bücher sind erhältlich beim Autor.
Anschrift: Gottfried Porada, Böttgerweg 7, 95448 Bayreuth
Telefon: 0921/7577900,
E-mail: gottfried.porada@web.de,
und im Buchhandel unter der jeweiligen ISBN-Nummer.